组织研究中的伟大思想

〔英〕德里克·S. 皮尤（Derek S. Pugh） 著
〔英〕戴维·J. 希克森（David J. Hickson）

骆南峰 等译

Great Writers on Organizations
The Third Omnibus Edition

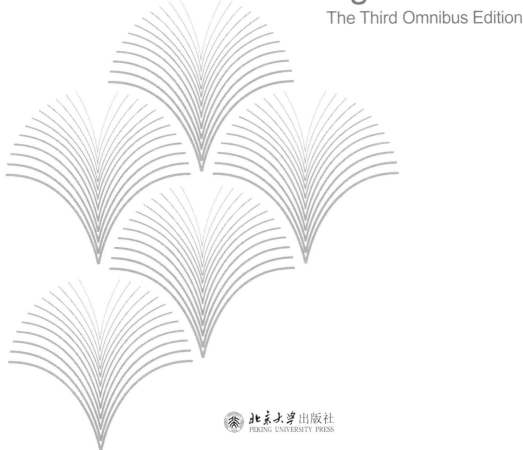

北京大学出版社
PEKING UNIVERSITY PRESS

著作权合同登记号 图字：01-2019-1664
图书在版编目（CIP）数据

组织研究中的伟大思想 /（英）德里克·S. 皮尤（Derek S. Pugh），（英）戴维·J. 希克森（David J. Hickson）著；骆南峰等译. -- 北京：北京大学出版社，2024.9. --（IACMR 组织与管理书系）. -- ISBN 978-7-301-35514-5

Ⅰ. C93-091

中国国家版本馆 CIP 数据核字第 20243NA691 号

Great Writers on Organizations, The Third Omnibus Edition by Derek S. Pugh and David J. Hickson

ISBN:978-0-7546-7056-8

Copyright Derek S. Pugh and David J. Hickson, 2007.

Authorized translation from English language edition published by Routledge, an imprint of Taylor & Francis Group LLC. All rights reserved.

Peking University Press is authorized to publish and distribute exclusively the Chinese (Simplified Characters) language edition. This edition is authorized for sale throughout Mainland of China. No part of the publication may be reproduced or distributed by any means, or stored in a database or retrieval system, without the prior written permission of the publisher.

Copies of this book sold without a Taylor & Francis sticker on the cover are unauthorized and illegal.

本书原版由 Taylor & Francis 出版集团旗下 Routledge 出版公司出版，并经其授权翻译出版。版权所有，侵权必究。

本书中文简体翻译版授权由北京大学出版社独家出版并限在中国大陆地区销售。未经出版者书面许可，不得以任何方式复制或发行本书的任何部分。

本书封面贴有 Taylor & Francis 公司防伪标签，无标签者不得销售。

书　　　名	组织研究中的伟大思想 ZUZHI YANJIU ZHONG DE WEIDA SIXIANG
著作责任者	〔英〕德里克·S. 皮尤（Derek S. Pugh） 〔英〕戴维·J. 希克森（David J. Hickson）　著 骆南峰　等译
责任编辑	周　莹
标准书号	ISBN 978-7-301-35514-5
出版发行	北京大学出版社
地　　　址	北京市海淀区成府路 205 号　100871
网　　　址	http://www.pup.cn
电子邮箱	编辑部 em@pup.cn　总编室 zpup@pup.cn
电　　　话	邮购部 010-62752015　发行部 010-62750672　编辑部 010-62752926
印　刷　者	北京鑫海金澳胶印有限公司
经　销　者	新华书店
	720 毫米 × 1020 毫米　16 开本　24 印张　360 千字 2024 年 9 月第 1 版　2024 年 9 月第 1 次印刷
定　　　价	88.00 元

未经许可，不得以任何方式复制或抄袭本书之部分或全部内容。
版权所有，侵权必究
举报电话：010-62752024　电子邮箱：fd@pup.cn
图书如有印装质量问题，请与出版部联系，电话：010-62756370

代　　序

听闻有同行倾力翻译"组织"领域名作,尤其是凝练展现这一领域名家思想精华的"综合版",我喜上眉梢。但在开始考虑如何完成这受托的"代序"任务时,我喜忧参半。

喜的是,当负责总译校的骆南峰老师送交我译本打印稿及英文原作时,他告诉我该书第一著者就是他的博士导师的导师,我便下定决心要先细读此书再提笔写序。可以毫不夸张地说,从全球范围来看,英国的阿斯顿学派对组织管理学科的贡献可谓无人不知。它在 20 世纪 60 年代开创的关于组织结构形态分类及其分析维度和影响因素的多元因果解释,为组织整体观、权变观乃至后来得名的构型观视角的研究设定了总基调,是"组织理论"(Organization Theory, OT)领域无论如何都需要以厚重的篇幅写入史册的一个卓越流派。除了负责人德里克·皮尤,约翰·查尔德和戴维·希克森都是重要成员,他们各自及合作的作品为世人展示了一幅幅引人入胜的组织研究精美画卷。

尤其难能可贵的是,两位编著者虽然自身已当之无愧地位于"名家"甚至"伟大的名家"之列,但在这本汇集"名家"思想的"荟萃"之作中并不对自己的理论进行浓墨重彩的书写。相反,两位名家对自己的思想仅以全书几十分之一的篇幅轻轻带过,而以极大的开放性为读者带来了多元、丰富的学术思想。名家对待不同流派思想的包容性、选择力和持续更新本书内容的不懈努力,着实令人敬佩。所以,我很欣喜有这一机会为该译著代为作序。

然而,当执笔写序时,我开始愁思满腹,感觉这比自己构思一篇论文更有难度。一筹莫展之中,看到"中国管理哲学研究"微信群里出现了一个不无代表性的提问:"美国 *Academy of Management Discoveries*(AMD)期刊中有篇论文将'organizing, organization, and organizations'这三个词放在一起,分别如何理解?"他提及的这篇文章中说:"除了 AMD 期刊页面,没有其他更好的场所能让我们反思该如何理解'organizing, organization, and organizations'这三个概念了。在这里,要是不直接考察关于我们如何工作的基本假设问题,也没有其他更好的主题可以让我们启动自我反思的过程了。"不难解读出,此文中并用的三个英文词,直译为中文都是"组织"。然而,联系语境,三个词的内涵并不一样,应该分别解读为:组织工作、组织形态、组织机构。

"组织"概念在英文中通过动名词、不可数名词、可数名词三种词态分别表述,具有了清晰的内涵,而在中文中统一翻译为"组织"之后,虽然有了简洁性,但也因为缺少后缀而派生出"一词多义"的问题,给读者带来了多种不同解读的可能性及含混性。作为作序者,我不由自主地要把"导读"的责任承担起来,以方便学习者。所以,自 2023 年 10 月看到前述微信群里的提问之后,我再次细读该译著,并将其与皮尤的其他几本著作进行比较。[①] 比较后发现,《组织理论精萃》是以组织工作和组织形态为主题的皮尤个人的专著,而另两本书与本书类似,都是试图汇集各界名家的思想,主题涉及广泛,旨在对组织如何运行及管理做一理论概览。从 *Writers on Organizations* 一书不同版本的内容安排来看,第二版分设了组织的结构、功能和管理以及组织中的人、社会中的组织五章,将组织(机构)作为中观层次的研究单位而关联其下的微观层次(人)及其上的宏观层次(社会);第六版仍旧以各类的组织(机构)为焦点而关联其上、下层次,但相比第二版,其在吸收组织管理理论新进展中明显弱化

[①] 包括中国社会科学出版社 1986 年出版的《组织管理学名家思想荟萃》(*Writers on Organizations, The Second Edition*),原书出版于 1982 年,著者包括皮尤、希克森等;中国人民大学出版社 1990 年出版的皮尤所著的《组织理论精萃》;以及我师门弟子曾研读过的皮尤、希克森出版于 2007 年的 *Writers on Organizations*(*The Sixth Edition*)。

了"组织的功能"一章,并将"社会中的组织"替换为"环境中的组织"置于第二章,同时增补了"组织的变革与学习"作为末章。以资料性工具书为定位,*Writers on Organizations* 一书不同版本因选编的内容凝练概括、行文简明扼要,而成为广受读者好评的学习资源。但缺憾是,各版本在后续更新中都不得不删减之前版本收编的内容,以保持相对精悍的篇幅。为弥补此缺憾,编著者在 1993 年同步推出了内容近似但容量更大的精装的"综合版"。

正如编著者说明的,不论是此前已更新到第六版的 *Writers on Organizations* 的精要版,还是以定语"Great"来修饰"Writers"后扩展为"伟大的名家"思想精华的综合版,其研究对象都是作为可数名词的"organizations",这意味着这些著作的基本内容都是围绕组织管理展开。与通常源自美国的管理学侧重于阐述管理者的行为,即计划、组织、领导、控制等管理职能不同,该书不是一般管理学,而是关于各式组织机构的管理学,可简称为"组织管理学"。该书译者最初给我的译著名为"组织管理学名家思想荟萃",我认为很贴合该书的内容。而伟大的名家的理论观点在经过富有思考力的皮尤和希克森两位编著者的筛选、分类与凝练表述以及付出巨大心力的译校者的转述之后,我相信所呈现给读者的将是"组织研究中的伟大思想"。也期望各界读者在阅读后会有这样的真切体验。

同时,如同该书"导论"中说明的:本著作"聚焦于当前人们感兴趣与有争论的主题方面做出贡献的学者,对他们的思想给予简要的介绍……我们并没有进行批判性分析……我们希望读者可以对每一项成果都带入自己的批评性评价",我权且在这里抛砖引玉。作为聚焦于"organizing, organization"领域的学者,我希望读者辨别该书分析或提及的"组织"与"组织理论"用词的特有内涵,不随意"望文生义",而要把"organizations"与"organization",以及"organizational theory"与"organization theory"做一明确区分。这样,让人困惑的"organizing, organization, and organizations"概念之异同才能得到更清晰的认识,让"组织研究"从针对各式实体(可数名词)的组织机构深化到组织工作(如自组织、他组织或被组织)及其所形成结果的组织形态(不论是以结构、流程、网络的形式还是以生态系统的形式来表现)等议题上。这样在基本概念澄明基础上产生的组织理论(区别于 organizational theory 或者组织管理学、组织心理学、组织社会学或制度理论的 organization theory),才是"OT"学科领域当前严重欠缺而当今时代商界实践又亟待建构和发展的。

实际上,早在中华人民共和国成立之初,中国人民大学工厂管理系下属的"工业企业组织与计划教研室"及其后更名的"工业企业管理教研室",就致力于开设面向中高层管理者和企业管理研究生班的"组织理论"课程,并于1950年出版了《工业企业组织与计划》教材,由此拉开了国内"组织研究"的序幕。希望致力于提升"四个自信"的各界人士,在阅览西方文献时也能关注国内学者的研究成果,进而在中西会通和对话中加快构建中国自主的组织理论体系。

本代序一是为骆南峰团队的倾力译作做推荐,二是为激发读者的批判性思考,在独立的"批评性评价"中走出自己的学术与实践之路。

王凤彬
于 2024 年"五一"劳动节

译者团队

1. 组织的结构

马克斯·韦伯	骆南峰，中国人民大学劳动人事学院
阿尔文·W. 古尔德纳	骆南峰，中国人民大学劳动人事学院
	唐颖，荷兰伊拉斯姆斯大学鹿特丹管理学院
德里克·皮尤以及	骆南峰，中国人民大学劳动人事学院
阿斯顿学派	李佳斐，中国人民大学劳动人事学院
约翰·查尔德	骆南峰，中国人民大学劳动人事学院
	李佳斐，中国人民大学劳动人事学院
戴维·希克森	骆南峰，中国人民大学劳动人事学院
	李佳斐，中国人民大学劳动人事学院
琼·伍德沃德	张昱城，英国南安普顿大学商学院
	王香梅，河北工业大学经济管理学院
莱克斯·唐纳森	骆南峰，中国人民大学劳动人事学院
埃里奥特·杰奎斯	段可嘉，北京大学心理与认知科学学院
阿尔弗雷德·D. 钱德勒	甘罗娜，中国人事科学研究院

奥利弗·E. 威廉姆森[①]	江鸿，中国社会科学院工业经济研究所
亨利·明茨伯格	聂紫文，中国人民大学劳动人事学院
查尔斯·汉迪	李诗琪，中国人民大学劳动人事学院
	骆南峰，中国人民大学劳动人事学院
克里斯托弗·巴特利特和苏曼特拉·戈沙尔	翁翠芬，北京大学汇丰商学院
斯图尔特·克莱格	唐颖，荷兰伊拉斯姆斯大学鹿特丹管理学院

2. 环境中的组织

汤姆·伯恩斯	李佳斐，中国人民大学劳动人事学院
	骆南峰，中国人民大学劳动人事学院
保罗·劳伦斯和	唐颖，荷兰伊拉斯姆斯大学鹿特丹管理学院
杰伊·洛希	骆南峰，中国人民大学劳动人事学院
詹姆斯·D. 汤普森	王媞，中国人民大学劳动人事学院
杰弗瑞·菲佛和	李芳，香港大学经管学院
杰拉德·R. 萨兰基科	
雷蒙德·E. 迈尔斯和	李芳，香港大学经管学院
查尔斯·C. 斯诺	
迈克尔·T. 汉南和	骆冬嬴，中国人民大学劳动人事学院
约翰·H. 弗里曼	骆南峰，中国人民大学劳动人事学院
吉尔特·霍夫斯泰德	王媞，中国人民大学劳动人事学院
理查德·惠特利[②]	张龙，湖南大学工商管理学院
	吴子翔，湖南大学工商管理学院

[①] 翻译资助来源：国家社会科学基金重点项目（20AGL005）。

[②] 翻译资助来源：国家自然科学基金（72272049、72472047），教育部人文社会科学研究规划基金（22YJA630112）。

3. 组织的功能

切斯特·I. 巴纳德	池源,中国人民大学劳动人事学院
威尔弗雷德·布朗	周怡冰,清华大学经济管理学院
杰弗里·维克斯	关晓宇,北京师范大学政府管理学院
E. 怀特·巴克	关晓宇,北京师范大学政府管理学院
阿米泰·埃齐奥尼	李芳,香港大学经管学院
戴维·西尔弗曼①	张龙,湖南大学工商管理学院
	郑文慧,湖南大学工商管理学院
	窦羽琪,湖南大学工商管理学院
米歇尔·福柯	高雅琪,北京大学光华管理学院
C. 诺斯科特·帕金森	杨凡,中国人民大学劳动人事学院
劳伦斯·J. 彼得	杨凡,中国人民大学劳动人事学院

4. 组织的管理

亨利·法约尔	王静,遵义医科大学管理学院
林德尔·F. 厄威克和	唐佳欣,中国人民大学劳动人事学院
爱德华·F. L. 布雷克	骆南峰,中国人民大学劳动人事学院
弗雷德里克·W. 泰勒	唐佳欣,中国人民大学劳动人事学院
	吴俊彦,中国人民大学劳动人事学院
	骆南峰,中国人民大学劳动人事学院
哈里·布雷弗曼	聂紫文,中国人民大学劳动人事学院
玛丽·帕克·福列特	聂紫文,中国人民大学劳动人事学院
彼得·F. 德鲁克	彭琳,应急管理部干部培训学院(应急管理部党校)

---

① 翻译资助来源:国家自然科学基金(72272049、72472047),教育部人文社会科学研究规划基金(22YJA630112)。

阿尔弗雷德·P. 斯隆	池源,中国人民大学劳动人事学院
托马斯·J. 彼得斯和	关晓宇,北京师范大学政府管理学院
罗伯特·H. 沃特曼	
威廉·大内	李祯,浙江水利水电学院经济与管理学院
罗莎贝斯·莫斯·坎特①	张龙,湖南大学工商管理学院
	陈炳宏,湖南大学工商管理学院
卡尔·E. 维克	张昱城,英国南安普顿大学商学院
	王香梅,河北工业大学经济管理学院

5. 组织中的决策

赫伯特·A. 西蒙	武肖肖,中国人民大学劳动人事学院
詹姆斯·G. 马奇	谢鹏鑫,西南财经大学公共管理学院
查尔斯·E. 林德布洛姆	李弘扬,中国人民大学劳动人事学院
维克托·H. 弗鲁姆	骆冬赢,中国人民大学劳动人事学院
米歇尔·克罗齐耶	宋皓杰,郑州大学商学院
阿诺德·S. 坦南鲍姆	李诗琪,中国人民大学劳动人事学院

6. 组织中的人

埃尔顿·梅奥②	郭永星,河北工业大学经济管理学院
伦西斯·李克特和	高雅琪,北京大学光华管理学院
道格拉斯·麦格雷戈	
罗伯特·R. 布莱克和	周怡冰,清华大学经济管理学院
简·S. 莫顿	
埃德加·H. 沙因③	高雪原,中国劳动关系学院劳动关系与人

---

① 翻译资助来源:国家自然科学基金(72272049、72472047),教育部人文社会科学研究规划基金(22YJA630112)。
② 翻译资助来源:国家自然科学基金青年项目(72102060)。
③ 翻译资助来源:教育部人文社会科学研究一般项目基金(23YJC630045)。

力资源学院

弗雷德里克·赫茨伯格	李诗琪,中国人民大学劳动人事学院
弗雷德·E. 菲德勒	高雅琪,北京大学光华管理学院
埃里克·崔斯特	周怡冰,清华大学经济管理学院
爱德华·E. 劳勒	段可嘉,北京大学心理与认知科学学院

7. 组织变革与学习

保罗·J. 迪马吉奥和	李祯,浙江水利水电学院经济与管理学院
沃尔特·W. 鲍威尔	骆南峰,中国人民大学劳动人事学院
安德鲁·佩蒂格鲁	李佳斐,中国人民大学劳动人事学院
克里斯·阿吉里斯	唐佳欣,中国人民大学劳动人事学院
	骆南峰,中国人民大学劳动人事学院
彼得·圣吉	宋皓杰,郑州大学商学院
凯瑟琳·M. 艾森哈特	翁翠芬,北京大学汇丰商学院
加雷斯·摩根	聂紫文,中国人民大学劳动人事学院

8. 社会中的组织

罗伯特·米歇尔斯[①]	郭永星,河北工业大学经济管理学院
詹姆斯·伯纳姆	李诗琪,中国人民大学劳动人事学院
威廉·H. 怀特	聂紫文,中国人民大学劳动人事学院
肯尼思·E. 博尔丁	甘罗娜,中国人事科学研究院
约翰·肯尼思·加尔布雷思	钱思,北京工商大学商学院
E. 弗里茨·舒马赫	张慧君,中国人民大学劳动人事学院

[①] 翻译资助来源:国家自然科学基金青年项目(72102060)。

综合版第三版导论

自 Writers on Organizations 第一版问世，已经过去了近 60 个年头。一直以来，这本书都葆有令人满意的持续需求，现已更新到第六个版本。本书的特点之一在于它保持了相对短小精悍的篇幅。这意味着我们不得不在增添新的学者和剔除其他学者之间寻求平衡。然而，那些未被收录在内的学者所做出的贡献仍然是阐明组织议题的概念与理论流的一部分。

因此，我们很高兴有机会向大家呈现综合版的第三版，本书囊括了以往版本中所有学者的研究成果描述。组织研究是影响管理有效性的一个重要因素，本书向我们展示了一幅更为全面的组织研究的画卷。

世界上没有两个完全相同的组织，这一点对管理者而言已是老生常谈了。然而，即便如此，研究组织差异并将它们进行分类仍然是重要的。因此我们可以谈论一些对差异化组织有价值的内容，包括组织的运行方式、组织内成员的行为。本书描述了众多知名学者在理解组织及其管理方面所做出的贡献。

这些学者拥有多元化的背景：一些具有职业经理人背景，另一些拥有中央或地方政府机构的从业经验，还有一些专注于学术研究并取得了一系列成果。这些学者都是现代的，他们的成果至今仍持续产生着影响。他们都试图去整合信息，并提炼出组织如何运行以及如何管理组织的相关理论。

在呈现这些贡献方面，我们的目标多年来保持不变，即聚焦于当前人们感兴趣与有争论的主题方面做出杰出贡献的学者,对他们的思想给予简要的介绍。我们将本书设想为一本资料性工具书,它负责概述这个领域,因此,我们并没有进行批判性分析(否则就变成了另一项完全不同的任务)。我们希望读者可以对每一项成果都带入自己的批评性评价。我们也意识到,为了以几页纸的篇幅呈现一位学者的成果,我们做了相当多的选择与压缩,这不可避免会导致一些扭曲失真。我们只能解释说我们怀着最大的善意,希望吸引读者去探索原始资料所蕴含的丰富性与复杂性。本书的姊妹篇 *Organization Theory：Selected Readings* 摘录了本书所概述的许多学者的学术成果。

感谢鲍勃·海宁斯(Bob Hinings),他是我们本书前几个版本的合作者!感谢我们的出版商阿什盖特(Ashgate)的支持!感谢玛乔丽·希克森(Marjorie Hickson),她最早启发了我们出版一本综合版书籍的想法。向我们各自的妻子娜塔莉·皮尤(Natalie Pugh)和玛乔丽·希克森致敬,她们一如既往地支持我们的事业,且为此经受了许多折磨。

〔英〕德里克·S.皮尤
英国开放大学商学院

〔英〕戴维·J.希克森
布拉德福德大学管理学院

目　　录

1. 组织的结构 ··· 001
 马克斯·韦伯 ·· 004
 阿尔文·W.古尔德纳 ·· 008
 德里克·皮尤以及阿斯顿学派 ·· 013
 约翰·查尔德 ·· 019
 戴维·希克森 ·· 021
 琼·伍德沃德 ·· 025
 莱克斯·唐纳森 ··· 032
 埃里奥特·杰奎斯 ·· 039
 阿尔弗雷德·D.钱德勒 ·· 044
 奥利弗·E.威廉姆森 ··· 049
 亨利·明茨伯格 ··· 053
 查尔斯·汉迪 ·· 061
 克里斯托弗·巴特利特和苏曼特拉·戈沙尔 ···························· 066
 斯图尔特·克莱格 ·· 071

2. 环境中的组织 ········· 076

- 汤姆·伯恩斯 ········· 078
- 保罗·劳伦斯和杰伊·洛希 ········· 082
- 詹姆斯·D.汤普森 ········· 088
- 杰弗瑞·菲佛和杰拉德·R.萨兰基科 ········· 094
- 雷蒙德·E.迈尔斯和查尔斯·C.斯诺 ········· 099
- 迈克尔·T.汉南和约翰·H.弗里曼 ········· 105
- 吉尔特·霍夫斯泰德 ········· 110
- 理查德·惠特利 ········· 117

3. 组织的功能 ········· 124

- 切斯特·I.巴纳德 ········· 126
- 威尔弗雷德·布朗 ········· 130
- 杰弗里·维克斯 ········· 134
- E.怀特·巴克 ········· 138
- 阿米泰·埃齐奥尼 ········· 142
- 戴维·西尔弗曼 ········· 147
- 米歇尔·福柯 ········· 151
- C.诺斯科特·帕金森 ········· 156
- 劳伦斯·J.彼得 ········· 160

4. 组织的管理 ········· 163

- 亨利·法约尔 ········· 166
- 林德尔·F.厄威克和爱德华·F.L.布雷克 ········· 171
- 弗雷德里克·W.泰勒 ········· 174
- 哈里·布雷弗曼 ········· 178
- 玛丽·帕克·福列特 ········· 182

彼得·F.德鲁克 ·············· 185
阿尔弗雷德·P.斯隆 ·············· 190
托马斯·J.彼得斯和罗伯特·H.沃特曼 ·············· 194
威廉·大内 ·············· 200
罗莎贝斯·莫斯·坎特 ·············· 205
卡尔·E.维克 ·············· 211

5. 组织中的决策 ·············· 217
 赫伯特·A.西蒙 ·············· 219
 詹姆斯·G.马奇 ·············· 222
 查尔斯·E.林德布洛姆 ·············· 228
 维克托·H.弗鲁姆 ·············· 233
 米歇尔·克罗齐耶 ·············· 238
 阿诺德·S.坦南鲍姆 ·············· 243

6. 组织中的人 ·············· 249
 埃尔顿·梅奥 ·············· 252
 伦西斯·李克特和道格拉斯·麦格雷戈 ·············· 256
 罗伯特·R.布莱克和简·S.莫顿 ·············· 262
 埃德加·H.沙因 ·············· 268
 弗雷德里克·赫茨伯格 ·············· 273
 弗雷德·E.菲德勒 ·············· 278
 埃里克·崔斯特 ·············· 284
 爱德华·E.劳勒 ·············· 291

7. 组织变革与学习 ·············· 297
 保罗·J.迪马吉奥和沃尔特·W.鲍威尔 ·············· 299

安德鲁·佩蒂格鲁 ………………………………… 304

　　克里斯·阿吉里斯 ………………………………… 311

　　彼得·圣吉 ………………………………………… 315

　　凯瑟琳·M.艾森哈特 ……………………………… 319

　　加雷斯·摩根 ……………………………………… 325

8. 社会中的组织 ……………………………………… 330

　　罗伯特·米歇尔斯 ………………………………… 332

　　詹姆斯·伯纳姆 …………………………………… 335

　　威廉·H.怀特 ……………………………………… 338

　　肯尼思·E.博尔丁 ………………………………… 341

　　约翰·肯尼思·加尔布雷思 ……………………… 343

　　E.弗里茨·舒马赫 ………………………………… 347

术语索引 …………………………………………… 352

后　记 ……………………………………………… 364

1.
组织的结构

官僚组织发展的决定性原因一直是,相对于任何其他形式的组织,它在技术上的纯粹优势。

——马克斯·韦伯(Max Weber)

那时,假定官僚组织仅仅是因为其效率而维持自己的地位,是完全不成熟的。

——阿尔文·W. 古尔德纳(Alvin W. Gouldner)

用非官僚化的方式有效经营一家有 5 000 名雇员的组织,这或许并非不可能,但这将如此困难,以至于没有人愿意尝试。

——阿斯顿学派(Aston Group)

把管理原则当作科学法则来传授的倾向是危险的。虽然这些原则在某些情况下确实是行之有效的权宜之计,但从来没有被系统地加以检验。

——琼·伍德沃德(Joan Woodward)

管理者主要是因果关系的传导体,他们并不单独地对因果关系做出贡献,因为结构性结果已经由权变因素所塑造了。

——莱克斯·唐纳森(Lex Donaldson)

可以对官僚机构的组织与控制进行设计,以确保其对行为的间接影响符合开放民主社会的需要,并有助于加强这种社会建设。

——埃里奥特·杰奎斯(Elliott Jaques)

管理方向的有形之手已经取代了市场机制,后者是在主要现代产业中协调流动和资源方面的无形之手。

——阿尔弗雷德·D.钱德勒(Alfred D. Chandler)

我们认为,节约交易成本是(公司中)主要制度变革的驱动力。

——奥利弗·E.威廉姆森(Oliver E. Williamson)

灵活组织结构(创新型结构)是我们这个时代的结构。

——亨利·明茨伯格(Henry Mintzberg)

你的公司将越来越像大学或学院。

——查尔斯·汉迪(Charles Handy)

(跨国组织的)任务不是建立一个复杂的矩阵型结构,而是要创建"管理者心中的矩阵"。

——克里斯托弗·巴特利特(Christopher Bartlett)
和苏曼特拉·戈沙尔(Sumantra Ghoshal)

现代主义组织是僵化的,后现代组织是灵活的。

——斯图尔特·克莱格(Stewart Clegg)

所有组织都必须对为实现既定目标而进行的持续活动做出规定,制定诸如任务分配、监督和协调等活动的规则,这些规则构成了组织的结构。而事实上这些活动可以以各种方式安排,这意味着组织可以有不同的结构。在某种程度上,每个组织都是独一无二的,但许多学者已经研究了各种结构,看能否从中提取出一般性原理。组织的多样性可能与组织的目标、规模、所有权、地理位置和制造技术等因素的变化有关,这些因素的变化导致银行、医院、大规模生产工厂或地方政府部门在结构上出现典型差异。

本部分的作者着重于识别不同形式的组织结构并探讨其含义。韦伯根据权力的行使方式向我们呈现了三种不同的组织类型。他认为其中一种类型——官僚机构——是占主导地位的现代形式。古尔德纳也研究了官僚类型,并表明即使在同一个组织中,也可以找到官僚制的三种变体。德里克·皮尤(Derek Pugh)和阿斯顿学派认为,不是从类型的角度而是从结构的维度进行讨论更为现实。伍德沃德认为,生产技术是制造企业结构的主要决定因素。唐纳森研究了哪些因素将促使一个组织得以建立适合其需求的特定结构。

杰奎斯考察了官僚结构中权威关系的心理本质,而钱德勒则展示了管理结构是如何从公司战略中产生的。威廉姆森指出,组织有效处理其信息的压力导致了市场或层级制这类关系的产生。明茨伯格描述了一系列现代组织类型及其有效性。汉迪识别了一些已建立的组织结构,并暗示一种截然不同的新形式正在应运而生。巴特利特和戈沙尔认为,跨国公司要在当前的全球市场环境中取得成功,就必须发展出一种新的创新型结构和工作文化。克莱格期待着"后现代主义组织"中上下级之间的新关系。

本部分的所有贡献者都认为,恰当的结构对组织效率至关重要,其本身必然成为一个需要深入研究的主题。

马克斯·韦伯

马克斯·韦伯(1864—1920)出生于德国。他获得了法学博士学位,随后任职于柏林大学,学者身份伴随其一生。其主要的研究兴趣在于,通过宗教社会学和经济社会学来研究文明世界历史发展的全景。他广泛涉猎与这两大主题相关的内容,审视主要的世界性宗教(如犹太教、基督教和佛教),以及追溯封建前时代以来的经济发展模式,催生出有关新教信仰对西欧和美国资本主义发展的影响的经典研究。韦伯著述颇丰,具有德国哲学家典型的严肃而沉闷的风格特征,但他那些被翻译成英文的作品奠定了他作为社会学领域主要人物的地位。

韦伯对于组织研究的首要贡献在于他所提出的权威结构理论,即通过组织内部的权威关系来描述组织的特征。这源于对为何个体遵从命令这一问题的基本关注,即人们为什么会按照他们被要求的那样去做。为了回答这一问题,韦伯对**权力**(power)和**权威**(authority)做了区分,前者指不管人们如何抗拒都可强迫其遵从的能力,后者指命令被其接收者自愿服从的情况。在一个权威系统中,处于下级角色的人认为来自上级的指令发布是正当的。韦伯依据权威正当化的方式对组织类型进行了划分。他描绘了三种纯粹类型,分别称为魅力型、传统型和法理型,每种类型都用一种特定的行政机构或组织来表述。虽然现实中的任一组织都可能是多个纯粹类型的组合,但是,对这些纯粹类型的区分是有助于我们对组织的分析的。

行使权威的第一种模式是基于领导者的个人素质。韦伯运用希腊语"charisma"(魅力)来指代个人的人格品质,据此可将领导者与普通人区分开来,领导者也因此而被视作拥有了超自然、超常人或者至少特别杰出的能力或品质。他们拥有堪比先知、救世主或政治领袖的地位,也拥有一群门徒,这些门徒的工作在于作为中介联系领导者与大众。这类组织的典型例子是披着政治或宗教外衣的小规模革命运动,但其他组织也有魅力型的创始人,比如亨利·福特(Henry Ford)、理查德·布兰森(Richard Branson)。然而,由于权威源于某个人的魅力,加上命令由这个人发出,这种类型的组织带有一种内在的不稳定性。当领导人去世、权威必须传递时,一系列继承问题会涌现出来。通常,在政治和宗教组织中,革命运动会导致组织分裂,不同派系的门徒会声称自己才是魅力型领导的"真正"继承者。因此,这个过程常常是一种裂变。即使领导者提名了一位继承者,那个人也不是必然会被接受。由于另一位魅力型领导不太可能出现,因此组织必须剥离其魅力型模式,转而成为另外两种类型中的一种。如果继承变为世袭,那么组织就变成传统型;如果继承由规则来决定,那么组织就会演化为(基于法理型权威的)官僚组织。

在**传统型**(traditional)组织中,命令与权威的基础是先例与惯例。不同群体的权利与期望是依据将那些总是发生的事情视为神圣的而建立的,这一系统中伟大的主宰者是习俗。领导者因其继承的地位而享有权威,而这一权威的程度则由习俗所固定。当魅力的传递世袭化时,魅力就被传统化了,它变成了领导者角色的一部分,而不再是其个性的一部分。传统权威系统中的实际组织形式可以采用以下两种模式之一:一是**承袭**(patrimonial),在这种模式中,官员是私人仆人,依靠领导者来获取报酬;二是**封建**(feudal)形式,其中的官员拥有更多的自主权,有他们自己的收入来源,对领导者抱有一种传统的忠诚关系。封建制度具有一套有关什一税、封地和封臣的物质基础,这些都建立在过去的惯例以及习俗性的权利与义务系统之上。虽然韦伯所举都是历史事例,但他的洞见同样可以应用于现代组织。当企业通过世袭传递来建立自己的"朝代"时,管理职位通常是代代相传的。选拔和任命可能是基于亲属关系,而非专业能力。类似地,很多组织将一直是那样做的视为"**本身就是一个理由**"(as a reason in itself)来论证做事方式的正当性,而不是基于理性分析。

理性分析这一概念促成了韦伯的第三种权威系统,即法理型(rational-legal)系统及其官僚(bureaucratic)组织形式。这一系统被韦伯视作现代社会的主导性制度,它之所以被称为理性的,是因为手段被明确地设计去实现某个特定的目标(也就是说,组织就像一台设计精良的机器,具有某种功能,而这台机器的每一个部分都有助于实现该功能的最大性能)。这是合法的,因为权威是通过一个规则与程序系统来行使的,其中个体在特定时间担任相关的职务。韦伯将由这些规则组成的组织结构命名为"官僚制"。在日常使用时,官僚制是低效的同义词,强调繁文缛节、过度书写与记录。具体来说,它被等同于低效的行政管理。但在韦伯的定义中,官僚型组织是所有可能的组织形式中最为高效的一种。"精确、速度、清晰、档案知识、连续性、自由裁量权、统一、严格服从、减少内部分裂、降低物料损耗与人员费用……这些在严格的官僚管理体系中都被提高到了最佳点。"当韦伯说官僚制好比一台现代机器而其他组织形式好比非机械化的生产手段时,他自己就用了机器这一类比。

官僚制之所以有效,在于其组织形式。由于所使用的手段是最能实现既定目标的,因此官僚制不受领导者一时的心血来潮或不再适用的传统程序的阻碍。这是因为官僚制代表着去人格化的最终阶段。在这样的组织中,有一系列官员的角色受限于对他们权威的书面界定。这些职责按照等级来排列,每一级都涵盖了下面的所有层级。官僚制拥有一套规则和程序,在这套规则和程序中,理论上规定了每一个可能的权变因素。有一个"局"(bureau)来妥善保管所有的书面记录和文件,记录信息是系统理性的重要组成部分。官僚制在个人事务和商业事务之间做出明确的区分,并以基于任职技术资格的合同任命方法为支撑手段。在这样一个组织中,权威的获得是基于职务,命令之所以得到遵守是因为规则告诉大家某个特定职务有权限发布这些命令。重视任命专家是官僚制的另一个要点。官僚制发展的一个标志是职业经理人的增长以及拥有特定领域职责的专家数量增加。

按照韦伯的观点,这些加总起来构成了一个协调和控制的高效系统。组织的理性体现在其"计算"行为的后果的能力。由于权威层级和规则系统的存在,对组织中个体行为的控制得到了保障;这就是去人格化。由于雇用了拥有特定领域职责的专家,并使用了档案,可获得的最佳知识和对组织的过往行为的记录得以融合；这使得对未来的预测变得可能。组织具有理性：通过对方法的日益精确的计算来有条不紊地实现一个明确给定且实际的目标。

这正是韦伯对于宗教和组织的兴趣的连接点所在。作为一种经济系统，资本主义建立在对经济收益的理性的长期计算基础之上。最初为了实现这一点，也为了拓展世界市场，需要一种特定的道德观。韦伯认为这种道德观由宗教改革以后的新教所提供，新教强调现世以及通过治产来获得救赎对于个人的必要性。因此，经济活动慢慢被贴上了积极正面的标签，而不是负面的恶行。资本主义在自己的道路上发展；发展中的障碍已经通过官僚制这一组织形式被轻易扫清，官僚制为将经济理性注入实践提供了工具。只要官僚机构有效率、有规律地这样做，它就是任何长期经济计算的必要条件。因此，随着工业化的发展，官僚制已成为主导性的组织方式，广泛应用于教育、政府和政治等其他社会领域。最终，官僚制成为现代组织的代表性模式。

过去近五十年①，有关组织正式的、结构化的特征的大部分研究都起源于韦伯的研究成果。其重要性在于对组织分析的系统化分类方面做出了首次尝试。

参考文献

GERTH, H. H. and MILLS, C. W. (eds), *From Max Weber: Essays in Sociology*, Routledge & Kegan Paul, 1948.

WEBER, M., *The Protestant Ethic and the Spirit of Capitalism*, Allen & Unwin, 1930.

WEBER, M., *The Theory of Social and Economic Organization*, Free Press, 1947.

---

① 这里指作者成书前的五十年。——译者注

阿尔文·W. 古尔德纳

阿尔文·W. 古尔德纳(1920—1980),美国社会学家,曾在圣路易斯华盛顿大学担任马克斯·韦伯社会理论讲席教授。他为美国犹太委员会研究社会问题,并致力于工业组织研究,包括为新泽西州的标准石油公司提供咨询服务。在生命的最后二十年中,他特别关注了社会学理论的发展以及知识在社会中的作用。

韦伯提出了官僚组织的概念并论述了官僚组织如何运作,古尔德纳将韦伯的思想应用到了现代工业组织的分析之中。韦伯的分析基于这样一个假设:组织的成员实际上会遵守规则并服从命令。规章制度颁布者和命令发布者具有合法权威,韦伯就构成这些权威的基础进行了发问。然而,他并未关注在遭到反对以及被治理者拒绝达成共识的情形下建立权威合法性的问题。而这种情形经常会发生,比如,当官僚主义的权威试图取代传统主义的权威时,或是由专家所制定的规则或权力的法理拥有者遭到抵制时。

基于对一个面临矿工反对的美国石膏矿厂的深度研究,古尔德纳描述了在该情形下引入官僚组织所产生的影响。矿厂原先的管理系统基于"放纵模式"。规章制度形同虚设;工人们只是偶尔接受审查,且违反规则者总会被给予改过自新的机会。矿厂的氛围非常轻松,工人们对矿厂有着积极的评价。一位新经理的到来给原先的管理和工作氛围带来了冲击,他开始确保规章制度的强制施行、权威结构的有效运行,矿厂总体上呈现为一个高效的法理型组织。然而,工人们的士气大跌,管理者和工人间的冲突不断激化,甚至引发了"野猫罢工"[①](wildcat strike)。

在对这一情境的分析中,古尔德纳将官僚制行为区分为三种类型:赝品型、代表型和惩罚中心型,每一种都具有自己的独特价值与冲突。

在赝品型官僚制(mock bureaucracy)中,规则由一些外部机构强加给内部

---

① 野猫罢工指那些没有工会领导的、劳动者自发的、无组织的罢工。——译者注

群体。比如，一项禁止在商店内吸烟的规则是由保险公司所施加的，或者，反映组织成员活动的正式申报表是由组织外部所要求的。主管或下属均不认同这些规则，也不参与制定这些规章制度，不认为这些规章制度是合法的。因此，规则并不是非执行不可，主管和下属都可以通过违反它们来获得一定的地位。除非有外部的检查员在场，否则吸烟是被允许的；对外公布的正式申报表实际上未反映出工作事务的真实状态。实际的地位和正式的职位差异很大，人们可能花了大量的时间来搞形式走过场。这种赝品型官僚制的行为模式与官僚制中常提及的"繁文缛节"这一概念是一致的，均脱离于现实。然而，正如古尔德纳所指出的，在这样的系统中士气反而可能会高涨，这是因为，人们为了继续开展真正的工作而联合起来违反或侵蚀所谓的规章制度，这助长了所有参与者的非正式的价值观与态度。

在**代表型官僚制**（representative bureaucracy）中，古尔德纳接受并发展了韦伯的观点，即在某些情形下，规则由特定的专家颁布，他们的权威得到组织全体成员的认可。主管和下属支持与他们价值观相匹配的规则，并授予规则的服从者们以重要的地位。比如，为了开发一个安全项目，管理层和工人们都会产生压力；大家可能都期待并实现高质量的工艺。在这一情景中，规则由上级来推行、由下属来遵守，过程中可能存在一些紧张关系，但几乎不存在公开的冲突。由于价值观被所有人普遍接受，人们不太可能会质疑自己所持有的价值观，因而所发生的对规则的违反被解释为出于好心的疏忽或不知情。团结一致以及加入同一个组织的集体感强化了成员们对规章制度的共同支持。代表型官僚结构的行为模式与如弗雷德里克·W.泰勒和亨利·法约尔等（见本书第4章）所大力推行的理想组织形式非常一致。在这些组织中，权威的获得基于公认的知识和专业技能而非职位。

在**惩罚中心型官僚制**（punishment-centerd bureaucracy）中，规则的产生是为了应对来自管理层或者工人的压力，意图强迫对方服从。比如，管理层可能会在生产、考勤流程和罚款上引入更严格的管控，此类官僚组织强调韦伯所提出的权威的构成要素以及命令层级的概念。但正如古尔德纳所指出的，权力斗争可能表现为下属团结一致对管理层施加规则，如工作界定规则、加班禁令，或严格的裁员流程。主管和下属中仅有一方会认为规则是合理的。如果服从规则能为其中一方带来地位上的提升，就意味着另一方的地位会丧失。不同于代表型官僚组织，惩罚中心型官僚组织中对规则的违反被解释为故意的不遵守。这样的情形显然催生了大量的紧张关系和冲突。

这三种官僚制的典型行为模式可能以不同的程度共存于任何一个组织中，用"官僚式运作模式"来描述它们可能更为恰当。以惩罚为中心的模式是最常被使用的，这一模式旨在打造一个与理性合理设计的规则和流程相一致的高效运转的组织。它关注一般性以及非人格化的规则的使用，弱化对权威者个人权力的强调。因此，人际矛盾得以缓和，这进而提升了效率，并强化了非人格化的规则的使用。正如韦伯所指出的，这就是官僚制的优势所在。

但是，古尔德纳也坚持认为官僚式运作模式存在一些意料之外的后果，对于这些后果韦伯并不曾阐述。一般性以及非人格化的规则实质上规定了什么是不被允许的，因此增加了人们对最低可接受行为的认识，这些行为可能进一步演变成标准行为。这导致效率的降低。并且，在惩罚中心型官僚制中，主管将更严格地审查规则的实施情况，其结果是权威不断加强，人际冲突更为激烈。这导致了不断制定正式的非人格化的规则以处理冲突，从而开启了新一轮的循环。因此，官僚制所带来的结果（无论意料之内还是意料之外）都强化了官僚制行为本身。这样的系统以产生大量的人际矛盾和冲突为代价来实现自身的目标，在本质上是不稳固的。

因此，规则兼有积极和消极的作用，引发意料之内和意料之外的结果。规则的总体目标是克服密切监督所带来的后果，即因权力差异过于明显而可能损害规范的公平性。因此，规则通过提供关于某项具体工作义务的陈述（规则的解释功能），充当着直接命令的等价物。然而，在特定的情境下，非正式的群体可能发挥了这一功能，从而导致意料之外的冲突。规则还提供了一种非人格化的方式来使用权威（规则的筛选功能）。此外，规则使得控制能在保持一定距离的情况下发生（规则的遥控功能）。但是，这里需要再次强调的是,这个距离可能会过远,导致虚假的权威。规则同样定义了期望以及对未达到期望者的审判(规则的惩罚合法化功能)。但规则同样定义了最低标准,使得个体能在低认同水平下工作(规则的冷漠保持功能)。正是规则运行蕴含的不同的可能性导致了官僚制的机能障碍。

古尔德纳同样注意区分不同管理者所持有的不同观点,并揭示这些差异如何影响管理者们对待其工作、所雇组织、所从事职业以及同事的态度。古尔德纳的这一关注源于对韦伯观点的进一步批判。古尔德纳认为官僚制存在内在的冲突,即基于委任专家的权威系统和基于层级与纪律的权威系统之间的冲突。在第一种权威系统中,权威源于高超的知识;在第二种权威系统中,权威源于职位。这反映了某些组织中存在的一种特定的不适配:这些组织雇用了大量的专家,他们拥有比上级更多的技术知识。古尔德纳划分了两类管理者:世界主义者和本地主义者。世界主义者指的是对组织的忠诚度很低,而对自身的专业技能有着高度认同的管理者。他们有着极端的职业观。比如,他们将自己主要看作是工程师或者会计师。本地主义者对组织有着相当高的忠诚度,但是对专业技能的认同感很低。他们将自己看作是"公司的人"。尽管组织希望保持它们员工的忠诚度(因此采用如基于资历的内部晋升等方式),它们同样具有追求效率的基本理性导向(这需要委任具有技能和能力的人,无论他们来自哪里)。这种内在的两难困境是现代组织中矛盾的另一主要来源。

古尔德纳将机械系统与诸如社会、机构与组织等自然系统进行了对比。自然系统中的人们在环境中找寻自我,但他们不是仅受环境限制的空壳;当人们运作这些系统时,他们会产生想法、认知和决策,这些塑造了组织的结构,使其逐渐背离设计者的初衷。对于古尔德纳来说,社会科学在社会中扮演着特殊的角色:它为帮助理解组织和机构提供了解释性和批判性的方法,并由此宣告了个体的自主性。

参考文献

GOULDNER, A. W., *Patterns of Industrial Bureaucracy*, Routledge & Kegan

Paul, 1955.

GOULDNER, A. W., *Wildcat Strike*, Routledge & Kegan Paul, 1955.

GOULDNER, A. W., "Cosmopolitans and Locals: Toward an Analysis of Latent Social Roles 1", *Administrative Science Quarterly*, 2 (1957), 281–306.

GOULDNER, A. W., "Organizational Analysis", in R.K. Merton et al. (eds), *Sociology Today*, Basic Books, 1958.

德里克·皮尤以及阿斯顿学派

20世纪50年代后期,德里克·皮尤(1930—2015,后为英国开放大学商学院国际管理学荣誉退休教授)为伯明翰高级工学院(位于伯明翰的阿斯顿大学前身)带来了一种如何做研究的独特视角。以社会心理学家身份在爱丁堡大学从事研究的经历,使得皮尤与其他社会科学领域的学者保持了一种紧密的联系。他相信,如果多学科研究建立在研究团队对于研究结果的共同承诺与拥有之上,并基于团队管理技巧,那么多学科研究就可以拓宽实证调查与理论领悟的范畴。

皮尤在1961—1970年创立并领导了位于阿斯顿的工业管理研究所。这一机构拥有多个代际的研究者,他们最初的学术领域包括心理学、社会学、经济学、政治学,甚至有人并无特定学科。最经常出现在出版物上的名字有作为发起者的约翰·查尔德(John Child)、戴维·希克森、鲍勃·海宁斯、罗伊·佩恩(Roy Payne)、戴安娜·菲西(Diana Pheysey)以及查尔斯·麦克米伦(Charles McMillan),后来不少的国际化研究以戴维·希克森为发起人,此外,还有其他很多学者参与其中。鉴于其研究群体的性质,他们没有以任何一个人的名字来命名这个群体,而是采用了"阿斯顿学派"这一名号,虽然他们与阿斯顿大学不再有任何特殊的联系。研究项目分散在各小组成员中,由他们联合组外人员在英国其他地方以及其他国家开展。

阿斯顿学派对组织理论的贡献在于,他们将心理学的一些研究方法与假设和社会学、经济学中有关组织及其运行的概念相结合。这种方法有三个基本要素。第一,由于组织及其成员是变化的、复杂的,它们的许多属性应该结合在一起研究,并且对于每一属性的研究应着手于程度差异,而不是将它作为"非此即彼"的问题来看待——这是采用多变量方法来研究一个变化的灰色世界,而不是一个非黑即白的世界。这也意味着,一个组织的建立和运行并不是基于单一的原因,而是涉及许多影响因素(即多元因果解释)。组织中发生的事情不能只归因于组织规模,或只归因于技术,在某种程度上,它们必须归因为前述因素和其他因素的共同作用。

第二,因为组织并不随个人的去留而消失,因此利用组织的工作分工、控制系统和正式层级等信息来研究组织的非人格化或者制度方面是合适的。对此,个体可以作为这些方面信息的提供者来接受访谈,而不是被要求说明他们作为个体在组织中的体验。当他们被要求回答关于个人情况的问卷时,他们才该报告诸如组织体验等信息。

第三,因为组织是整体运行的,所以应该从多个视角来观察组织及其成员,以提供尽可能完整的观点。"在回答'是人造就组织还是组织造就人?'这一反复出现的难题时,必须假设二者都是一直在发生的。"因此,阿斯顿学派致力于连接:

- 组织结构和运作;
- 群体构成和互动;
- 个体个性和行为。

一开始,阿斯顿学派将所处社会的特征纳入分析的雄心并未实现,但后续将研究对象从英国拓展至其他社会的组织时,社会特征被囊括进来。

该学派的第一个研究始于英格兰的伯明翰地区,后续研究都源于此。该研究聚焦于组织层,研究了46个高度多样性的组织样本:既有私营部门也有公共部门,包括汽车制造商、巧克力棒制造商、市政部门、公共服务组织和连锁店。根据以下要素,阿斯顿学派对这些组织的正式结构进行了分析:

- 职能和角色的**专业化**(specialization);
- 程序的**标准化**(standardization);
- 文件的**正式化**(formalization);
- 权威的**集中化**(centralization);
- 角色结构的**构型**(configuration)。

这些概念反映了官僚化以及如何管理的流行观念,它们可见于韦伯(见本章的先前部分)与亨利·法约尔(本书第4章)的作品。

大量用于测量结构上述几个方面的方法被设计出来,并被很多研究人员以各种不同的方式采用。其中所采取的一个最独特的方法是基于这样一种证明过程:例如,在组织一系列可能的专业化领域中,其专业化职能(如财务或公共关系)的数量可以被有效地加总,从而给该组织的专业化赋予一个分数,而标准化、正式化和集中化也可以采用类似的方法。这是组织研究中的一项创新。它第一次让一个组织与另一个组织在这些维度上的比较变得可能。

尽管这项研究的范围和分支很广,其显著成果却呈现出相对简单的轮廓。首先,将专业化、标准化、正式化的测量简化为组织的综合评分。为了区别于它的三个成分,这一综合评分被称为"活动的结构化"。具有高度结构化活动的组织有许多专门的部门,如采购、培训、工作研究等,也有许多常规程序和正式文件,其总效果是组织必须做的事情被标记出来或被结构化。此外,决策制定的集中化程度和一个组织从任何其隶属的上级组织获得的决策自主权被称为"权威的集中化"。一个权威集中的组织,不仅由自己组织内部的高层制定大部分决策,而且当这个组织是一个被其他组织完全或部分拥有的子公司或者下属部门时,其很多决策是由上级组织的管理层越过该组织为其制定的。

因此,用最简单的话说,阿斯顿学派分离出组织的两个首要因素,即人员活动的结构化程度以及决策权威在最高层的集中程度,这两者的关系概括了组织的大致模样。了解了这些,你就在很大程度上了解了组织,因为它们是组织的两个基本要素。

虽然阿斯顿学派在假定组织之所以如此时列示了很多原因,但在他们建议的主要解释中,这些首要结果也是相对简单的。他们审查了一系列与组织活动结构化程度或权威集中程度有相关性的组织背景的特征,包括组织的目的、所有权、技术、规模和依赖性。研究发现,所有权(无论是私人的还是公共的,无论是分散在成千上万的股份中还是集中在一个家族手中)对组织结构化和权威集中程度都没有什么影响;技术也没有多少影响,只影响了结构的少数方面。

对于组织会采用哪一种形式,不论是过去还是现在,更为重要的影响因素是组织的**规模**(size)以及它**对于其他组织的依赖性**(dependence upon other organizations)。组织规模越大,员工就越有可能从事非常专业化的工作,遵循标准化的程序和正式的文件;也就是说,组织将在活动的结构化上获得很高的分数,并存在许多官僚主义的现象。组织越依赖于少数的所有者、供应商或客户,甚至仅仅依赖于一个主体——完全依赖是指一个组织全部由另一个组织所拥有,后者提供了前者所有的需要、承担了前者所有的产出——组织拥有的决策自主权越少,甚至那些决策自主权也很可能是集中在组织内部而不是分散的。

阿斯顿学派基于这些结果对组织结构的形式进行经验性衍生分类,从第一项研究开始就提出了对当代工业化社会中流行形式的看法,这种观点适用于英国,很可能在其他地方也同样适用。大公司和大企业是典型的**工作流程官僚机构**(workflow bureaucracies),高度结构化,但不像一些组织那样权威高度集中。地方和中央政府的公共服务组织是**人事官僚机构**(personnel bureaucracies),结构化程度不高,但关于人员的雇用、晋升和解雇的权威和程序高度集中。大型私人或公共团体中的较小单位是**完全官僚机构**(full bureaucracies),可分为工作流程高度结构化的类型和人事权威高度集中的类型。私人所有的较小公司并没有在很大程度上呈现上述特征,它们是**非官僚机构**(non-bureaucracies)(或可称为隐式结构化)。组织还有其他类型,但以上四种主要类型可以如图 1-1 所示。

遵循阿斯顿项目连接组织、群体与个体层面分析的宗旨,阿斯顿学派将研究拓展至群体、角色特征以及个体的组织"氛围"体验,不过,后面这些研究并不为人们所熟知。这些研究的结果并不是那么清晰明了。如果要论及这些研究的总体贡献,那就是它们摆脱了那些因对其"令人窒息和枯燥无味"的普遍假定而加诸官僚制的阴霾。但是即便确实如此,这种结果也只是针对那

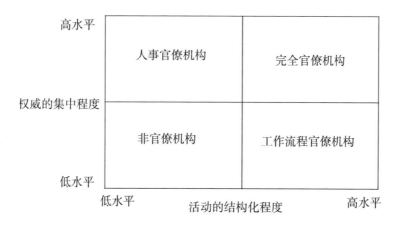

图1-1 组织结构类型

些最低层次的工作人员,而不一定是针对高层次的工作人员。不同官僚制组织里高层管理者的行为特征是有所不同的。

通过混合采用调查法以及集合了一系列方法的深度案例研究,阿斯顿学派的研究揭示出,虽然活动结构化确实往往是与群体活动层面的正式化相联系的,权威的集中程度也确实通常和较低的个体自主性以及对规则的较高关注度相关联,然而,一个普遍官僚化的企业也可以是有效的,其员工也会喜欢在这里工作。至少在阿斯顿学派对一家大型国际公司下属的小公司的案例研究中,结果是如此。这是一家"小型的高效官僚机构",他们将其称为"阿斯顿"。

并没有证据表明,在结构化程度和权威集中程度都高的组织中(可笼统等同于官僚组织),其氛围不够吸引人(从权威运用、工作兴趣、工作惯例以及人际关系角度衡量组织氛围)。这些组织往往有更年轻、更灵活、更有能力和更具挑战精神的高层管理人员。有较年轻管理者的公司更可能表现出更快的销售和资产增长(尽管究竟是更年轻的人员导致增长还是增长吸引了更年轻的人员,这是一个悬而未决的问题)。因此,那些管理更官僚化公司的人本身不太可能谨慎和墨守成规,反而最有可能寻求创新与风险。

不过，阿斯顿学派在组织层面的研究成果更具说服力，即对几乎所有类型的组织都可以就其是否存在程序、文件、确定的权威与控制系统等方面进行显著比较。（但必须记住，这些数据并不能告诉我们使用这些手段的程度。）阿斯顿学派提供了研究组织结构的概念与方法，这些概念和方法以一种罕见的方式经受住了原始团队以外的研究人员不断使用的考验。

在随后的研究中，皮尤、希克森和其他人一起继续检验了民族文化差异以及不同国家的民族文化对管理过程的影响。

参考文献

EBSTER-GROSZ, D. and PUGH, D.,*Anglo-German Business Collaboration*：*Pitfalls and Potentials*, Macmillan, 1996.

HICKSON, D.J. and PUGH, D. S., *Management Worldwide*：*Distinctive Styles Amid Globalization*, 2nd edn., Penguin Books, 2001.

PUGH, D.S., "The Measurement of Organization Structures: Does Context Determine Form?", *Organizational Dynamics* (Spring 1973), 19-34; reprinted in D. S. Pugh (ed.), *Organization Theory*, 5th edn, Penguin, 2007.

PUGH, D.S. (ed.), *The Aston Programme*, Vols 1, 2 and 3, Ashgate (Dartmouth), 1998.

约翰·查尔德

约翰·查尔德现为英国伯明翰大学商学院首席教授。他加入了阿斯顿学派皮尤的研究团队,在对照行业(稳定行业对比快速变化行业)中运用相同的方法来复制结果。

最为重要的是,查尔德将阿斯顿学派研究项目所隐含的思想显性化。他通过强调组织的各个方面在某种程度上都是管理层选择的结果(它们并不会自然发生),着重凸显了**战略选择**(strategic choice)这一概念。例如,规模并不会自然"导致"专业化。组织规模的增长使得那些想要打造有效组织的管理者主动或被动地增加更多的专业部门,以便给更多获得了专业化知识的人清楚地划分工作。决定做什么的是管理者。不仅如此,他们还决定了规模增长的节点。从某个节点起,他们决定扩大产量、增加一个新的营销部门或者采取其他措施,于是增加了员工的数量。管理者的战略选择既影响组织环境,也影响组织结构。

但是,一个选择限制了另一个选择:每一个选择(比如规模)都限制了下一个选择的可能选项(比如组织的结构化程度)。这方面的一个主要例子是,对两个主要因素(结构化和权威集中)中任意一个发展程度的选择,很可能在一定程度上会限制对另一个因素施加的影响,因为这两个因素之间存在低程度的负相关;也就是说,一个多一些很可能意味着另一个稍微少一些,在这个意义上,它们是控制一个组织的替代手段——不是相互排斥的替代方案(因为所有组织都同时使用这两种手段),而是侧重点存在替代性。

20世纪80年代开始,查尔德曾在中国从事管理研究。其间,他和中国同事们开展了一系列针对中国工业的最早独立实证研究,揭露了中央计划系统中权力下放的问题。研究结论显示:权力下放是不平衡的,只有部分有效;中央和地方政府将资本投资掌握在自己的手中;如果实际上管理者必须到国家机构那里去寻找货物和人员,那么将采购和招聘等方面的决策权正式授权给管理层就没有什么意义。

查尔德还研究了那些在中国建立合资企业的美国跨国公司的运营。他发现,总的来说,这些公司正在准备将某些决策权下放给其附属公司,主要涉及供应商和目标市场的选择等地方性问题。但是,它们保留了会对公司产生影响的问题(如产品调整)的决策权。此外,它们强制实行标准化的质量和财务报告制度。

参考文献

CHILD, J., "Organizational Structures, Environment, and Performance: The Role of Strategic Choice," *Sociology*, 6, (1972), 2-22; reprinted in PUGH, D.S. (ed.) *The Aston Programme*, Vol. 1, Ashgate (Dartmouth), 1998.

CHILD, J., *Management in China During the Age of Reform*, Cambridge University Press, 1994.

CHILD, J., *Organization：Contemporary Principles and Practice*, Blackwell, 2005.

CHILD, J., FAULKNER, D. and PITKETHLY, R. *The Management of International Acquisitions*, OUP, 2001.

戴维·希克森

戴维·希克森现为英国布拉德福德大学管理学院的国际管理荣休教授。他从一开始就是阿斯顿学派的重要成员,与皮尤一道共同承担了将研究工作拓展至英国之外地区的特殊职责。多年来,以阿斯顿为基地的研究项目在世界许多国家和地区开展,包括美国、加拿大、波兰、瑞典、以色列、印度和日本等。基于已有研究发现,显著的组织结构差异表现为:在波兰的国家中央计划体制下,组织高度集中;采用当代西方组织和管理形式的日本公司,则呈现出高度结构化(专业化和正式化)的特征;对中国企业的研究选取了香港样本,香港家长式企业的结构化程度相对较低。

希克森和C.R.海宁斯(现为加拿大阿尔伯塔大学教授)以及其他同事基于一项针对英国、加拿大和美国制造业企业的比较研究提出了一个"文化无关"假设。在他们的眼中,这是对"最大胆"可能性的表述:工作组织的结构特征与组织情境变量之间的关系在各个社会中都保持稳定。例如,在任何国家,无论是西方还是东方,更大的组织规模总是伴随着更高水平的专业化和正式化。莱克斯·唐纳森(见本章后文)利用基于世界13个国家和地区的已发表研究结果对这一假设进行了检验,其研究发现支持了该假设——组织结构与情境变量之间确实存在着稳定的关系,特别是与组织规模相关的关系。无论在哪里,更大规模的组织,其结构化程度更高,但权威集中程度更低(组织规模与权威集中程度的相关性在东方可能更弱)。换句话说,一旦工作和程序已经建立,高层管理者就可以进行更多的授权,因为人们知道他们该做什么,同时他们也要求被允许可以这样做。这一发现表明,(关系的稳定性)并非由于所有组织都是相同的,而是由于所有地区的管理者在他们的选择上都受到相似的限制,这表现为组织规模、依赖性和结构特征之间关系的重复模式。

之后,希克森与海宁斯一起,联合加拿大阿尔伯塔大学商学院的其他同事,继续去检验什么样的管理者最能影响这些决策及其背后的原因。他们提出了**组织内权力的战略权变理论**(strategic contingencies theory of intraorganizational power),发展了米歇尔·克罗齐耶的思想(见本书第 5 章),并通过研究加拿大和美国公司中部门的影响力来验证该理论。该理论给出了一些部门管理者权力大而另一些部门管理者权力小的三个原因,分别是:应对不确定性的程度、是否处于中心位置以及不可替代性的大小。如果一个部门能够应对不确定性,那么组织的其他部门运作起来的困难就较少,比如当市场营销部门通过精明的广告策略得以平衡客户需求的不稳定波动时,全年的生产将更稳定。如果一个部门越居于整个组织工作流程的中心位置,那么越来越多的将工作输送给它和等待它工作的人会依赖于该部门,就像财务部门接收预算和分配预算时一样。如果这个部门不能被取代,即组织内部没有人或没有任何外部机构可以做该部门所做的事情,那么该部门就处于垄断地位。如果有另一种选择,比如当一个采购部门的某些工作可以外包给采购代理时,那么该部门的地位就是脆弱的。

在上述三方面都有较大权力的部门经理对所在组织的战略权变要素拥有全面控制,比其他任何人都有更大的决策影响力,甚至对部门之外的决策亦是如此。杰弗瑞·菲佛和杰拉德·R.萨兰基科(见本书第 2 章)在他们关于组织外部关系的理论中采用了同样的观点。

随后,希克森与布拉德福德管理中心(现布拉德福德大学管理学院)的同事们研究了这些管理决策,特别是主要的决策是如何做出的。通过比较英国 30 个组织的 150 个历史决策,他们总结出了三种普遍的决策方式:决策可以通过一个过程来达成,这个过程可能是**偶发的**(sporadic),即"非正式间歇的、冗长的";或者是**流动的**(fluid),即"节奏稳定的、有正式的渠道、快速的";或者是**受限的**(constricted),即"渠道狭隘的"。

哪种过程会发生更多取决于要做什么决定,而不是在哪类组织中做出决定,不管是制造业企业、医院、公用事业单位还是任何其他组织。最复杂和政治性最强的事项(例如,新产品或重大重组)往往会导致偶发的决策过程;那些较复杂但政治性较弱的事项(例如,一次大型股票发行)可能会经历一个更顺利、更流畅的决策过程；而那些政治性较强但不那么复杂的事项（例如，本组织的公司预算和业务计划）可能会经历一个更严格的受限的过程。正如布拉德福德大学的研究人员所说，"决策之重，重于其他"。

因此，希克森及其同事一起关注了管理者必须面对的三个较为关键的组织特征。首先，无论在世界上什么地方，组织的结构特征（如阿斯顿学派所定义的那样，它们代表着组织）方面将存在持续的约束，管理者需要做出一个接一个的决定。其次，他们必须期待在不同的组织中存在不同的影响力模式：例如，市场营销部门可能在一家公司有很大的发言权，但在另一家公司却可能几乎没有。最后，与此形成对照的是，当重大决策是在自己所处组织之外的其他组织中做出时，他们将认识到事情的实际情况，因此，如果他们换工作，就很容易适应；无论发生在哪里，同样复杂的政治问题都可能产生大致相同的过程。

在后来的研究中，希克森、皮尤和其他人一起将针对民族文化差异及其对管理过程的影响方面的调查研究拓展至不同的国家。

参考文献

HICKSON, D. J., BUTLER, R. J., CRAY, D., MALLORY, G. R. and WILSON, D. C., *Top Decisions*：*Strategic Decision-Making in Organizations*, Blackwell and Jossey-Bass, 1986.

HICKSON, D. J., BUTLER, R. J., CRAY, D. and WILSON, D. C. (eds.), *The Bradford Studies of Strategic Decision Making*, Ashgate, 2001.

HICKSON, D. J., HININGS, C. R., LEE, C. A., SCHNECK, R. E. and PENNINGS, J.M., "A Strategic Contingencies Theory of Intraorganizational Power", *Administrative Science Quarterly*, 16/2, 1971, 216-229.

HICKSON, D. J. and MCMILLAN, C. J. (eds.), *Organization and Nation*：*The Aston Program* Ⅳ, Gower, 1981.

HICKSON, D. J. and PUGH, D. S., *Management Worldwide*：*Distinctive Styles*

Amid Globalization, 2nd edn., Penguin Books, 2001.

HININGS, C.R., HICKSON, D. J., PENNINGS, J. M. and SCHNECK, R. C., "Structural Conditions of Intraorganizational Power", *Administrative Science Quarterly*, 19/1, 1974, 22–44.

琼·伍德沃德

琼·伍德沃德(1916—1971)曾任伦敦大学帝国科学技术学院工业社会学教授。她在利物浦大学开始了自己的研究生涯,然而真正让她为人们所熟知的是她后来在东南埃塞克斯技术学院作为人际关系研究部主任所开展的有关制造业企业的技术和组织方面的工作。她同帝国科学技术学院的同事们一道拓宽和深化了这一研究方向。

1953—1957年,伍德沃德带领东南埃塞克斯研究小组对当地的制造业企业进行了调查(见Woodward,1958,1965)。总共有100家厂商参与了调查,但由于从每家厂商获得的信息数量各不相同,因此研究最后公布的信息是基于较小的数量。这些厂商的规模从100名员工到1000多名员工不等;有些是所属公司的主要机构,其他则是一些分厂。除调查之外,伍德沃德还对所选定的厂商进行了深入研究,以作补充。

伍德沃德没有按类型对组织进行笼统分类(如韦伯提出的分类——魅力型、传统型、法理型;或汤姆·伯恩斯建议的分类——有机式、机械式)。她摒弃了这种总括组织特征的方式,而是尝试调查组织的具体特征,例如:最高层与最底层之间的权力层级数,每个主管的管理幅度或平均下属人数,职责定义的明确性或其他特征,书面沟通的次数,以及专业人士之间职能分工的程度,等等。

伍德沃德发现,不同厂商在这些具体特征上表现出相当大的差异。工长要监管的工人可能少则几名,多则八九十名;生产部门的管理层级数可能是2到8之间的任意一个整数;沟通可以几乎完全是口头的,也可以大部分为书面的形式。为什么会出现这些差异呢?

伍德沃德的团队比较了不同规模的厂商,并考察了这些厂商的历史背景差异,然而并未找到答案。但是,当他们研究技术差异时,他们发现技术与许多组织特征之间有所关联。这并不是说技术是影响组织的唯一因素,也不是说管理者对组织没有影响,而是表明技术是一个主要的因素。

伍德沃德发现,一家厂商的目标——它希望制造什么、面向什么市场——决定了它所使用的技术类型。例如,一家制造新型电子设备模型的厂商无法采用在汽车制造业中占主导的大规模制造技术来实现其厂商目标。此外,生产系统的技术复杂程度也各不相同,包括从单件(零工)与小批量生产,到大批量与大规模生产,再到最复杂的连续生产。

这三大类从最简单到最复杂又被细分为九种生产系统的子类(一个早期的、略有不同的版本参见 Woodward,1958):

单件与小批量生产

1. 基于客户的要求生产产品。
2. 生产产品模型。
3. 分阶段制造大型设备。
4. 根据客户订单生产小批量产品。

大批量与大规模生产

1. 大批量生产。
2. 流水线式大批量生产。
3. 大规模生产。

连续生产

1. 多功能工厂间歇性生产化学品。
2. 液体、气体和结晶物质的连续流式生产。

有些厂商使用了不止一种生产系统,因此被纳入额外的"复合系统"类别中。连续生产系统的一个显著特点是,它们制造的产品(例如液体)是按重量或体积来测量的,而不是按成套单元的数量(例如车辆或包装货物的数量)计算的。

一般来说,复杂程度越高,就越可以对制造过程施加控制,此时生产运作就可以预先确定。在连续流式生产工厂(如化学品生产装置)中,生产能力和故障概率是已知的,设备可按给定的结果进行设置。但在批量生产中,最大的产能可能并不确定；即使是拥有完善的生产控制程序，也只是代表厂商在面对日常生产中的诸多不确定性时不断设定新的目标的持续尝试。例如，在模型的单件生产中，开发工作的结果是无法被预测的。

这些技术上的不同导致了组织结构上的许多差异。在采用设备来完成工作的流程技术中，较高的层级伴随着较长的命令链，但它是通过委员会来管理，而不是通过沿着命令链的指导来管理。这种层级制度包含了更多训练有素的大学毕业生，并且由于直接从事生产的人员比重较低，处于行政和管理人员层级的人数占全部雇员数量的比重较高。

尽管在大批量与大规模生产技术中专业人员和控制部门的复杂管理层级较为常见，但采用这些技术的厂商的命令链较短，相应地，管理者和办事员也较少。其显著特点是拥有大量的直接生产人员。

单件与小批量生产技术通常有一个更短的命令链，其中每一个管理者都没有远离生产工作本身。这种技术在很大程度上依赖于生产人员本身，没有广泛的行政控制。

一些组织特征并不是严格按照九种技术类别的顺序形成差异的。对于某些组织特征，大批量生产和大规模生产之间往往是有区别的，而单件与小批量生产和连续生产之间则颇为相同。大规模生产的基础是有大量的半熟练工人，这意味着管理者的管理幅度非常大，而且由于工作结果是通过上级对下级施加压力而获得的，因此可能会造成人际和劳资关系的紧张。而单件与小批量生产和连续生产都具有的典型特征是，技术工人的群体规模相对较小，且他们与管理者的个人关系更为密切。

类似地，大批量与大规模生产系统的生产控制问题的复杂性也反映在大量的专业人员、更多的文书工作和试图明确界定的职责之上，从而导致了伯恩斯所说的更加"机械化"的组织（见本书第2章）。

对这些企业的财务和市场绩效以及声誉的粗略评估表明，那些明显更成功的企业的组织特征接近其所属技术类别的中位数或平均水平。也许每种生产系统都有一种最适合的组织类型。例如，成功的连续型生产企业必须有更高、更窄的金字塔结构;成功的单件与小批量生产企业必须有相对较矮的金字塔结构;等等。

伍德沃德及其同事为彻底检验最初的调查结果,开展了更长期的案例研究。结果表明,技术类别的变化似乎会迫使组织发生改变。这可能会使那些利益受到影响的人产生冲突,特别是当技术类别更改为批量生产时。伍德沃德等对这些企业进行了研究,有的企业从单件与小批量生产转向大批量生产,并试图合理化和扩大生产规模;有的企业从连续生产更改为大批量生产,例如,一家企业开始包装以前整批出售的产品。在这些情况下,中层管理人员和主管们发现,在批量生产中,他们的时间消耗在不停地与他人通话和联系的混乱之中,这不仅让他们承受了更大的个人压力,而且使得他们的生产职责与新的计划与控制部门的职责发生重叠。

事实上,这种技术上的变化可能会改变一家企业中几个职能部门的整体地位。这是因为在不同的技术中,制造周期中的开发、生产和营销的顺序各不相同。在单件与小批量生产系统中,营销先于开发,生产落在最后,因为只有当客户需要某种产品并设计好之后,生产才能进行。在大批量与大规模生产系统中,新生产线的开发和生产先于大量销售。在连续生产系统中,开发一种可能的产品并向确定的客户推销,必须先于向生产这种产品的专用工厂投入资金。在每种生产系统中,最关键的职能就是获取成功所最为依赖的那项核心职能。也就是说,在单件(零工)生产系统中,开发是最重要的;在大批量与大规模生产系统中,生产是最重要的;而在连续生产系统中,营销才是最核心的环节。

伍德沃德及其同事对联系制造技术与组织结构和行为之间的各种形式的管理控制工作,展开了进一步详细的案例研究。在《工业组织:行为和控制》(Industrial Organization: Behaviour and Control)一书中,伍德沃德关注了管理控制系统的两个维度:第一,控制在人格化与非人格化之间变化的程度;第二,控制的分散程度。

沿着第一个维度,存在一系列的控制系统,从一个极端的完全人格化的控制(由所有者—雇主来操作),到另一个极端的完全非人格化的机械型控制(由测量机制和机器工具的自动控制来进行)。介于两者之间的是基于管理程序的非人格化控制过程,如生产计划和成本系统。可以依照这个维度对各企业进行比较,这个维度与组织结构和行为的特征效应有关。其中最重要的效应是,当转向非人格化的控制时,会出现工作过程的计划阶段和执行阶段之间的分离。

在人格化控制的这一端,计划和执行几乎是同步进行的;而在非人格化的管理控制过程中,计划和执行之间存在相当大的分离,但计划部门(涉及生产控制、质量控制和成本控制)参与了工作的执行;而在机械型控制的这一端,计划与执行可能是完全分离的,由于控制设计人员和计划人员在计划阶段已经建立了校正机制,因此他们完全不关心操作的实施。实际上,在机械型控制中计划和设计阶段可能是一个分离的组织所关心的问题,例如,一家化工企业设计和建造了一个自动化的连续流式工厂,并配套了机械型控制过程,再将其移交给委托方。

伍德沃德所研究的管理控制系统的第二个维度是控制的分散程度,它的一端是单一系统集成控制,另一端是多系统分散控制。为了形成一个单一集成系统,企业将不断努力把为各部门制定的标准同与它们关联的业绩和调整机制联系起来。而在多系统分散控制中,企业可能有许多独立运作的控制标准,这些标准将由主管或生产操作人员不断进行调整。一项工作必须按生产控制标准规定的特定日期完成,符合质量控制标准,不超过成本控制标准规定的成本限额,采用工作研究规定的特定方法,等等。对于拥有多个分散的控制系统的企业,一个不可避免的结果是冲突:在试图满足一个特定的控制标准时,主管会降低他们在其他标准上的表现。

将控制系统的两个维度联合起来,可以构建出一个包含四种类型的系统分类,并可将这四种类型按照发展顺序进行排列。这四种类型概述如下:

1. 单一且主要是人格化控制的企业,如创业型企业,企业主会将时间和质量与成本联系起来。该类型在单件与小批量生产企业中颇为典型。

2. 分散且主要是人格化控制的企业，如由多人参与共同制定控制标准的企业。

3. 分散且主要是非人格化控制或机械型控制的企业，如控制标准由职能部门通过非人格化方式设立的企业。大多数大批量或大规模生产的企业都属于这一类别，或者属于类别 2。

4. 单一且主要是非人格化控制或机械型控制的企业，例如根据总体规划控制整个生产过程的企业，在此过程中，可能使用计算机进行信息处理和过程控制。这种控制类型是连续生产企业的典型方式。

伍德沃德研究的基本假设和结论是，可以在工作环境中找到对组织和行为差异有意义的解释。在管理实践中，不同工作环境中所使用的技术应该是一个重要的考虑因素。没有任何一种方法在任何情境下都是最优的。她尤其强调不要接受"存在普遍适用的管理原则"这样的观点。同样的原则在不同的情境下会产生不同的结果；许多原则只是从大批量或大规模生产的经验中得出的，不太可能适用于其他技术。因此，需要仔细研究企业的目标和所采用的技术。

伍德沃德的研究在实证调查和新思维框架建构方面都具有开创性。在此之前，人们对组织的思考依赖于具有丰富经验的管理者的那些适当但往往过于笼统的陈述以及对个别公司的个案研究。伍德沃德展示了对大量企业进行比较研究的可能性，对这样的研究所得出的结论进行推广将具有更可靠的基础，其局限性也更容易被认定。

总之，她促使研究者从抽象地阐述管理原则转向审查不同技术及其相关控制系统对组织结构与管理实践的制约。

参考文献

WOODWARD, J., *The Dock Worker*, Liverpool University Press, 1955.

WOODWARD, J., "Management and Technology", *Problems of Progress in Industry*, 3, *HMSO*, 1958.

WOODWARD, J., *The Saleswoman：A Study of Attitudes and Behaviour in Retail Distribution*, Pitman, 1960.

WOODWARD, J., *Industrial Organization：Theory and Practice*, Oxford University Press, 1965; 2nd edn,1980.

WOODWARD, J. (ed.), *Industrial Organization：Behaviour and Control*, Oxford University Press, 1970.

莱克斯·唐纳森

莱克斯·唐纳森曾任澳大利亚管理研究院组织设计学教授。他成长于英格兰利物浦,于阿斯顿大学获得学士学位,在伦敦商学院获得博士学位。他的学术著作与论文奠定了其在运用科学的实证主义方法研究组织如何结构化以及组织为何变革方面的主要倡导者的地位。他开发了一个关于变革持续循环的理论,这一经过严谨论证、清晰阐述的理论主要解释了为何高绩效并不完全是件好事。他坚定地为自己的立场辩护,并对其他可能的方法进行了详细批判。

唐纳森在所提出的 SARFIT 模型[①]中明确了他的立场。他提出,如果组织想要获得好的绩效,其主要的结构特征就必须持续调整以与其主要的影响因素相匹配。如果因与这些因素不相匹配而使得组织绩效受损,那么结构将自适应以重获匹配,绩效将得到改进。

比如,如果一家企业专注于为所在母国市场生产某一特定产品线,它就很可能采用职能型结构。也就是说,它会按照职能来分化或者划分组织,比如分成财务、销售、人力资源和生产部门,每一部门都负责成品的某个部分,都通过同一渠道向上汇报至同一高层。但是,如果这家企业开展多元化经营,比如,生产的不是一条而是三条产品线,每一条产品线面向不同的市场,那么,现有的组织结构就会变得勉强。太多工作将会落到管理层的头上,而职责和优先权也会变得混乱。这就会出现组织任务与结构之间的不匹配。因此,组织绩效将受到损害。

通过实证研究,唐纳森揭示出,在这种情况下,大部分绩效下滑的企业会从职能型结构转变至事业部结构,一个事业部只负责一条产品线。每个事业部都拥有自己的管理结构,包括销售和人力资源部门等。这一结构调整重获

---

① 英文全称为 Structural Adaption to Regain Fit Model,即"结构自适应以重获匹配"模型,简称为 SARFIT 模型。——译者注

组织任务与结构之间的匹配,绩效得以恢复。同样地,当一家企业变成跨国公司时,它必须分成若干事业部,每个事业部覆盖一个地理区域,以重获匹配。但是,SARFIT 并不会在一夜之间发生;它可能需要几年的时间。工作任务与市场战略会引致某种结构,但是,这种影响是缓慢发生的。

SARFIT 所蕴含方法的适用性较广,但唐纳森将其模型聚焦于两个主要的结构特征,即官僚制和分化;以及三个主要的权变因素,即组织规模、任务不确定性和任务互依性,众多实证研究已经证实这些权变因素会影响组织结构。他的研究建立在一系列学者的成果基础之上,包括皮尤以及阿斯顿学派(见本章前面)、汤姆·伯恩斯(见本书第 2 章),以及詹姆斯·G.马奇(见本书第 5 章),等等。

在结构特征中,官僚制包含三个主要成分,即专业化(狭义定义的工作)、正式化(规则)以及(权威的)集中/分散。分化,亦称活动编组,主要是指相对立的职能型和事业部结构。

权变因素是指调节一个组织特征对组织绩效的作用的任一变量。其中,组织规模即员工的数量。另两个权变因素则与任务相关:关于做什么、何时做以及做多久的任务不确定性有高有低,有关活动的任务互依性也是可高可低,有些活动必须等待其他工作完成才可开始,而另一些则相对不受组织其他活动的限制。

一旦这三个因素中的任意一个发生改变,就会出现与结构之间的不匹配或者失调,组织绩效很可能下降。在 SARFIT 模型中,组织规模和任务调节组织结构对组织绩效的作用。这个模型认为,对组织结构的调整并不能实现改进组织绩效的目标,除非这些结构的变化符合新的组织规模、任务不确定性或者任务互依性的要求。这是因为组织重组对组织绩效的潜在积极作用依这些变量而定,即受这些变量的影响。

以组织规模为例,由于组织吸纳了更多员工、变得更为庞大,因而为了维持组织绩效,就必须强化官僚制度。如果官僚制结构未被清晰定义,更多的人就将做着含糊不清的工作、受到糟糕的支配、从事大量重复劳作,这些都是高昂的代价。组织规模和官僚化是正相关的：组织规模越大，它越会也越应该官僚化。

从事尚未充分理解的新工作导致了更高的任务不确定性，而为了使组织绩效不下降，组织需要更高的柔性。组织必须有一个更松散、更有机的结构，实现分权化。因为相互连接的工作需要柔性化的组织，任务互依性可能也要求类似的结构与它相匹配。

在影响结构特征的三大权变因素中，唐纳森认为组织规模是更为基础的影响因素，因为它位于两个任务权变因素之后并对其施加影响。比如，为了激发生产制造中的创新，企业会吸收更多的设计类员工。当这些新增的员工重新设计设备或者产品时，他们就会提高任务的不确定性。

正如其所属的更宏大的权变范式一样，SARFIT模型也是一个关于变革的理论模型。其所基于的统计相关性也不像有时人们认为的那样一直是静态的，它们展示了变革的可能方向。SARFIT模型是一个由绩效驱动变革的理论模型。它揭示了组织结构特征的变化主要是对绩效变化的一个反应。某个权变因素的变化引起了权变因素和组织结构之间的不匹配，导致了低组织绩效，而低组织绩效推动了组织重组。这一举措驱使组织结构变化，直至实现与权变因素之间的新匹配，因此绩效得以提升。这一过程是一种功能性的适应过程，它催生变革，使得组织的绩效表现更佳。

"匹配"思想在唐纳森的思想中居于中心地位。一个组织一开始可能处于匹配状态。如果它随后在改变其某一权变因素的同时维持既有的结构，组织结构就会变得与其权变因素的新水平不匹配。这种不匹配会导致更低的组织绩效，为此组织会尝试进行适应性变革以达到新的匹配，从而提升组织绩效。对于管理层来说，难度在于他们很难确切地知道何处才是匹配，以及调整多少、调整哪里才能实现匹配。但是，他们很可能会认识到匹配处于哪个方向并采用试错的方式向其迈进，经过一个或多个"准匹配"的阶段，直至最终获取匹配。

组织通常基于一个"令人满意"的绩效水平来运营（见本书第5章赫伯

特·A. 西蒙部分）。"令人满意"意味着,绩效也许可以更好,但是已经足够好了。所以,只有组织绩效降到"令人满意"的水平之下,变革才会发生。（唐纳森赞同,绩效引致的变革并不是组织内变革的唯一类型。）

那么,什么因素会引起绩效的波动并启动变革的周期？为了解释这一问题,唐纳森从金融学中借用了"投资组合"这一概念。在金融学中,一个投资组合是一系列不同的投资。一个"组织的组合"包含了可引起绩效变动的关键企业因素（包括内在和外在因素）。这类关键因素共有八个,其中四个因素可导致适应性变革,分别是商业周期、竞争、负债以及事业部风险；另外四个因素分别是多元化、事业部制、撤资以及董事,它们会导致组织缺乏适应性变革。

第一个导致适应性变革的因素是经济活动的商业周期,即繁荣和衰退。它会引起一家商业企业的绩效波动。不管经济形势是抑制还是提升了企业的绩效,企业都需要进行变革。这是因为较好的绩效导致了规模的增长,但正像我们之前描述的那样,这也会带来不匹配,进而触发适应性变革。竞争也具有类似的多重效应。虽然竞争可能会抑制绩效,但是无效的竞争,即来自处于不匹配状态的竞争者的竞争,可能使组织更容易实现增长。负债既可能降低利润,也可能为组织规模增长提供资源。事业部风险则是指,组织内各事业部的不同产品及其市场的风险有所差异,这会导致某些特定事业部的波动,进而影响企业的整体绩效。

抑制变革需求的第一个因素是多元化。企业多元化至一个更宽幅的产品线或服务线可以减缓企业总体绩效的振荡,因为一条线的表现可以抵消另一条线的表现。因此,企业没有较多变革的需要。事业部制很可能与多元化相伴而来。它产生影响的方式与多元化一样,可以起到分散风险的作用。撤资即出售绩效不佳的事业部或子公司,该举措也有助于稳定总体的绩效。最后,非执行董事可以遏制那些可能会被全职董事揽入的风险,从而避免绩效方面的失败。已有证据证明,非执行董事在其他组织的任职经验会抑制他们在董事会中发挥的作用。以上四个因素通过降低绩效变化的可能而使得组织不再那么需要进行适应性变革。这些因素中的两个或多个因素之间也有可能会相互抵消。比如,激烈的竞争致使利润下降,然而,这种负面影响会被因同时期的商业繁荣而带来的销售额的增长抵消。因此,绩效并没有受到影响。

但是,如果这些因素的联合效应确实使得处于匹配状态的组织的绩效是稳健的,那么会发生什么?组织究竟为什么要变革?为何不保持原样?传统的权变理论并未回答这一问题,也将置组织于无限的均衡之中。

唐纳森对此的解答是,在理论上更进一步,将其 SARFIT 模型发展成新权变理论。他指出,SARFIT 模型的三个权变因素在向上变化时需要更多的资源,比如,更大的组织规模将需要更多资金来支付人工费用;用以提升任务不确定性和任务互依性的新设备需要资本;等等。这些资源最容易从处于匹配状态、具有高绩效的组织中产生,它们使得此类改进措施变得可能。而这些措施反过来也改变了权变因素,由此使得组织状态从匹配转变为不匹配。可见,高绩效的回馈是组织状态由匹配变得不匹配。

因此,新权变理论是一个非均衡的动态理论,它预测了持续性的变革。一方面,处于不匹配状态的组织将变得匹配;另一方面,处于匹配状态的组织也将变得不匹配。一个因素的变化导致另一个因素的变化,而后者的反作用引起前者的进一步变化,因而产生循环性的变革。

唐纳森在著述中贯穿其信奉的实证主义哲学立场,并与批评意见展开辩论,捍卫其立场。权变理论以及新权变理论均属于实证主义,这是因为,这些理论像自然科学一样,探寻在类似定律的规律中所呈现的普遍性因果关系。组织通过科学定律来解释,其所采用的形态取决于诸如 SARFIT 模型中权变因素这样的物质要素。这些定律在所有类型和所有民族文化的组织中都成立。

实证主义的批评者认为这一立场低估了自愿行为,也就是说,实证主义未能考虑到组织成员拥有按照自己的意愿行动的能力,可以不按照由权变因素相对机械化地决定的方式行事。唐纳森并不否认这些观点。他认为,在大的结构权变视角下这些观点是站得住脚的,但是它们缺乏结构权变视角可提供的系统化概括。它们受限于对员工行为的低层次描述,未能提供一种可指明实践行动的从整体角度看待组织的概念化论述。

比如,在查尔德(见本章的前面部分)最早提出的战略选择概念中,他声称组织权变理论是不完整的。这是因为这一理论是非人格化的,没有认识到管理者必须选择权变因素(比如,他们决定增长规模)和结构因素(他们将部门专业化或者采用事业部制)。与此相对,唐纳森虽然认可存在选择,但是他认为这些选择受到高度的限制。他指出,研究数据表明权变因素解释了结构的大多数变异,显著超过一半。管理者的偏好和选择几乎不提供任何独立的贡献。另外,这些偏好自身也受限于这些管理者的工作环境。将管理者看作在自由地做出果断的决定,虽然看起来很美好,但是他们选择合适的结构因素通常只是因为他们是"因果关系的传导体"。情景因素的驱使意味着管理者并不拥有自由的战略选择。他们可以操纵的空间是有限的。

诸如亨利·明茨伯格(见本章的后面部分)等学者偏好于用**类型学**(typologies)而不是众多变量的差异来描述事物。唐纳森对此的回应是,虽然类别容易记忆,但是并不符合实际。证明组织通常归属于不同类型的证据相对不足,然而有充分的证据证明组织在众多方面存在细微的异同,而这些多方面的异同并不能简单地加总为这种或那种类型。

组织生态学(population ecology theory)(见本书第 2 章迈克尔·T. 汉南和约翰·H. 弗里曼部分)提出了一种关于变革的极具特色的解释。变革不是通过对现存组织的重组而更多是由那些过时的组织的"死亡"所引起的,这些过时的组织被具有创新方法的新型组织挤出市场。唐纳森坚决主张,有关不匹配的组织退出市场的证据是不足的。有更多的证据支持组织是具有适应性的。大多数情况下,企业确实会改变战略与结构,也确实因此而存活下来。

对唐纳森来说,组织研究的其他理论的一个普遍问题是,这些理论是价值驱动的,也就是说,它们不是立足于证据,而是基于人们对世界的期望。但是,他指出,"扎实的理论构建并不是一厢情愿的想法",它建立于看清世界真实面貌的基础之上。权变理论和 SARFIT 模型所基于的实证主义思想在对组织的理解上是无可匹敌的,因为它是基于实证的研究。

参考文献

DONALDSON, L. *In Defence of Organization Theory*: *A Reply to the Critics*, Cambridge University Press, 1985.

DONALDSON, L.*American Anti-Management Theories of Organization*: *a Critique of Paradigm Proliferation*, Cambridge University Press, 1995.

DONALDSON, L. *For Positivist Organization Theory*: *Proving the Hand Core*, Sage, 1996.

DONALDSON, L.*Performing-Driven Organizational Change*: *the Organizational Portfolio*, Sage, 1999.

DONALDSON, L.*The Contingency Theory of Organizations*, Sage, 2001.

HILMER, F. G. and DONALDSON, L., *Management Redeemed*: *Debunking the Fads that Undermine our Corporations*, Free Press, 1996.

埃里奥特·杰奎斯

埃里奥特·杰奎斯(1917—2003)是一位加拿大人,本科毕业于多伦多大学心理学专业,之后在约翰·霍普金斯医学院学习医学。在加拿大皇家陆军医疗队服完役后,他加入了塔维斯托克人际关系研究所(Tavistock Institute of Human Relations)。在那里,他主持了一项关于冰川金属公司(Glacier Metal Company)工人与管理活动的研究(又称"冰川调查")。该公司是一家在伦敦的工程机械厂,总经理是威尔弗雷德·布朗(Wilfred Brown),他本人也是一位知名的管理学者(见本书第3章)。"冰川调查"对管理思想的影响力可与"霍桑研究"相匹敌。由于在这项研究中的杰出贡献,杰奎斯被哈佛大学社会关系学系授予了博士学位。他也是一位训练有素的克莱因学派的精神分析师,从事心理治疗工作,并在冰川金属公司担任"社会治疗师"。杰奎斯曾任布鲁内尔大学社会科学学院教授及组织与社会研究所所长,并曾与英国国家卫生服务局、英格兰教会以及欧美的许多商业与公共组织合作。

杰奎斯及其同事在"冰川调查"中使用"行动研究"的技术。通过与公司成员合作,他们旨在研究影响团队行为的心理和社会因素,开发能更有效地缓解社会压力的方法,并且促进一致同意的、共同期望的社会变革。

他们从该组织中特定团队需要解决的问题着手开展研究。杰奎斯在《工厂文化的变迁》(The Changing Culture of a Factory)一书中描述了相关研究,例如服务部门的薪酬和士气问题,劳资委员会的员工—管理层合作问题,以及事业部经理会议上的高管领导力问题。使用的方法主要是(研究人员和团队一起)"梳理"(work through)现存的问题,找到可能的解决方案。研究人员参与团队的会议,向成员阐释其中起作用的社会与个人因素,以提升团队的社会与心理洞察力。这同时也促使成员们对社会变革采取更为理性的态度。

在"梳理"的过程中,他们往往发现,团队所暴露出的问题只是长期积累下来的根本性症结的表层症状。之后他们会对这些更深层的问题进行检查。比如，最初在服务部门出现的薪酬及其支付方式问题，很快就发展为与薪酬问题经常联系在一起的团队间压力的复杂难题。管理层和员工代表在一系列会议中就双方的分歧进行梳理（研究人员的阐释发挥了促进作用），不仅完成了新薪酬体系的搭建，而且在这些讨论中发现了新情景，并据此建立了一个"车间委员会"，作为成员参与部门政策制定的长期机制。

"冰川调查"最重要的发现之一是，人们需要以自己和同事都认可的方式明确界定自身角色和地位。当一个人的角色边界有些混乱，或者扮演的多个角色没有被充分区分时，他就会产生不安全感和挫败感。对事业部经理会议的研究表明，此类会议有时作为高层管理委员会为伦敦工厂做决策性的讨论，有时用于各事业部经理与总经理进行非决策性的讨论，有时又作为全公司（包括苏格兰工厂）的隐性董事会。在不同职能的混合下，同一团队对组织事务有着不同的权力，具体取决于该团队在发挥何种作用和能力。但事实上这些权力边界是不清晰的，这一点对成员个人会造成困扰。

即使一个角色已经被清晰定义，其中也可能存在个体无法接受或难以完成的部分。在一个致力于协商式管理的组织中，上级可能越来越不愿意行使其权威。杰奎斯描述了几种规避责任和权威的机制。第一种是只行使协商职责。此时，总经理对于各事业部经理只扮演"顾问"的角色，而没有意识到他同时也承担着伦敦工厂首席执行官的职责。这就在管理层中留下了一个缺口。第二种是滥用正式联合协商这一过程。让高层管理人员与工人代表进行简单直接的接触，这通常为前者的直接下属提供了一个逃避职责的途径。要让协商式管理发挥作用，协商过程就必须严格遵从命令链，否则，冲突就会从那些被绕开的环节中产生。第三种回避责任的途径是"假民主"。例如，一位上级声称"我只是这个委员会中的普通一员"，然而事实上他的资历是在场所有人中最老的，或者，一位上级通过过度授权来逃避其领导责任。从这些研究中得出的最重要的结论是，团队成员期望团队拥有一个鲜明的领导角色并且这一领导角色得到恰如其分的履行，否则，团队就无法良好地运行。

完成这一系列在塔维斯托克人际关系研究所的研究之后,杰奎斯更换了工作角色。在工人代表们的一致同意下,他成为这家公司的一名兼职员工。不过他仍然独立地从事社会分析师工作,研究工资和薪酬问题。由于之前的研究已经揭示了由不公平薪酬待遇衍生出的持续性问题,当下的任务就在于确定适合个体的薪酬和职位,换言之,即确定某一特定职位能被广泛接受的薪酬水平,特别是与其他职位相比较时的恰当水平。

杰奎斯将工作内容分成规定的和自主决定的两部分。规定的部分不依赖于做这项工作的个体的自主判断。不过,几乎所有工作中都存在要求个体进行自主决定的部分,不管这一部分的占比有多小。基于此,他构建了"自主时距"(time-span of discretion)这一概念,即个体所做的决策在被审查和评估之前的总时长,可以作为隐式地衡量一项工作重要性的主要标准。当自主时距处于最低水平时,个体所做的工作会被频繁地检查;相反,当它处于最高水平时,明确某一决策的有效性可能需要花好几年。杰奎斯在《责任测量》(*The Measurement of Responsibility*)一书中发展了此方法。

杰奎斯发现,自主时距并不会随个体在组织中的晋升而出现连续性增长,其变化实际上是阶梯式的。他划分了自主时距的 7 个主要层级(每个主要层级下还有子层级),分别为:小于等于 3 个月,小于等于 1 年,2 年,5 年,10 年,20 年以及 20 年以上。通常认为这些时距清晰地对应不同的水平,因此薪酬也应该有所区别。处于第一层级的人能接受处于第二层级的人有更高的工资,而且如果不这样安排,所有人都会觉得不公平。"感知公平的薪酬"(人们认为自己和他人应该获得的薪酬)的差异与时距差异的客观测量值高度相关(在冰川金属公司相关系数达到 0.9),因此,薪酬体系如果建立在工作的自主时距基础之上,通常也会被视为是公平的。

第三个因素是员工运用工作自主性的能力的增长。杰奎斯提出了薪酬发展曲线(earning progression curves),用于描述那些有能力运用某种自主权并且正在追求更大自主权的员工的合适薪酬。当个体在与其能力相符的自主权水平上工作并获得公平的薪酬时，其工作表现最好；但也要给予他们合适的机会，以促使他们进步，获得个人的最大时距能力。

这些观点在《自由企业与公平就业》(Free Enterprise, Fair Employment)一书中被进一步发展。在这本书中，凯恩斯主义和货币主义的经济措施都被认为不足以应对自我持续的通货膨胀，后者又导致了失业问题。杰奎斯认为，无论整体经济状况如何，任何一个国家都能给每个人提供足够的工作机会。但要实现充分就业又不出现通货膨胀，必须具备一个首要条件，即以对应不同时距水平而构建的公平的薪酬等级体系为依据，达成政治共识，从而建立公平的薪酬级差。例如，杰奎斯提供的证据表明，1980年，同样一份自主时距为3个月的工作，在英国的公平年薪为7 000英镑，在美国为20 500美元；而同样一份自主时距为2年的工作，在英国和美国的公平年薪分别为19 500英镑和60 000美元。（当然，实际货币金额会随收入通货膨胀率在不同年份间发生改变。）

这些数字并不是1980年的实际薪酬，而是当时人们所认为的差别式公平薪酬。任何有关工资和薪酬的系统性政策都必须包含以下方面的决策：①与上一年相比，本年度的总体薪酬水平应如何；②是否需要对薪酬差异进行调整，例如，是否需要压缩或扩展时距层级，是全部调整还是部分调整，等等。杰奎斯认为，以上问题在制定理性的薪酬政策时都需要予以考虑，而且只要自主时距的差异能被客观确定和承认，薪酬政策就会被认为是公平公正的。

时距层级以及个人在自主时距内的工作能力，也是杰奎斯有关官僚机构的一般理论的关键。在杰奎斯看来，官僚机构是一种等级化的分层雇佣体制；在这一制度中，员工用其工作成果来对上级负责。按照这个特殊的定义（与通常的定义有些区别——可参考本章前面的韦伯部分），对学术人员实行高校问责制的大学，以及对专职人员实行选举问责制的工会，在这个意义上都不是官僚机构。杰奎斯坚持认为，他的官僚机构理论以及关于自主时距和公平薪酬的理论，均不适用于大学或工会这样的组织。

杰奎斯发现，在官僚机构（如商业公司、政府机构、武装部队）中，随着个体层级的上升,个体的工作自主时距逐渐延长;同时,基础的 7 个时距层级对应着个体不同的思维能力——从最底层的具象思维能力,到最顶层的抽象建模和制度构建式思维能力。运用更高级的逻辑推理抽象思维在更长时距上工作的能力是官僚机构高层管理有效性的决定因素。官僚机构之所以呈金字塔形,正是因为这种工作能力(杰奎斯认为是与生俱来的)在人群中的分布存在巨大差异。很少有人具有高级的抽象思维,这是一个被组织成员公认的事实。正是这种共识的存在,才使得基于自主时距的公平薪酬体系在不剥削劳动力的前提下能在经济竞争环境中发挥作用。

参考文献

BROWN, W. and JAQUES, E., *Glacier Project Papers*, Heinemann, 1965.

JAOUES, E., *The Changing Culture of a Factory*, Tavistock, 1951.

JAOUES, E., *The Measurement of Responsibility*, Tavistock, 1956.

JAOUES, E., *Equitable Payment*, Heinemann, 1961, Penguin, 1967.

JAOUES, E., *A General Theory of Bureaucracy*, Heinemann, 1976.

JAOUES, E., *Free Enterprise, Fair Employment*, Heinemann, 1982.

阿尔弗雷德·D. 钱德勒

阿尔弗雷德·钱德勒(1918—2007)曾任哈佛大学工商管理研究生院商业史教授。他是一位经济史学家,其研究工作集中在商业史领域,特别是管理史。他一直认为这是近代史研究中一个被忽视的领域。他对大企业的研究得到了多个机构的资助,其中包括阿尔弗雷德·斯隆基金会。他的研究成果获得了国际认可,其著作《看得见的手》(*The Visible Hand*)被授予普利策历史奖和班克罗夫特奖。除哈佛大学外,钱德勒还在美国和欧洲的多所大学中任教。

钱德勒的所有学术著作都围绕着1850—1920年大型企业的兴起及其所扮演的角色这一主题展开,这一时期被他称为"现代资本主义形成期"。他指出,在此期间形成了一个新的经济机构——多单元企业——它们受到新的资本主义制度下运作的新管理者阶层的控制。这些新的管理者必须制定与其创业前辈不同的战略,并且在创建实施这些战略的结构方面独具创新性。这种转变的原因在于需求的变化带来了大众市场,而技术的变革使得大规模生产成为可能。新的组织结构使得大规模生产与大规模分销可以整合到一起。

虽然钱德勒的分析是历史性的,但是他对组织变革以及组织战略与组织结构之间的关系提出了普适性的观点。特别是,钱德勒在他的研究中明确指出,一个组织的结构跟随该组织所采取的战略。这两者之间的区别至关重要。**战略**(strategy)是指明确组织基本长期目标和具体目标,同时为实现这些目标而采取行动方针并分配资源。**结构**(structure)是为了管理由企业战略产生的活动而设计的组织方式。就其本身而言,结构涉及层级设置、工作分配以及权威与沟通线。此外,结构的概念还涵盖了上述线上流动的信息和数据。

一旦组织从由所有者控制的小型企业转向现代的多单元企业,就会出现新的管理者阶层。这对于组织结构发展非常重要,因为受薪经理致力于企业的长期稳定。管理层级制将权力和权威赋予职位,并因此而成为一个永久存续的源泉。作为这一过程的一部分,受薪经理的职业生涯越来越技术化和专业化。

管理在开发结构中所扮演的角色,是钱德勒分析的核心。正如他所说的那样,"管理这只看得见的手已经取代了亚当·斯密的市场力量那只无形之手"。多事业部、分权结构是技术变革和需求增长的组织结果,而管理者既是这种结构的产物,也是这种结构的开发者。管理者负责企业的管理,即协调、规划和考评工作以及分配资源。

大型企业的组织结构必须既要允许其各个单元的有效日常运营,也要维护企业的长期健康发展。由此需要建立处理日常生产和服务的分权结构,以及管理企业长期前景的中央办公室,后者由职能部门组成。这是作为主要结构框架的职能专业化过程的一部分。主要区别存在于综合办公室、事业部门、职能部门和外勤单元之间,这里的每个单元都有其特定的职能。这种结构取得成功的基本原因之一在于,它明确地将那些负责长期规划和评估的高管从直接运营中剥离出来。这种分离的重要性在于,它为这些管理人员提供了长期活动所需要的时间、信息和心理承诺。

这种(具有不同寻常的管理层级的)独特组织结构的引入标志着从家庭或金融资本主义到管理资本主义的过渡。但是,在钱德勒看来,因为结构跟随战略,这种转变只能在外部压力的作用下发生。特别重要的是,为了应对美国19世纪后期新的全国性市场和日益增加的城市化市场,活动量不断地增加。与此相伴的是技术的变革,它使得企业能够进行大批量生产。

面对这种压力,企业可以采取防御性或积极性战略。积极性战略是指企业积极寻找新市场和服务这些市场的新产品。它围绕产品多样化进行组织。而防御性战略是指企业采取行动保护其当前市场地位。实现这一目标的常见方法是通过与类似企业、供应商和客户的合并来形成纵向一体化的公司。

这两种战略都会形成更大规模的组织且伴随着管理问题的出现。这就开启了职能活动的管理技术系统化。实现这一目标的最初组织类型是集权型职能部门化的结构。这种组织结构可以在引入必需的新专家技术的同时保持股东对公司的控制。但是，扩大组织规模涉及能力的构建和企业可支配的人力、财力和物力的扩充。其结果是组织规模进一步扩大以确保充分利用这些资源，这一结果是出于新管理者阶层的利益需求而不是出于股东的利益需求。企业的增长既是内生的也是外生的，它催生出真正的创新结构——多单元分权结构。

为了详细说明他的观点并描绘结构创新的过程，钱德勒着眼于四家公司的案例：杜邦公司（Du Pont）、通用汽车公司（General Motors）、新泽西标准石油公司（Standard Oil of New Jersey）和西尔斯·罗巴克公司（Sears Roebuck）。根据钱德勒的说法，这四家公司面临的大致压力和需求是相同的。而且，笼统地讲，四家公司的组织结构十分相似。但是，这些公司在诊断所面临的问题并随之引入管理变革的过程方面是大相径庭的。

杜邦公司独特的结构创新在于自主性事业部（autonomous divisions）的设立。到20世纪初，杜邦公司以一种没有集中管理控制的松散联盟的形式存在。早期杜邦公司的第一个战略是实行集中控制，并将制造活动集中在一些较大的工厂中。这是一种集权型职能部门化的结构。对公司运营而言，重要的是开发新的管理信息与预测的方式。为了保持企业的持续增长，杜邦公司引入了多单元分权结构。这是通过将结构建立在一个新原则上而实现的，即协调相关的力量而不是协调相似的事物。这一创新性原则意味着不同的宽泛职能活动必须置于不同的行政单元之中。为了运营这些单元，行使职权的高管被授予了更强的权威。最终，这些单元发展为基于产品的事业部，每个事业部都相应得到一个中央或综合办公室的支持，以处理战略问题。这使得自主性事业部能够继续进行日常运营。

通用汽车公司的案例强调了结构跟随战略的必要性。通用汽车公司的创始人威廉·杜兰特（William Durant）在一个非常松散的联邦结构中与许多经营单元达成了一项量产战略。由于缺乏整体控制，公司在1920年出现了危机。1923年成为首席执行官的阿尔弗雷德·P. 斯隆（Alfred P. Sloan）的应对策略是设立一个综合办公室，负责制定统筹性的政策和目标并协调各项工作。他开发了一种直线经理—员工的结构,确保产品事业部能充分利用资源并采用适当的产品流,与此同时,由总部的工作人员来评估事业部的绩效和计划。这个新结构耗时五年才建成(见本书第4章阿尔弗雷德·P. 斯隆部分)。

对于钱德勒来说,新泽西标准石油公司与通用汽车公司一样,是一个最初未能根据战略调整结构的案例。在一个既有联邦制管理关系又有附属(子)关系的公司系统内,权威和沟通的渠道没有得到充分的界定。这导致新泽西标准石油公司在20世纪20年代经历了一系列与过度库存和过度生产有关的危机,这触发了公司高层的临时响应。最初的应对是建立了一个中央办公室,以分配资源和组织协调。第二阶段则建立了一个分权的事业部结构。根据钱德勒的说法,新泽西标准石油公司的反应比杜邦公司或通用汽车公司更慢,更优柔寡断,部分是因为它的问题更加困难,部分是因为公司高层普遍缺乏对组织问题的关注。

20世纪20年代至30年代,西尔斯·罗巴克公司以自己特定的方式经历了相同的过程,这一过程部分是在计划之内,部分是在计划之外。该公司最初采用垂直整合的防御性战略产生了一个集权型职能部门化的结构。而公司持续的增长迫使其采用分权的区域化组织,也要求公司理顺经营单元与职能部门之间的关系。由钱德勒和赫尔曼·达姆斯(Herman Daems)所编《管理者的科层:现代工业企业兴起的比较性透视》(*Managerial Hierarchies*:*Comparative Perspectives on the Rise of the Modern Industrial Enterprise*)一书的撰稿人们同样追踪了法国、德国和英国工业中发生的类似过程。

钱德勒的案例研究及其广泛调研工作都阐述了一些关于组织结构发展和组织创新的一般性观点。首先,城市化、工业化社会的市场和技术压力推动着企业往相同结构方向发展,尽管实际的创新过程可能大不相同。在这个过程中,区分适应性响应和创造性革新是很重要的。**适应性响应**(adaptive response)是一种在当前的习惯与实践范畴内的结构变化,职能部门和中央办公室正是如此。而**创造性革新**(creative innovation)超越了现有的实践和程序,例如开发出分权的外勤单元。一般采用直线—参谋的部门结构意味着可以向外勤单元下放权力和责任。

钱德勒说,在这个过程中,社会上出现了一种新的经济功能,即管理协调和控制。为了实现这一功能,一个新的物种应运而生,即受薪经理。因此,现代企业开始形成,其两大特点为:存在许多不同的经营单元,并且由层级制的受薪经理进行管理。

参考文献

CHANDLER, A. D., *Strategy and Structure*, MIT Press, 1962.

CHANDLER, A. D., *The Visible Hand：The Managerial Revolution in American Business*, Harvard University Press, 1977.

CHANDLER, A. D., *Inventing the Electronic Century*, Free Press, 2001.

CHANDLER, A. D., *Shaping the Industrial Century*, Harvard University Press, 2005.

CHANDLER, A. D. and DAEMS, H. (eds), *Managerial Hierarchies：Comparative Perspectives on the Rise of Modern Industrial Enterprise*, Harvard University Press, 1980.

CHANDLER, A. D. and TEDLOW, R. S., *The Coming of Managerial Capitalism*, Irwin, 1985.

奥利弗·E.威廉姆森

奥利弗·E.威廉姆森(1932—2020)是一位美国经济学家,他的职业生涯始于在美国政府部门担任项目工程师一职。此后不久,他进入学术界,相继获得了斯坦福大学的工商管理硕士学位和卡内基梅隆大学的经济哲学博士学位。他具有在美国多所顶尖高校从事学术研究的履历,生前是加利福尼亚州立大学伯克利分校哈斯商学院的荣休教授。

针对组织是什么、组织成员如何行动等常见问题,威廉姆森探幽发微,提出了"组织为什么存在"这一问题。为什么会出现组织?他的答案是,因为组织降低了交易成本。他将社会视为一个由交易(即最广义的合同)构成的网络,指出"交易范式"能够揭示组织存在的原因。这些原因既非规模(即原本认为可解释大型组织因何存在的规模经济),也非大规模技术,而是交易的信息成本。规模和技术的确重要,但重要的并非其本身,而是它们带来的信息需求。

社会中发生的大量经常性交易既可以在市场中进行,也可以在组织内进行。采用哪种交易方式取决于可用的信息,以及交易各方在需要更多信息时获取所需信息的成本。随着信息需求的变化,交易可能会更多地在市场中进行,或者越来越多地在组织内部进行。目前的发展趋势是越来越多的交易在组织内部进行,威廉姆森的讨论主要就围绕着这个变化展开。这是因为,他的主要关注点是沿此趋势变化的社会;但是,如果起点是一个由中央计划和非市场交易主导的社会,相关分析也可以恰当地解释交易从组织内部向市场转移的问题。交易成本分析既可以回答"为什么组织不存在"的问题,也可以回答"为什么会出现组织"的问题。

威廉姆森以一种制度经济学的形式,将市场经济与组织理论结合起来。他期待着一种可能性,即对市场结构的度量最终与对组织内部结构的度量相结合(请参阅本章前文皮尤和阿斯顿学派的相关内容)。

市场(markets)和**层级制**(hierarchies)是进行交易的两种备择模式。因此,当市场模式无效时,交易就被纳入组织的层级制之中。例如,兼并或收购将合同各方纳入单个组织,之后合同各方的交易就不再由市场规则来规范,而是改由层级组织的内部规则来规范。此外,建立组织是为了在内部进行交易,而这些交易原本可能是由独立的交易各方按照市场条款订立合同来完成的。

　　采用哪种交易模式取决于**信息压缩**(information impactedness)程度。当交易的"真实基本情况"为一个或多个交易方所知但不为其他当事方所知时,就存在信息压缩。如果交易各方之间的信任不完全,缺乏信息的交易方要获得信息平等,就只能承受额外的成本;这种成本可能很高,甚至高到令人望而却步。因此,获得了供给的买方可能不确定供给的质量是否符合要求,交货是否准时,或者卖方要价究竟超出本应支付的合理价格多少。造成这种情况的原因,可能是任何交易方(即使是卖方)都没有关于这些事项的充足信息;或是即使有相关的可用信息,买方也担心卖方会从有利于优势卖点的角度来诠释信息,因而无法相信这些信息。

　　当所有必要的信息都通过价格在交易各方之间传递(即信息完全)时,市场是最有效的交易模式。由于层级制会将交易过程中知情不足的各方聚集起来并将其置于一定程度的控制之下,因此在必须了解更多信息、确定性的信息较少,以及可能存在"准道德"元素等情况下,最好将交易纳入层级制。

　　当信息压缩程度很高时,交易将被移出市场,被纳入企业或其他组织形式的层级制之中。此时,交易固有的不确定性和不信任感很高,以致进行市场交易的各方无法确定可接受的价格。在这种情况下,层级制优于市场。第一,它扩展了理性的边界。尽管组织内部交易各方的理性仍然受限,但专业化使得各方能专注于处理整体问题的一部分,且该部分小到可被充分理解;各方的工作成果由居于顶层的专业决策者汇集在一起。交易各方交换了更多信息,也能够要求其他交易方移交更多信息。通用的编号与编码系统以及专业行话降低了沟通成本。第二,组织的各部门可以分别关注特定情况下不确定性与复杂性的某一方面,从而使得原本过于不确定、过于复杂的整体问题变得可以管理。随着形势的发展,问题的各个方面将得到逐步关注,而不用一次性关注所有方面,同时,原本过于复杂的决策能够分解为更小的连续的步骤(请参阅本书第5章查尔斯·E.林德布洛姆部分)。第三,层级制可以遏制机会主义。薪酬、晋升和控制技巧可确保交易各方在一定程度上朝着共同目标努力。交易各方之间的信任可能并不完全,但是水平相对更高。交易各方不能将其收益完全用于自身的目的,对交易各方行为的检查和审计也更加有效。如果发生争议,可以交由高层裁定。第四,在参与方较少的情况下(机会主义的交易参与方倾向于利用这种情况),层级制可以压倒市场谈判机制。

总体而言,层级制更容易实现信息对等,同时,特别的一点是,它在严格的经济义务之上规定了"准道德"义务和互惠义务。

那么,是什么阻止了层级制不受限制地承接越来越多的交易?随着企业规模的扩大和企业间纵向一体化的扩展,这种限制开始显现。成本上升到一定水平时,管理增量交易的边际成本开始超过通过市场完成交易的边际成本。组织内部各个团体或部门的目标开始压制组织的共同目标;为了抑制这种趋势,控制系统的专家快速增多,这类专家变得越来越昂贵;如果能够重新开始,组织绝不会采用现有的工作方式,但沉没成本鼓励将现有工作方式保持下去,同时,沟通也越来越失真。领导者越来越远离被领导者(即"官僚化隔绝",bureaucratic insularity),下层之间的合作不再全心全意,而是变得敷衍了事。协作与共同目标失效。

在采用层级制的一元结构(称为"U型")下,当单个大型组织的高层管理者试图将所有交易都控制在组织内部时,成本会增加。因此,尽管雷诺兹金属公司(Reynolds Metal Company)和桂格麦片公司(Quaker Oats Company)在整个20世纪60年代都保留了这种组织形式,但在大型美国公司中,U型结构正在消失。采用多事业部结构(称为"M型")可以相对减少组织内部的交易成本,正如钱德勒(参见本书前文)在杜邦、通用汽车、新泽西标准石油和西尔斯·罗巴克等公司案例中所述,这些公司都在20世纪20年代和30年代改组为 M 型结构。为了有效发挥作用,这种组织形式要求管理层专注于监督事业部绩效和战略规划。管理层可以将多事业部结构作为一个微型资本市场,这个市场能够比外部资本市场更有效地将资金转移到最有利可图的用途上。之所以如此,是因为和外部资本市场中各方能够获得的有关可比投资机会的信息相比,多事业部结构内部有关公司的信息更加完全。

但是,在所谓的"受损的 M 型组织"中,如果管理层参与事业部的日常运营,那么信息成本将被再次推高。据报道,一家大公司正试图通过减少共计 5 000 名非生产人员来摆脱受损的 M 型结构。它还削减了 1 300 多名总部员工(不向利润中心汇报的人员),总部员工数量减至 132 名的新低。这样做的目的是向真正的利润中心分权,使每个事业部经理的绩效可以得到精准的评估,而不用分担高昂的总部开销。

如果无法实现对受损的 M 型组织的改造,信息成本居高不下,那么市场交易将变得更具吸引力。最终,克服信息压缩的相对成本决定了社会中的交易是通过市场还是在组织内部进行。因此,按照威廉姆森的说法,交易成本经济学决定了组织治理机制。

参考文献

WILLIAMSON, O. E., *Markets and Hierarchies: Analysis and Antitrust Implications*, Free Press, 1975.

WILLIAMSON, O. E., *Economic Organization*, Wheatsheaf Books, 1986.

WILLIAMSON, O. E., *The Mechanisms of Governance*, Oxford University Press, 1996.

亨利·明茨伯格

亨利·明茨伯格是蒙特利尔麦吉尔大学管理学克雷霍恩讲座教授。他毕业于麻省理工学院斯隆管理学院。在参与众多咨询项目和受访邀约的同时,他还一直担任法国埃克斯-普罗旺斯大学的访问教授。他研究了管理者在管理过程中实际做了什么,以及他们管理的是什么样的组织。

明茨伯格认为,管理者所做的事情和他们被告知要做的事情之间存在着巨大的差异。在大量对工作活动研究的基础上,他证明了管理者的工作具有节奏快、间断多、简短、活动多样化和碎片化以及偏好口头接触的特点。管理者会花相当多的时间在事先安排好的会议及会议外的关系网中。

管理者工作的碎片化本质使他们必须扮演各种各样的角色。明茨伯格提出了十种管理角色,分为三大类:**人际关系**(interpersonal)、**信息**(informational)和**决策**(decisional)。

人际关系角色涵盖的是管理者必须与他人建立的关系。这一类别中的三种角色分别是:挂名领袖、领导者和联络员。管理者必须扮演**挂名领袖**(figureheads)的角色,因为他们拥有可代表组织的正式权威和象征性地位。作为**领导者**(leaders),管理者必须通过下达指令把组织和下属的需求结合起来。第三种人际关系角色是**联络员**(liaison),这一角色处理的是横向关系。工作活动研究已经证实,横向关系对管理者很重要。管理者必须维护组织外部的关系网。

管理者必须收集、传播和推广信息,与之对应的三种信息角色分别是:监听者、传播者和发言人。管理者是**监视**(monitoring)组织中发生事情的重要人物,他们要接收关于组织内部和外部事件的信息并将其传递给其他人。这一传播的过程体现的是**传播者**(disseminator)这一角色,其传递的信息既可能是事实性的又可能是价值性的。管理者经常需要向外界提供有关组织的信息,因此需要扮演**发言人**(spokesperson)的角色,这一角色既面向一般的社会大众,也面向一些有影响力的人士。

和许多管理学者一样，明茨伯格认为管理活动中最为重要的部分是决策。他在这一类别中所设置的四种角色基于不同的决策类型，分别是：企业家、危机处理者、资源配置者和谈判者。作为**企业家**（entrepreneurs），管理者要做出改变组织现状的决策。他们可能既要发起变革，又要积极地参与决定到底具体要做什么。原则上，他们的这些行为是自愿的。这与他们作为**危机处理者**（disturbance handler）的角色非常不同，在后一角色中，管理者必须对超出他们控制范围和无法预测的事件做出决策。在明茨伯格看来，对事件做出反应和组织活动的能力是一项重要的管理技能。

管理者的**资源配置角色**（resource allocation role）是许多组织分析的核心。很明显，管理者必须对资金、人员、设备、时间等要素的分配做出决定。明茨伯格指出，在这些活动中，管理者实际上是在安排时间、规划工作和批准行动。明茨伯格将**谈判角色**（negotiation role）归入决策类别，因为谈判是"实时资源交易"。管理者必须与他人协商，并在此过程中能够就组织资源的承诺做出决策。

明茨伯格认为，这十种角色比任何一个管理学派的思想都更能充分地概括管理者的工作。在这些角色中，信息是至关重要的：管理者决定着信息的优先级。管理者通过人际关系角色获取信息，并通过决策角色让这些信息产生作用。

每个管理者可以选择不同角色的组合，这意味着不能将管理简化为一套科学的陈述和方案。管理本质上是一门艺术，管理者需要不断地尝试和了解自身情况。自我学习是至关重要的。目前，不存在管理理论教学的坚实基础。明茨伯格认为，管理学院在培养解决结构化问题的技术专家方面，比培养处理非结构化问题的管理者更为有效。

明茨伯格提出了一种理解组织设计的方法，并总结出七种不同的组织类型。如表1-1所示，前五种类型根据对组织运作起关键作用的基础部分来进行区分。在创业型组织中，组织结构的关键是"战略顶点"。例如，在一家制造企业中，其"战略顶点"可能为总裁、首席执行官、董事会及其成员。在机器型组织中,其关键要素是"技术结构",包括计划、财务、培训、运营研究和工作研究以及生产调度等部门人员。专业型组织的关键是"运营核心",即组织运营的班底。在一家制造企业中,这可能是顾客、机器操作员、销售员和调度员;而在专业型组织中,这可能是医生和护士(在一家医院)或教职工(在一所大学)。在多元化组织中,"中层"是关键,它是介于战略顶点和运营核心之间的层级,如"管理管理者"。在一家制造企业中,这将包括生产和销售部门的主管及其下属经理和主管。在被明茨伯格称为"灵活型企业"的创新型组织中,"支持性员工"是关键部分。在一家典型的制造企业中,他们可能从事公共关系、劳资关系、定价、工资福利发放等工作,甚至是在自助餐厅,或者研发部门;但对于一个灵活型企业,重点是后者,即研发部门。在后两种组织构型中,组织本身没有一部分是关键的。其中,使命型组织受意识形态的牵引,而政治型组织没有关键部分。

表 1-1 七种组织类型

组织类型	主要的协调机制	关键部分	分权类型
创业型组织	直接监管	战略顶点	纵向和横向集权
机器型组织	标准化的工作流程	技术结构	有限的横向分权
专业型组织	标准化的技能	运营核心	横向分权
多元化组织	标准化的产出	中层	有限的纵向分权
创新型组织	相互调整	支持性员工	选择性分权
使命型组织	标准化的规范	意识形态	分权
政治型组织	无	无	多样的

资料来源:Mintzberg(1989)。

在前五种组织类型中,其关键部分都对组织施加拉力。"如果条件更有利于某一种组织结构而非另一种,就会促使组织将其结构调整为更有利的一种构型"或设计。组织会被拉向某一种特定的构型而非其他。

第一种类型是**创业型组织**(entrepreneurial organization),在这种组织中,最大的拉力来自趋向集权的战略顶点,它正如其名称所体现的那样简单。

这种组织构型几乎没有技术结构和支持性员工，部门之间的差别很小，而且没有明显的层级制度。组织内的协调通过强势顶点由上至下的直接监管实现，这一强势顶点的主要权力掌握在首席执行官手中；这样就不需要正式的计划、培训或者类似的程序，这种组织可以是灵活的和"有机的"（见本书第2章汤姆·伯恩斯部分）。支持这种组织构型的条件往往存在于经典的企业所有者与管理者合一的公司。该组织所面对的是一个简单而动态的环境，这种环境可为一位领导者所理解。大多数组织在刚成立的几年都会经历这种结构，而有些组织会保持足够小的规模来延续这种结构。这些组织的类型可能是多样的，可以是汽车经销商、零售商店、全新的政府部门或一个发展迅速的小规模制造商。

有些人喜欢在这样的组织中工作，因为它给人以一种使命感和灵活性。但是另一些人会对来自高层的管控感到不满。他们认为这是家长式的和专制的，在民主时代不流行。这种组织形式也存在很大的不稳定性："一次心脏病发作就能彻底毁掉组织中最重要的协调机制"。

机器型组织（machine organization）要牢靠得多（见本章前面韦伯对官僚制的论述）。它不依赖于某个特定的人。它最大的拉力来自其技术结构，像计划人员、财务人员、生产调度人员等。这些人员将组织拉向标准化。一旦工作被划分为标准化的日常任务，他们就可以通过正式的规章制度来对这项工作进行控制。控制在机器型组织中被广泛推崇。它的集权程度仅次于创业型组织，但是在这类组织中，权力是在战略顶点和技术结构之间分配。邮局、钢铁制造商、监狱、大型航空公司或汽车装配商都是如此。许多有利条件促使它们采取这一组织设计，它们大多成立年份已久，有较大的组织规模，处在稳定的环境中，执行重复性工作，并很可能受到公司总部或政府的远程控制。

尽管这种组织形式在执行重复性工作方面效率很高，但它充斥着高层与底层之间以及部门之间的冲突。对很多人来说，他们所做的工作都是没有意义的。仅仅为了维持组织内部的团结，管理者就耗费了大量的精力。在工业革命鼎盛时期,这一组织结构非常流行,但与创业型组织一样,如今它已不再盛行。

第三种组织构型或设计是**专业型组织**(professional organization),它由运营核心所牵引,朝专业化自治方向发展。也就是说,它由训练有素的专家主导。之所以必须采用这种形式,是因为工作太复杂,无法用任何其他方法加以控制和协调。专业型组织被分解成多个专门的领域,雇用那些已经拥有标准化技能的人来从事各项工作。这意味着可以依靠已受过专业训练和教导的专业人士来做必须要做的事情。在大学、医院、会计师事务所、社会工作机构和一些雇用了高技能工匠的公司(例如时装设计公司)中,情况都是如此。由于没有受过训练的人无法进行过多干预,所以专业人员是相对独立的。他们所提供的服务具有高需求性,这通常会强化他们的工作自主权。因此,不同于机器型组织由层级制所驱动,专业型组织更强调专家权力。机器型组织制定自己的标准,而专业型组织的官僚行政结构接受由外部专业机构(如医疗机构和会计机构)所制定的标准。

这种组织设计具有独特的民主性,但在协调和管辖方面存在困难。比如,管理学学位项目中的统计学课程应该由谁来教——是数学系的教职工还是商学院的?谁能判定某位教授是不称职的,对此又能做些什么?

大型的私有工业企业广泛采用**多元化组织**(diversified organization)这种形式,除此之外,拥有多个校区的美国大学、控制着多家医院的卫生管理部门以及由政府部门控制部分企业的社会主义经济体,也可以视为这种形式。它借鉴了机器型组织的模式,因为它也是由一个总部来控制多个事业部。这些机器型子组织构成了强有力的"中层"(middle line,遵照明茨伯格的术语来表述的话),这是组织的关键部分,组织围绕其进行运作。这种组织会被拉向碎片化,因为每个事业部在营销、采购和制造(或其他同等的职能)等方面相对自给自足,而且每个事业部都在独立的市场上运作。事实上,多元化组织形式通常是机器型组织进入多个市场、实现多元化的结果,多元化的方式可以是进入不同的产品市场或者进入不同的地理区域。

虽然每个事业部都有很大的自主权,但是依然由总部决定每个事业部应获得多少资金,并监控着利润、销售和投资回报等量化业绩指标。这就是问题所在。总部可能会过多地干预事业部决策,并且总部对量化的业绩指标的关注可能会导致对其他方面的忽视,如产品质量或环境保护。明茨伯格认为,虽然多元化组织是当前流行的一种组织形式,但在前五种组织设计中,它可能最容易受到法律和社会变化的影响。

相比之下,航天局、前卫的电影公司、制造复杂模型的工厂或石油化工企业,很可能采取**创新型组织**(innovative organization)或灵活型组织这种组织设计。这些年轻的研究型组织需要在快速变化的环境中进行创新。灵活型组织的关键部分是从事研发工作的支持性人员,但也可能是业务的核心人员,即创新所依赖的专家。与专业型组织不同的是,灵活型组织不寻求重复使用标准化的专业技能。相反,它将训练有素的专家们集中在混合型项目团队之中,希望能借此产生新的想法。它通过"相互调整"(见本书第 2 章詹姆斯·D.汤普森部分),即直接合作,来促成团队内部和团队之间的协调。统一的官僚控制可能会成为障碍。在前五种组织设计中,"灵活型组织与经典的管理原则最不相关"(经典管理原则如本书第 4 章中亨利·法约尔所述)。灵活型组织是独特的,它兼具有机性和分权性。

灵活型组织有两种变体。其中,从事运营职能的灵活型组织直接为客户服务,就像广告公司一样;而从事管理职能的灵活型组织则是为自己服务,就像美国国家航空航天局(NASA)在为美国进行太空探索的过程中所做的那样。

灵活型组织在带来创新的同时也不可避免地会带来困难。在这种组织中,相互间的交流很多,这会花费大量的时间。此外,人们常会对谁在做什么感到困惑。它是最政治化的设计,易滋生内部的竞争和冲突。但它在实现反应灵活性方面的优势意味着新的行业会依赖于这种组织设计。明茨伯格坚持认为,灵活型组织是最适应我们当今时代的组织结构;他也毫不讳言这是他最喜欢的组织类型。

使命型组织(missionary organization)本身并没有关键的组成部分。在这类组织中,把一切都团结在一起的黏合剂是拥有同一种意识形态,即一个由所有成员所共有的独特的价值观和信仰组成的丰富体系。它根植于一种深刻的使命感,与魅力型领导相联系,并通过浓厚的传统得以发展,后者可以不断强化个体对组织的认同感。组织内的协调通过标准化的规范而实现,通过对成员的选择和灌输予以加强。在西方,我们曾认为这种组织结构仅适用于宗教机构,但日本企业实践已经证明,它也可以成功地应用于商业环境。不仅在日本文化中,许多美国公司也染上了使命型组织的色彩,例如麦当劳和惠普,它们都基于组织的意识形态来组织经营活动。

最后一种构型是**政治型组织**(political organization),它没有全面的协调机制,冲突是其主要特征。所有的组织都存在一定程度的冲突,这时会发生一些"政治"活动。但这非但并不妨碍组织的运作,而且可以在鼓励变革方面发挥积极作用。但当冲突无处不在时,这个组织就变得政治化了。这类组织的典型代表是一些大型的公共机构,它们因方法和目标上的相互冲突而变得四分五裂,或者在接管和兼并私有企业后陷入分裂。如果冲突不能减少,组织将无法生存——除非它人为地受到诸如政府的保护。

对于管理者来说,了解他们特定组织的构型是非常重要的,这样才能确保各个部分能够相互配合,并且在所做的事情上保持一致。但是,明茨伯格提醒说,组织中的各种力量之间总是会存在矛盾。管理者应该创造性地利用这些矛盾,而不是去忽视或设法压制它们。不能过度地管控战略的制定过程,也不能仅仅只采取自上而下的方式来制定战略,否则,战略就会变得僵化、无用。战略可以是涌现的,而不是设计好的。战略可以生根于企业的任何部门,然后被高层管理人员成功采用。

参考文献

MINTZBERG, H., "The Manager's Job: Folklore and Fact", *Harvard Business Review*, 1975, 49-62; reprinted in D. S. Pugh (ed.), *Organization Theory*, 5th edn, Penguin, 2007.

MINTZBERG, H., *The Structuring of Organizations*, Prentice-Hall, 1979.

MINTZBERG, H., *The Nature of Managerial Work*, Harper & Row, 1973; Prentice-Hall, 1980.

MINTZBERG, H., *Mintzberg on Management*, Free Press, 1989.

MINTZBERG, H., *Managers not MBAs*, FT Prentice Hall, 2004.

查尔斯·汉迪

查尔斯·汉迪是一位英国作家和广播员。他出生于爱尔兰,曾担任过石油公司的高管,是一位商业经济学家,也是伦敦商学院的教授。他曾担任温莎城堡圣乔治学院的学监,该学院是一个探讨商业伦理问题的中心。在企业伦理的相关议题上,他采用的是一种基督教的理念。他担任了英国皇家学会工艺院主席,并被评选为1994年度英国商业专栏作家。他关注现代经济与社会中工作和组织性质的变化。

汉迪将组织分为四种类型,每种都以典型的古希腊神为象征。每种组织类型都产生一种独特的组织文化,并渗透到所有的活动中。第一种类型是**俱乐部文化**(club culture),它被认为是由拥有权力和运用权力的强势领袖的缩影——宙斯所统治。这种文化的代表图形是一张蜘蛛网。在这种文化中,虽然可能有正式的组织部门和权威线,但唯一有重要影响的线路是那些(正式或非正式地)通向位于蜘蛛网中心的领导者的线路。大多数组织都是从这种文化开始的,其优势在于决策的速度;其局限是,决策的质量完全取决于领导者和核心人士的能力,因为其他人只能产生很小的影响。如果你能学会去思考领导者在你的处境下将会产生的所思所想、所作所为并照此行动,你就能在这个组织中获得进步。

第二种类型是**角色文化**(role culture),这种文化的保护神是秩序和法规之神阿波罗。它被描绘成一座希腊神庙,柱子代表着组织的职能和部门。在这一文化中,人被假设是理性的,角色是根据规则和程序系统来界定、分配和执行的。韦伯(见本章前面)将这种文化称为"官僚制",汤姆·伯恩斯(见本书第2章)称其为"机械的",许多注重稳定性和可预测性的大型组织都属于这种文化类型,例如政府机构、保险公司,以及有着一种产品或服务的长期成功历史的组织。当可以假定明天会像昨天一样时,这种文化的优点就会显现;相反,它的弱点在于迟迟不能意识到战略变革的必要性以及不能适应战略变革。

第三种类型是智慧女神雅典娜代表的**任务文化**(task culture)。在这种文化中，管理被看作一系列亟待解决的问题。首先界定问题，然后根据解决方案分配资源，包括人员、机器和资金。这种组织的代表图形是一张网，因为它从组织体系的各个部分获取资源。它是一个松散连接的矩阵结构网络，在这个网络中，任务小组、工作组、特设小组等被整合在一起来实现一个特定的目标。这种文化被伯恩斯（见第 2 章）称为"有机式"（或"有机型"）。当需要灵活性时，这种文化可以运作得很好，因为组织的成果是针对特定问题的一系列解决方案，例如在咨询公司、广告公司和研发部门。但是，当需要重复性和可预测性时，或者当低成本是成功的关键时，这些文化就不能很好地发挥作用。

第四种类型是由酒神狄奥尼索斯代表的**存在主义文化**(existential culture)。这里的关键区别在于，与个体从属于组织目标的其他类型不同，在存在主义文化中，组织的存在是为了帮助实现个人目标。例如，一群像医生、律师或建筑师这样的专业人员可以联合起来建立一个组织，以便共享一个办公室、一部电话或一个秘书。在这些组织中，专业人员个人是至高无上的；尽管他们可能会接受来自同业委员会的协调，但他们并不承认所谓领导者的存在。这些组织如此民主以致管理人员几乎没有制裁手段可用。管理被看作是一件苦差事，它需要得到大家的普遍同意，从而导致为了协商一致而进行无休止的谈判。

没有任何商业或工业组织是完全按照最后一种文化形式来运作的。但是，我们现在正在目睹组织性质的一个重要变化，即组织发现将越来越多的工作外包给独立的专业人员是有效的。因此，组织将不得不与越来越多持狄奥尼索斯式世界观的人打交道。

这只是我们目前在工作方面经历的众多变化之一。它们不是可预测模式的一部分，而是社会中**不连续**(discontinuous)的变化。这种不连续性在历史上时有发生。经济活动的基础从农业向工业的转变就是一个先例。现在的变化是从基于机器和体力盈利转变为基于智能和专业技能盈利。

在这种新形势下,工作的性质和组织的性质都在变化。总的来说,人们不再指望一辈子只从事一个职业,或者为一个雇主工作。组织不再能够负担大量的可能只在一段时期内需要的人员的费用。相反,工作必须被以一种更灵活的方式重新界定,被定义为基于专业知识和技能的"活动组合",而这些专业知识和技能是可以由个人提供给组织的。

汉迪用三叶草来描述人们与现代组织的联系方式。**三叶草组织**(shamrock organization)有三个部分,像每根三叶草茎上有三片叶子一样。每个部分代表了不同群体对组织的不同贡献类型,这些人拥有不同的期望、接受不同的管理、获得不同的报酬。

第一个部分是由合格的专业人员、技术人员和管理人员组成的**专业核心**(professional core)。他们是对组织至关重要的人,拥有能将组织与竞争对手区分开来的组织知识。因此,他们是很难被取代的,组织支付给他们高薪和附加福利。作为回报,组织需要他们的承诺、努力和长时间工作。他们是在任务文化中被管理的,因而被期待足够灵活,可依组织的要求在任何时间到任何地方、做任何被要求做的工作。因此,他们也得到了越来越高的报酬。这意味着他们是昂贵的,于是组织寻找方法来减少他们的数量。人员精简在近些年的组织中很典型,但产出一直增加:裁员一半,薪酬翻倍,产出三倍,似乎是企业的目标。

专业核心的缩小意味着越来越多的工作被外包给专业人员,他们可以更高效、更便宜地完成这些工作。因此,**契约边缘**(contractual fringe)已经形成,并占据了越来越大比重的工作。这是三叶草的第二片叶子。制造企业的典型做法是,制造的产品组件越来越少。它们已成为供应商所生产零部件的组装者,因此日本的准时交货系统十分重要。组织经常将那些曾经被视为正常工作一部分的活动外包出去,如广告和市场调研、计算机处理、餐饮,等等。构成契约边缘的个人和组织是按产出获取报酬的,这些报酬对于组织而言是费用而不是工资,这对管理他们的方式有十分重要的影响。他们根据产出而不是工作时间获得报酬。但是,组织更习惯于根据员工的工作时间付酬,因此不得不学会在一系列非常广泛的活动中有效地管理契约关系。

组织的第三个部分是**弹性劳动力**(flexible labour force)。他们是兼职和临时工,是就业市场中成长最迅速的一部分。随着组织希望能够同时提升应对需求变化的能力和盈利能力,它们求助于这种力量以获得额外的灵活性。因为这些人是兼职或季节性雇员,由此会带来一个问题:雇主可能会将他们视为临时工,而一旦这些员工被随意地对待,他们对组织及其产出的态度就会是随意的,这意味着其产出将达不到组织所期望的水平。他们在角色文化中被管理。尽管他们永远不会有核心人员那样的承诺,但如果要让他们胜任相应的角色,就必须使他们得到公平的对待。

伴随三叶草组织的发展,组织性质出现了另一个不连续变化,即**联邦组织**(federal organization)的涌现。它不仅仅是一个分权型组织,因为分权型组织的逻辑意味着知识和权力处于层级结构的顶层,而其中一定数量的知识和权力被下放给下属机构;而在联邦组织中,逻辑是相反的,下属机构联合起来以获得规模效益,但动力和能量也主要来自这些部分。它的权威中心很小;该中心并不指导或控制组织各部分的活动,它只提供建议和施加影响,仅为自己保留一些关键决策权力,如资本分配和高管任命。它的重要任务是提出一个愿景,以塑造组织各部分并为其工作指明方向。汉迪将这种组织形式与大学或学院进行比较,在大学或学院中,最高管理层对正在进行的大量教学和研究活动只有有限的了解。

要使联邦制行之有效,就必须理解和践行两个关键原则。第一个原则是**辅从原则**(subsidiarity),即较大规模和较高层级的机构不应行使可由较小规模和较低层级的机构有效行使的职能。对于那些处于权威中心的人来说,这是一个比看上去更难付诸实践的概念,因为这需要相当多的信任和信心。在下属机构实际履行职能之前,权威中心无法确定其是否可以有效地执行职能。但是,在"第二十二条军规"(Catch-22)①的情况下,如果权威中心将下属机构缺乏经验作为反对下属机构尝试的理由,那么辅从原则就永远不会发生。

---

① 指内在矛盾的规定。——译者注

第二个原则指向下属机构中的那些人：他们势必想要扩大其角色活动范围。汉迪使用**颠倒的甜甜圈**（inverted doughnut）来类比组织角色的变化本质。正常的甜甜圈（或百吉饼）是中间有个洞；而颠倒的甜甜圈是中间实心，周围直到实心边缘的圆形轮廓是空的。核心代表着被充分规定的那部分工作，通常出现在工作描述中，如果做得不好，将被视为从事这部分工作的在职人员的明显失职。但是，在工作中也有可自由支配的机会，虽然没有人具体说明，但只要能有效完成，就会被视为表现出适当的主动性。这些可以填满甜甜圈圆形轮廓，代表了工作中允许自由支配权的边界。

传统上，组织中的工作拥有大权威中心、小自由支配权，就像角色文化一样，允许控制过程和人的行为。在联邦组织中，权威中心要小得多，因为下属机构员工行使自由支配权对于践行辅从原则至关重要。这些更有可能是任务文化。在这种文化中，只能通过"结果管理"来进行事后的控制，并且不可避免地会发生错误。管理层必须学会宽恕错误、不总是惩罚错误，因为学习就是这样发生的。

参考文献

HANDY, C., *The Gods of Management*, Souvenir Press, 1978; Pan Books, 1979.

HANDY, C., *The Age of Unreason*, Business Books, 1989.

HANDY, C., *Understanding Organizations*, 4th edn, Penguin, 1993.

HANDY, C., *Beyond Certainty*, Hutchinson, 1995.

HANDY, C., "Trust and the Virtual Organization" in *Harvard Business Review* (May–June 1995), 40–50; reprinted in D. S. Pugh (ed.), *Organization Theory*, 5th edn, Penguin, 2007.

HANDY, C., *Myself and Other Matters*, Heinemann, 2006.

克里斯托弗·巴特利特和苏曼特拉·戈沙尔

克里斯托弗·巴特利特和苏曼特拉·戈沙尔(1948—2004)是研究国际化公司运作方式的学者。巴特利特是哈佛商学院的教授,戈沙尔曾在伦敦商学院任教。他们的研究提出,要在当前的全球商业环境中取得成功,公司需要构建一种新型的组织结构,并贯之以相应的独特管理思维。

巴特利特和戈沙尔认为,随着全球竞争压力迫使世界超大型公司重新思考其传统的全球战略,这些公司正在不断变化。虽然有些公司曾得以蓬勃发展,但现在大多数公司都在为生存而挣扎。即使在同一行业中,不同公司的绩效也存在巨大差异。例如,在消费电子行业中,日本松下公司蓬勃发展,而美国通用电气公司却最终被迫出售其在该领域的业务。这不仅仅是日本人比美国人在这方面更擅长的问题。在肥皂和洗涤剂市场上,美国宝洁公司能够大举进军国际市场,而其主要竞争对手日本花王公司的国际化努力却停滞了。

组织(成功)的关键在于进行有效国际化运作的能力,它是组织战略态势、组织结构以及组织对学习和创新的态度的结合。每家公司在过去应对其所面临的问题的过程中已经建立起了其特有的组织能力。这种管理遗产是一种组织资产,但是必须对其进行非常仔细的检查和质疑,因为它也是适应新的全球环境需求的制约因素。

20世纪80年代,可以识别出三种不同类型的跨境公司,每种公司具有不同的能力:

多国公司(multinational companies)发展出的战略态势和结构,使它们对国家间环境的差异非常敏感。它们的关键能力是**响应能力**(responsiveness)。它们通过响应当地市场机会建立强大的当地影响力,并准备好根据不同国家的需要改变其产品甚至业务。诸如英荷联合利华和美国ITT等公司是与每个东道国基础设施的发展联系并因此创建企业集团的先驱。它们是相对分权的联盟,具有分散的资源和职责。公司所执行的控制可能仅限于对财务结果的监督。

全球公司(global companies)是由对共同的全球运营的需求驱动的,因此在战略与运营决策方面更加集中。它们的关键能力是**效率**(efficiency)。它们通过建立世界级规模的设施将标准产品分发到世界各地的市场来获得成本优势。这是美国福特汽车公司在汽车行业中开创的一种形式,也是许多日本公司(例如松下和丰田)采用的一种方式。全球公司的总部在决策方面保持强大的控制力,国外运营被视为通向全球市场的交付机制。开发产品和实施战略都是为了开拓所谓的全球统一市场。

国际公司(international companies)的战略主要基于将母公司的知识和专长转移到国外市场并加以调整。它们的关键能力是**学习的转移**(transfer of learning)。母公司保留着相当大的影响力,但是子公司可以调整由公司总部提供的产品与想法。美国IBM和瑞典爱立信等公司实行"协调式联盟",其中,子公司的自主权高于全球公司的子公司,但低于多国公司的子公司。诸如产品与市场研发和财务等特定职能与公司总部保持密切联系。因此,国际公司在一定程度上同时受益于对当地市场的响应能力和一体化的全球开发。

由于全球环境的动荡,这三种组织结构及其所具备的能力都不足以使公司取得成功。例如,客户要求产品既要有多国公司产品的差异化特征,又具有全球公司标准产品的高质量和低成本。经济、技术、政治和社会环境也经常发生变化,这要求公司及时做出反应。除此之外,组织还必须构建能力体系,以继续对品味、技术、汇率等方面不可避免的变化做出响应。

在这种背景下,一种新的组织形式应运而生,以应对日益复杂且不断变化的全球形势。它不是要求组织将响应能力、效率或学习的转移这三者之一作为关键的能力,而是要求组织同时实现这三种能力。这是**跨国**的组织形式,在这种形式中,管理者承认上述三种类型中的每一种都是部分正确的并具有各自的优点,但没有一种能代表全部的真理。巴特利特和戈沙尔提出了**跨国组织**(transnational organization)的概念,将其作为管理上先进的理想类型,跨境的组织必须朝着该类型发展,以获得并保持全球竞争力。

跨国公司发展出了一种整合的网络结构,其中集权和分权都不被奉为原则,但是必须做出关于区位和权威的选择性决策。某些活动可能最好集中在本国之内(例如基础研究、财务职能),而其他活动最好集中在某些子公司(例如,把组件生产集中在低工资的经济体中,把技术开发集中在基础设施及技术成熟的国家),其他的则下放到许多国家的业务部门(例如差异化的产品组装、销售)。例如,一家美国跨国公司可能会通过在墨西哥这样的低工资经济体中生产劳动密集型产品而获得世界级规模生产的收益,同时受益于在德国生产技术先进的产品,并在英国将两种产品进行组装后销往欧洲市场。因此,跨国公司存在相当程度的职能专业化和国家专业化,这就要求管理好相互依赖关系。通常,这些相互依赖关系旨在建立不同部门之间自我强化的合作,例如,法国子公司的一个产品系列依赖西班牙子公司,而西班牙子公司的另一种产品则依赖法国子公司。

跨国组织需要一种与以往国际化运作形式截然不同的方法。如表1-2所示,其管理的关键任务是形成对应的战略能力和组织特征。

表1-2 跨国公司不同管理任务对应的战略能力和组织特征

战略能力	组织特征	管理任务
全球竞争力	分散且相互依赖的资产和资源	合法化各种不同观点和能力
多国灵活性	差异化和专业化的子公司角色	开发多样和灵活的协调流程
全球学习	知识的共同开发和全球共享	建立共同的愿景和个人承诺

资料来源:Bartlett and Ghoshal(1989)。

为了利用分散且相互依赖的资产和资源以获得全球竞争力,跨国公司需要平衡各种能力和观点。正如米歇尔·克罗齐耶(见本书第5章)和希克森(见本书第1章)所指出的那样,应对组织中最关键的战略任务的团队将获得权力。因此,例如,在联合利华(一家多国公司),区域经理就成为主导者,因为他们的贡献对于实现所需的分散响应至关重要。但是在松下(一家全球公司),产品部门的经理才是主导者,因为他们是公司实现全球效率的关键。在

IBM（一家国际公司），强大的技术和营销团队在所有重组中都维持了权力，因为他们是公司建立和转移核心能力从而实现全球学习这一战略的基础。但是，跨国公司必须建立一个多维组织结构，使多元化合法化，并消除偏向于任何特定职能、产品或地理区域的管理偏见。

同样，跨国公司需要在高度专业化和差异化的子公司之间发展灵活的协调流程。公司不能依靠一种优选的控制方式。对于跨国公司而言，美国式的正式化控制系统（例如在 ITT 公司中）、日本式的集中式决策结构（例如在花王公司中）以及欧洲式的在社会化过程中灌输共同文化（例如在联合利华公司中）等方式本身都是不够的。这就要求有一个能采用所有这些方式的高度灵活的协调流程组合。这些流程将被以适当的方式用于不同类型的各国子公司。

一种类型的东道国子公司可以充当某一特定产品市场的**战略领导者**（strategic leader）。例如，飞利浦（Phillips）的英国子公司是整个公司在图文电视领域的引领者。在这种情况下，协调的主要方法是社会化过程。另一种类型的东道国子公司可以充当**贡献者**（contributor）角色。这种类型的子公司具有良好的本地资源能力，但在一个战略重要性有限的市场中运营。爱立信在澳大利亚的子公司就是一个例子，它为公司的电话交换业务的发展做出了重要贡献，但其当地市场有限。因此，必须使它更广泛地为国际业务做出贡献。在这种情况下，直接的总部协调是适当的。还有一类东道国子公司是**实施者**（implementer），它在潜力有限的市场中开展公司的业务。例如，宝洁创建了一些团队来开发可以在欧洲协调销售的欧洲品牌。这就要求其在欧洲各个国家的子公司不得修改配方、更改包装或调整广告方式，以使公司获得规模效益。这种实施者类型的子公司由正式化的系统进行协调，需要的公司管理时间最少。

在子公司角色和协调过程类型这两方面存在的内部差异（可能因问题而异）可能导致跨国公司内部发生严重冲突。全球范围内共享知识的需求也可能制造困难。因此，总部管理的最终关键任务需要通过共同的企业愿景来统一组织。这要求母子公司在目标上明确、连续和一致。跨国组织必须努力建立和传达这些属性,使其成为产生个人承诺的基础。此外,还需要一个精心设计的人力资源管理系统,该系统应特别注意培训与开发以及国际环境下的职业管理。

巴特利特和戈沙尔非常清楚,复杂的跨国结构不仅仅是一种更为精妙的矩阵型结构。跨国结构远不止如此,因为需要一种新的管理思维方式来理解任务的多维性质,并准备好与他人就任务进行公开、灵活的互动。正如他们所说:"任务不是建立一个复杂的矩阵型结构,而是要创建'管理者心中的矩阵'。"

参考文献

BARTLETT, C. A. and GHOSHAL, S., "Managing across Borders: New Organizational Responses", *Sloan Management Review*, (Fall 1987), 43-53; reprinted in D. S. Pugh (ed.), *Organization Theory*, 5th edn, Penguin, 2007.

BARTLETT, C. A. and GHOSHAL, S., *Managing Across Borders: The Transnational Solution*, Century Business, 1989; 2nd edn, Random House, 1998.

GHOSHAL, S., PIRAMAL, G. and BARTLETT, C. A., *Managing Radical Change: What Indian Companies Must Do to Become World-Class*, New Delhi: Penguin Books India, 2000.

斯图尔特·克莱格

斯图尔特·克莱格出生于英国并在英国接受教育,他先后求学于阿斯顿大学和布拉德福德大学,但他绝大部分的学术生涯都在澳大利亚的大学中度过。克莱格现为悉尼科技大学管理学荣休教授,兼任创新合作、联盟和网络研究中心(Research Centre for Innovative Collaborations, Alliances and Networks)主任。他持续稳定产出的研究论文和专著[部分早期著作成果是其与格拉摩根大学的戴维·邓克利(David Dunkerley)合作完成的]奠定了他作为所谓"后现代"组织理论主要贡献者的地位。

在克莱格的所有著作中,一个重点关注议题是组织中权力的行使。他坚称权力行使是组织过程的核心,并广泛号召哲学家、政治学家、经济学家和社会学家阐释其作用原理。从新马克思主义方法出发,克莱格区分了权力行使的两种形式:"用胁迫来控制"(domination by coercion)和"用支配来控制"(domination by hegemony)。"用胁迫来控制"这一权力行使方式的一个典型例子是,公司的所有者通过对员工说"要么你照我说的做,要么我解雇你"来实施控制。它建立在胁迫的基础上,而在资本主义经济体系中,这种胁迫因生产资料所有制而正当化。因此,这些所有者,或者他们的代表即管理者,对员工拥有权力。但这种权力并不是无限的,它受制于国家的法律、工会的反对力量等。

除对不愿服从的人员下命令之外,人们还会通过其他的方式行使权力。大多数时候并不需要真正行使权力从而让人们有真切体会,仅仅存在行使权力的能力就已经足够了。实际上,最有权力的人往往是那些无须下达命令的人,因为他们众所周知的潜在权力确保了他们想要的会发生,而他们反对的不会发生。这种权力的行使方式被称为"用支配来控制"或"软控制"。这也是行使权力最为常见的方式。

随着大规模、现代化组织的发展,所有者以及管理者们的"用胁迫来控制"的权力行使方式变得不再可行,并很大程度上已经被"用支配来控制"的方式取代。所有权可能是权威的来源,但正如韦伯所说(见本章前面的内容),正是层级结构和官僚组织的正确程序规则确保了来自管理层的指令得到贯彻执行。官僚结构为权力的行使提供了基本规则。在这类组织中,对流程规则的遵守,同服从命令一样,表明了权力的行使。

从权力的角度看,组织结构并不是一个中立的权威系统,它不是为了高效地达成组织目标而理性设立的。组织并不具有目标,只有人才具有目标。组织结构是"沉淀"下来的决策规则,这些规则在长期发展中被制定出来用以克服阻力、对抗反对力量。这些规则被权力的施行者强力推行,并被组织成施行者维系权力的方式。它们使得这些掌权者目标的合法性得到认可,并使其等同于组织的目标。相比之下,那些不具权力者的目标则被认为是不合法的,并且被界定为阻力因而是需要被克服的。一个常见的设想是将组织看作一个系统,然后类比工程学,认为系统中的阻力都是不好的。

组织发展了大量的技术规则(如工作研究,见本书第 4 章弗雷德里克·W. 泰勒的相关研究)、社会性规制规则(如激励方案、人际关系政策,见本书第 6 章埃尔顿·梅奥的相关研究)以及战略规则(如追求纵向整合、投放大众广告),以上规则都为资本主义所有者的支配性"软控制"提供了理性依据。尤其是工作研究在引领大规模生产中发挥了历史性作用,伴随而来的是工人专业技能水平的降低,以及由此导致的对工人更少的授权。

权力是这些"游戏规则"所固有的。规则能同时促进和约束行动。规则必须被解读,而解读的过程不可避免地提供了自主权,这为权力的竞争创造了机会。在拥有大量职能化和专业化人员的现代组织中,仅凭等级权力自身并不足以实现所有必要的控制。非所有权持有者凭借自身在组织中的战略地位开发了其他的控制形式(见本章前面希克森的相关内容)。会计、营销人员、IT 专家基于对自身有利的规则解读为自己的专业争取权力。因此,组织可以被看成是各个子群体争夺资源和权力的竞技场(见本书第 7 章安德鲁·佩蒂格鲁部分)。但他们的行动仅在组织所有者设定的规则以内才能算是正当的。例如,如果一个IT专家小组把抵制某一特定的部门或产品作为其争取更多资源和权力的运动的一部分,这种行动就被认为是不正当的。这样一来就严格限制了非资本家的权力行使。

然而,这种官僚体制僵化、角色极端分化、层级控制强化的现代主义组织越来越难以实现资本主义的盈利目标。随着泰勒式工作研究原则理性化的作用即将触碰到其边界,生产率的增长已放缓。随着全球化的深入,总部中心对其分布广远的经营子公司不能继续维持完全的支配控制。组织不得不发展其他不受层级制度遏制的权力行使方式。这并不意味着层级制度的废除。完成任何一项复杂任务的贡献者们都存在知识、技能或资本上的差异,这将导致他们权力的差异。但这将成为一种倾听权力,即利用组织的层级制度来接纳来自下属的观点,而不是将这些观点屏蔽掉。

这种对层级制度的新用法是后现代组织的一个关键部分。现代组织的僵化之处,恰是后现代组织灵活之源。现代组织创造了高度分化、去技能化的工作,而后现代组织的工作是去分化和多技能的。现代组织在程序上是严格控制的,随着它们的规模不断扩大,官僚主义的僵化越来越妨碍它们取得良好的绩效;后现代组织则通过采取外包、联盟和网络化等形式凸显了其灵活性。

现代组织与后现代组织的区别总结如表1-3所示。表1-3中列举了许多独特的维度,组织可以在这些维度上有不同的表现,从而展现出它们向后现代组织转变的进程。后现代组织更民主,表现为成员享受更大程度的授权,所需的技能也更灵活多样。对优异表现的奖励更少地针对个人,进而更集体化,以群体成就为(奖励)目标。领导者不是因不信任下属而不断加强控制,而是基于对下属的信任而给予他们更大的自主权。在产出方面也有类似的变化,现代组织迎合大众化的消费形式,而后现代组织为消费者利基市场服务。

表 1-3　现代组织与后现代组织的区别

	现代组织		后现代组织
1. 使命目标、战略和主要职能	专业化	◀------▶	扩散
2. 职能结构	官僚主义 层级制度	◀------▶	民主 市场
3. 组织内的协调与控制	失权 放任主义	围绕组织	授权 产业政策
4. 问责和角色关系	组织外 僵化	技能形成	组织内 灵活
5. 计划和沟通	短期技术	◀------▶	长期技术
6. 绩效与奖励的关系	个体化	◀------▶	集体化
7. 领导层	不信任	◀------▶	信任

资料来源：Clegg(1990)。

尽管现今很少有企业可以说已经实现了后现代化，但克莱格在日本工业、法国面包行业和意大利时尚产业中看到了些许迹象。他指出，部分学者基于日本、法国和意大利文化的与众不同而得出其所孕育的独特组织形式无法在其他文化中蓬勃发展，这样的观点是肤浅的。事实上，这三个差异化国家所呈现出的一个共同特点是：组织单元并不是捆绑于一个控制性的官僚体系，而是在一个功能性网络中相互关联。

因此，在日本，基本的经济单元不是企业，而是企业集群，即一个内部相互关联的企业网络，每个单体企业都归属其中。这可能形成于某一个行业，在此，一家大公司与许多小型供应商签订一系列长期协议。这也可能是跨行业的，生产上毫无关联的公司通过银行或贸易公司在财务上相互联系在一起。在这两种情况下，网络都提供了稳定性。在韩国，家族所有与家庭管理为维系网络的运转提供了黏合剂，这一网络被称为**财团**（chaebol，见本书第 2 章理查德·惠特利部分）。

网络也是法国面包行业运作的关键。法国较为独特,在西方国家很常见的大规模生产与包装的"工业面包"在法国只占据了很小的市场份额。这是因为当地有很多小的本地面包房,每家都有自己的店铺售卖法式长棍面包。这些小面包房之所以能够存活下来,是因为这些家庭企业都在一个网络中相互关联,即**面包店辛迪加**(le Syndicat de la Boulangerie),这使得它们即使在困难时期也能维持面粉供应。同样,意大利时装公司贝纳通(Benetton)是一个由众多网络所构成的大网络(a network of networks)。它的主要生产设施由供应商网络补充供应,而它所有的销售商都是特许经营的,这些销售商各自所有的商店也形成了一个网络。

网络是一种后现代的组织形式,因为它不是有权者和无权者之间控制与反抗的单向秩序。克莱格认为,如果脱离他所持的新马克思主义根源,将权力视为一个群体基于所有权而获得的财产,那么这是对这一现象的"物化",即认为权力本质上是实在的。但是,权力只能在"权力的回路"中显现,这些回路因双向关系的相互作用而形成。在组织网络中,这些回路承载着参与方之间一系列不断协商和再协商的戏码,最终形成了权力关系。这些关系可能呈现为支配与抵抗的形态,但也不必如此。

参考文献

CLEGG, S. R., *The Theory of Power and Organization*, Routledge and Kegan Paul, 1979.

CLEGG, S. R., *Frameworks of Power*, Sage, 1989.

CLEGG, S. R., *Modern Organizations: Organization Studies in the Postmodern World*, Sage, 1990.

CLEGG, S. R., and DUNKERLEY, D., *Organization, Class and Control*, Routledge and Kegan Paul, 1980.

CLEGG, S. R., KORNBERGER, M. and PITSIS, T., *Managing and Organizations*, Sage, 2005.

2.
环境中的组织

管理智慧的开始是意识到没有一种最佳的管理制度。

——汤姆·伯恩斯(Tom Burns)

有效的组织具有与其环境多样性相一致的整合方法。环境越多样化,组织的内部分化程度就越高,整合方法就越复杂。

——保罗·劳伦斯(Paul Lawrence)和杰伊·洛希(Jay Lorsch)

不确定性对理性提出了重大挑战。

——詹姆斯·D.汤普森(James D. Thompson)

组织生存的关键是获得和维护资源的能力。

——杰弗瑞·菲佛(Jeffrey Pfeffer)和
杰拉德·R.萨兰基科(Gerald R. Salancik)

高效的组织建立与其市场战略相补充的机制。

——雷蒙德·E.迈尔斯(Raymond E. Miles)和
查尔斯·C.斯诺(Charles C. Snow)

组织生态学试图理解社会条件如何影响新组织和新组织形式出现的速

度、组织改变其形式的速度以及组织和组织形式消亡的速度。

——迈克尔·T. 汉南(Michael T. Hannan)和
约翰·H. 弗里曼(John H. Freeman)

不管他们喜欢与否,跨国公司的总部都在从事多元文化管理。

——吉尔特·霍夫斯泰德(Geert Hofstede)

社会制度的差异会促进特定类型的经济组织的形成,同时阻碍其他类型的经济组织的形成。

——理查德·惠特利(Richard Whitley)

所有组织,无论是商业、政府、教育或志愿服务机构,都处于一个环境之中。在这一环境中还存在着必须与之发生交易的其他组织和个人,包括供应商、委托人或消费者以及竞争对手。此外,还有环境的更一般的方面,例如环境的法律、技术和伦理发展方面,它们将产生重要的影响。

本章的学者一直关注分析在不同环境中成功运行的需求如何导致组织采用不同的结构和战略。伯恩斯考察了快速变化的技术发展对老式公司试图适应新环境的影响。劳伦斯和洛希强调,决定效率的是组织结构与其环境要求的适应性。

汤普森将组织描述为面对环境的不确定性而必须实现目标的开放系统。菲佛和萨兰基科主张一种"资源依赖视角",即所有的组织功能都可以看作是组织与其环境相互依赖的结果。迈尔斯和斯诺强调管理层必须做出战略选择,以适应他们所面临的环境压力,而汉南和弗里曼则对组织在特定环境中生存的机会持生态观和进化观。

霍夫斯泰德强调民族文化的重要性,因为它会影响管理价值观和流程。这一环境特征在各组织日益频繁的国际活动中尤为重要。惠特利研究了许多国家的商业结构,并将它们与业务运作的社会制度联系起来。

汤姆·伯恩斯

汤姆·伯恩斯(1913—2001)在爱丁堡大学度过了30多年职业生涯,于1981年以社会学教授的身份正式退休。他早期的兴趣在于城市社会学,和西米德兰集团(the West Midlands Group)一同致力于战后的城市重建和规划。在爱丁堡大学,他开始特别关注组织的不同类型及其对沟通模式、管理者行为的影响。他也探究了组织的不同形式和变化的环境之间的相关性,尤其是与技术创新的影响的相关性。

在和心理学家G. M. 斯托克(G. M. Stalker)的合作研究中,伯恩斯研究了尝试将电子产品开发工作引入传统苏格兰企业的活动。这些公司期待,随着它们已有成熟产品市场的日益萎缩,它们可以借由这种尝试进入电子产品开发这个现代化且迅速扩张的行业。这些公司在适应持续变化的技术和市场时所面临的困难,促使他去描述管理组织的两种"理想类型"。这两种类型是一个连续体的极端点,大多数组织都可以落在这两个端点之间。

机械式(mechanistic)组织适应相对稳定的环境。在这类组织中,管理的问题和任务被分解为不同的部分,每个个体执行指定的、被精确定义的任务。这类组织有明确的控制层级,掌握全面知识和进行协调的责任完全位于组织的最高层;强调垂直沟通与互动(即在上级和下级之间),并坚持对公司的忠诚和对上级的顺从。这一系统与韦伯的法理型官僚制非常相似(见本书第1章)。

当新的和不熟悉的问题不断出现以致无法分解并分配给现有的专家角色时,就形成了不稳定的环境,**有机式**(organismic, organic)组织适应了这种情况。在这类组织中,个体的任务需要不断调整和重新定义,专家知识的价值性(而不是限制性)得到重视。互动和沟通(信息和建议,而不是命令)可能在流程所要求的任何层级发生,从而催生出对整个组织的目标的更高程度的承诺。在这个系统中,并不存在明确规定每个人职能和责任的组织图;实际上,使用这类组织图可能被明确地拒绝,因为它妨碍了这类组织的有效运作。

传统的苏格兰企业在吸引电子领域研发工程师方面的完败,导致伯恩斯怀疑一个机械式组织能否有意识地转变为一个有机式组织。这是因为,机械式组织中的个体不仅要对组织整体做出承诺,而且也是某一群体或部门的一员,这些群体(或部门)具有稳定的职业结构且与其他团体存在利益冲突。因此,已建立的部门之间会展开权力斗争,以获得对新的职能和资源的控制。这导致组织偏离了有目的的适应,并容许过时的机械式结构得以延续、"病态"系统得以发展。

"病态"系统是机械式组织在坚持正式官僚结构的同时,为应对变化、创新和不确定性等新问题而做出的尝试。伯恩斯描述了其中三种典型的反应。在一个机械式组织中,如果要处理一个超出个人职责范围的问题,正常的程序是把它移交给适当的专家,如果不行,就再移交给上级。在快速变化的环境中,经常需要进行这种咨询,并且在许多情况下,上级不得不把问题提交给更高级别的领导者。大量的此类决策被传递到首席执行官那里,很快人们就会发现,许多决策只能由高层来做出。这样就形成了正式的管理层级以及首席执行官与管理结构中不同位置上数十个人之间非正式认可的配对关系之间的**模糊人员体系**(ambiguous figure system)。公司负责人承担着过重的工作,而许多地位取决于其在正式系统中的作用的高层管理者却因为被忽视而感到沮丧。

一些公司试图通过在官僚体系中设立更多的分支机构(例如合同经理或联络官)来解决沟通问题。这就产生了一个被称为"**机械丛林**"(mechanistic jungle)的系统,在这个系统中,一个新的职位甚至一个全新的部门可能会被创造出来,而这个部门的存在依赖于某些问题的长期存在。而第三种"病态"系统的典型反应是**超个体系统**(super-personal system)或**委员会系统**(committee system)。委员会是处理临时性问题的传统方式,这些临时性问题无法在不破坏权力平衡的情况下由单个人的角色来解决。但作为一种永久性的手段,委员会的效率很低,因为它必须与传统部门所要求的忠诚和所提供的职业结构相竞争。这种制度只在公司中偶尔试行过,它被认为是低效政府管理的典型,因此不受欢迎;它试图将委员会发展成一个超人,能履行个人无法实现的持续性职能,但这几乎不可能成功。

伯恩斯认为,要正确理解组织的功能,就必须把组织看作是至少三个社会系统同时运作的产物。第一个是正式的权威系统,它源于组织的目标、技术和应对环境变化的努力。这是一个公开的系统,所有关于决策的讨论都是在这个系统中进行的。第二,组织也是各成员之间的合作系统,这些人有不同的职业抱负,受制于不同的职业结构,也为了晋升而相互竞争。因此,在公开系统中所做出的决策不可避免地影响到各成员不同的职业前景,因此,成员将根据职业系统和正式系统来评价这些决策,并做出相应的反应。这就引出了组织中的第三个关系系统——政治系统。每个组织都是"政治"活动的场所,在这个场所中,个人和部门为了权力而展开竞争和合作。与前面类似,公开系统中的所有决策都要被评估,评估的依据是决策对权力结构的相对影响以及它们对实现组织目标的贡献。

认为组织是一个等同于正式系统的单一系统的观点是天真的;要想取得成功,任何变革都必须在职业结构和政治结构方面是可接受的。以现代技术为基础的组织尤其如此,这些组织有合格的专家,他们的职业结构和技术权威远远超出了本组织及其最高管理层的范围。因此,任何从机械式管理结构转向有机式管理结构的变革都会对职业结构(它对特定组织的依赖性更小)和权力系统(权力既源于正式职位,又源自技术知识,权力系统更加分散)产生巨大的影响。

伯恩斯对英国广播公司(British Broadcasting Corporation,BBC)的研究继续关注该组织中这三个社会系统之间的相互作用。BBC 是一个非常细分的组织,在横向上,存在大量的部门(例如戏剧、外部广播、金融),这些部门似乎既相互竞争又相互合作;而在纵向上,为了在等级结构中得到提升,高管们很快就会失去他们本应掌握的专业技能(例如新闻、工程)。在这种情况下,职业和政治系统可能比正式的任务系统更重要。

伯恩斯记录了20世纪70年代BBC因面临财务压力,以牺牲创造性和专业性员工为代价而发生的中央管理层权力的上升过程。他认为,只有从与政府的财务客户关系中解脱出来,公司才能发展为致力于公益的创造性服务组织。

"对过去和最近的判断,对于任何试图感知产业组织此时此地状况的人来说都是至关重要的。"如果把组织结构看作是三种社会系统(正式组织、职业结构和政治系统)不断发展的结果,那么对这一过程的研究将有助于组织避免落入陷阱。对新颖、变化的情况的适应并不是自动实现的。事实上,许多因素都对组织的发展不利。一个关键点在于,存在一个适合于早期发展阶段的组织结构。另一个要点是组织成员承诺的多面性:对他们的职业、他们所处的部门及专家小组。这些承诺往往比他们对整个组织的承诺更为强烈。

参考文献

BURNS, T., "Industry in a New Age", *New Society*, 31 January 1963, no. 18; reprinted in D. S. Pugh (ed.), *Organization Theory*, 5th edn, Penguin, 2007.

BURNS, T., "On the Plurality of Social Systems" in J. R. Lawrence (ed.), *Operational Research and the Social Sciences*, Tavistock,1966.

BURNS, T., *The BBC：Public Institution and Private World*, Macmillan, 1977.

BURNS, T. and STALKER, G. M., *The Management of Innovation*, 3rd edn, Oxford University Press, 1994.

保罗·劳伦斯和杰伊·洛希

保罗·劳伦斯和杰伊·洛希同为哈佛商学院组织行为学教授。他们同许多合作者一起(包括 S. A. 艾伦，S. M. 戴维斯，J. 科特，H. 莱恩和 J. J. 莫斯)，用后人所熟知的"组织与环境"的方法进行了一系列研究，探究恰当的组织结构与运作方式，并在与该方法同名的开创性著作中对此有着详细的介绍。

劳伦斯和洛希的分析始于人们为什么寻求建立组织这一问题。他们的答案是，当面临环境问题时，组织能够帮助人们找到更好的解决方案。这直接凸显了他们理解组织行为的方法所含的三个关键因素：

1. 怀有目标的是组织中的人，而不是组织；
2. 人们必须一起来将他们不同的活动协调到一个组织结构之中；
3. 组织是否有效的判断依据是，与环境的计划性交换在多大程度上满足了组织成员们的需求。

正是为了有效地应对外部环境，组织开始细分部门，每个部门的主要任务是处理公司外部条件的某些方面。例如，在一家拥有生产、销售和设计部门的制造企业中，生产部门要处理生产设备来源、原材料来源和劳动力市场等问题；销售部门面临着市场、客户和竞争对手所带来的问题；设计部门则必须应对技术发展、政府管制等带来的挑战。这种功能和任务的**分化**(differentiation)伴随着不同部门的管理者在认知和情感取向上的差异，各部门的正式结构也不相同。例如，开发部门往往有着长期视野和高度非正式的结构；生产部门在严格正式的体系中处理日常的问题；而销售部门要应对竞争对手们的广告策略所带来的中期影响，采用的是中等程度的正式结构。

尽管如此，组织仍是一个必须加以协调的系统，以达到一种协作的状态，使其能从与环境的有效交换中获益。这就是所需的**整合**(integration)。同样，它也受到外部条件的性质的影响。

同时实现恰当的分化和充分的整合是组织在外部环境中有效运作的基础,这是劳伦斯和洛希的组织运作模型的核心。他们在一项重要的研究中提出了该方法,研究中的十家企业分别来自三个不同的行业——塑料(六家)、食品(两家)和集装箱(两家)——所涉企业面临的环境有着很大的差异。

研究表明,所涉及的公司都对它们各自所面临的环境进行了细分。在这十家公司中,每一家都面临着一个市场子环境(销售部门的任务)、一个技术经济子环境(生产部门的任务)和一个科学子环境(研发或设计部门的任务)。每个子环境的不确定性越高、子环境间差异越大,企业就越需要**分化**它们的销售、生产和研发子部门,以便在每个子环境中都能有效运作。例如,在塑料行业,子环境之间具有很大的差异(科学子环境具有高度不确定性,而技术经济子环境则相对稳定),高效的塑料企业在其内部实行了相当大程度的分化。而在集装箱行业,各子环境都相对确定,因此,很明显集装箱行业的分化程度要低得多。

分化程度越高,部门间越可能产生更大的冲突,这是因为不同的专家小组都以自己的方式应对着各自面临的子环境中所特有的不确定性。不同部门间的差异不仅是看法上的轻微不同,还可能涉及根本的思维和行为方式的不同。在塑料行业中,当销售经理们讨论一款潜在的新产品时,他们考虑的是该产品能否在客户的机器中发挥作用,客户是否愿意支付成本,以及产品能否在三个月内成功投放市场。而在同样的会议上,一位从事研究的科学家则可能会考虑:是否可以在不影响材料稳定性的情况下改变其分子结构,以及这样做能否开拓出未来两年的研究思路,使其变成一个比其他项目都更为有趣的研究项目。这两组专家不仅思维方式不同,穿着风格也不同,甚至还有着不同的守时习惯等。因此,一个高度分化的企业要想在环境中表现良好,拥有适当的整合和冲突解决方法就变得至关重要。

表2-1列出了三个高效运行的组织所采用的整合方法,这三个组织分别来自所研究的三个行业。第一行的评分代表了组织的分化程度。可以看出,为了能在塑料行业的环境中有效运作,组织表现出高度分化;集装箱行业

组织的分化程度最低,食品行业组织则介于两者之间。

表 2-1　三个高绩效组织的整合方法对比

	塑料	食品	集装箱
分化程度	10.7	8.0	5.7
主要整合方法	(1)整合部门 (2)三个管理层级的永久性跨职能团队 (3)直接与管理层联系 (4)管理层级 (5)文件系统	(1)个体整合者 (2)临时跨职能团队 (3)直接与管理层联系 (4)管理层级 (5)文件系统	(1)直接与管理层联系 (2)管理层级 (3)文件系统

资料来源:Lawrence 和 Lorsch(1967)。

上述组织使用不同方法的组合来实现整合。它们都在一定程度上采用了文件系统、正式的管理层级和不同部门成员之间直接与管理层联系等传统方法。对于分化程度最低的集装箱行业组织来说,这些传统的整合方法就足够了,但是对于需要更高整合程度的食品行业组织来说,就需要额外成立由相关部门的专家组成的临时小组来处理各种特别紧急的问题。职能部门内部的管理人员也被任命为专门承担整合任务的角色,如联络官。显然,高效的食品行业组织在整合活动上投入了更多的时间和精力。

塑料行业组织还设立了一个特别部门,其主要活动之一就是整合。此外,组织拥有若干精心设计的永久性整合团队,每个团队都由来自各职能部门以及整合部门的成员组成。成立这些团队的目的就是提供一个正式的场景,在此之中,通过整合者的帮助,部门间的冲突(如上面描述的销售经理和科学家之间的冲突)得以解决。高效的塑料行业组织采用了全系列的整合方式,以应对程度如此之高的组织分化。

组织的有效运作取决于三方关系(环境的不确定性和多样性、组织的分化程度、实现的整合和冲突解决状态)的恰当协调。任一关系的未妥善处理都可能会导致低绩效。因此,在诸如塑料和食品等行业中,高绩效者比低绩效者既有更高程度的分化,又有更高程度的整合需求。相比之下,在较低效的集装箱行业组织中,由于分化程度较低,无法证明整合部门在组织中是有用武之地的。

研究表明,作为整合的行为基础,有效的冲突解决有着这样一种模式:管理者们在面临部门间冲突所带来的问题时,能够直面问题并最终找到最佳的整体方案——而非通过缓和问题来避免冲突或让冲突主体中权力更大的一方强制施行他们的解决方案。研究还发现,在有效处理冲突的过程中,主要负责实现整合的个人(无论是直线层级中的上级还是经特别委任承担整合角色的人)的权威,不仅需要以他们的正式地位为基础,而且在很大程度上基于(所有相关团体所感知的)这些个体所具备的与问题解决相关的知识和能力,以及他们在处理不同部门间问题时所具有的一种平衡导向。因此,就解决冲突的决策而言,制定决策的权力和影响力必须落到具备达成此种决策知识的人身上。

由于劳伦斯和洛希强调适当的组织结构取决于环境的要求,他们的研究框架实际采用了一种"权变"的方法,否认制定一个特定的结构形式(如官僚制,见本书第1章韦伯部分)或采用一种特定的激励方法(例如Y理论,见本书第6章道格拉斯·麦格雷戈部分)总是最好的。相反,合适才是关键。

在进一步的研究中,洛希和莫斯比较了两个制造工厂(一个高绩效,一个低绩效)和两个研究实验室(同样是一个高绩效,一个低绩效)的相关特征。处于一个相对确定的环境中的高绩效制造工厂的组织结构和流程表现出高正式性、短期导向和高度指令化的管理。研究发现,在这样的组织中工作的个体表现出较低的认知复杂性、较低的模糊容忍程度以及对权威关系的依赖性。而在相对不确定的环境中,高绩效的研究实验室具有低正式性、长期导向以及高参与度。其成员具有较高的认知复杂性、较高的模糊容忍程度以及对权威关系的独立性。然而,以上两个组织都是高效的,因为它们恰当组织了适合其环境任务的成员。事实上,在每对组织中,绩效较低者在结构和流程上并没有同等程度地表现出同行业高绩效者所具有的大部分特征。但在低绩效组织中,成员的特征和成功组织一样有着很明显的内部分化。看来,这些绩效较低的组织似乎可以找到合适的人,但不能以恰当的方式来组织他们。同样，在其他情况下，即使组织已经采用了适当的组织方式，不适当的人仍可能导致低绩效。

在之后对包括钢铁、农业、医疗和电信在内的美国七大主要行业的研究中，劳伦斯和戴尔（Dyer）提出了"竞争原则"这一观点。他们认为，一个行业只有处于竞争水平适当的环境中才能取得雄厚的经济实力。过低或过高的竞争水平都会导致效率低下和缺乏创新。他们主张建立一个政府机构来监管每个行业的竞争压力，进而决定是否需要通过调控增加或减少某行业的竞争。

对矩阵型组织的分析一直是戴维斯和劳伦斯特别关注的问题。矩阵型组织结构拥有一个多命令系统——许多管理者同时具有两个上司。例如，财务经理在专业标准上对财务总监负责，同时财务总监关心这些财务经理的职业发展和晋升。此外，每个财务经理还将向一名项目总监报告，负责提供当前项目所需的恰当的成本会计服务，因此，项目总监负责分配这些财务经理的日常工作。显然，这种结构形式违反了亨利·法约尔的"统一指挥"原则（见本书第 4 章），只有在某些情况下，这种更复杂的结构才是首选。这些情况有：

1. 同时有几个非常突出的部门（产品、市场、职能等）对目标的实现都至关重要；

2. 任务表现出不确定、复杂和相互依存的特点；

3. 需要高效利用稀缺资源来实现经济性。

在这些情况下，（组织）需要通过矩阵型结构实现复杂的分化和整合。

参考文献

CARTER, C. B. and LORSCH, J. W., *Back to the Drawing Board*, Harvard Business School Press, 2004.

DAVIS, S. M. and LAWRENCE, P. R., *Matrix*, Addison-Wesley, 1977.

LAWRENCE, P.R.and DYER, D., *Renewing American Industry*, Free Press, 1983.

LAWRENCE, P. R. and LORSCH, J. W., *Organization and Environment*, Harvard Business School, 1967.

LORSCH, J. W. and MORSE, J. J., *Organizations and Their Members: A Contingency Approach*, Harper & Row, 1974.

詹姆斯·D.汤普森

詹姆斯·汤普森(1920—1973)在第二次世界大战后离开美国军队,成为一名社会学家。不过,他主要是在商学院对组织理解这一领域做出贡献。他是世界领先的组织理论研究期刊《管理科学季刊》(Administrative Science Quarterly)的创始编辑。1967年,他的经典著作《行动中的组织》(Organizations in Action)出版,而仅仅6年后,他就英年早逝了。这本书汇聚了当时正在发展的一系列思想,这些思想在之后一直是组织理论的核心。这本书将复杂的组织描述为"一个开放系统,因而具有非决定性并面临不确定性,但同时由于受理性标准的制约,因此需要具备决定性和确定性"。它描绘了组织在面对技术和环境的不确定性时不断努力采取理性行动的情境。而组织的基本问题正是如何应对这些不确定性。

换句话说,组织——或者更确切地说,组织的成员——渴望理性和秩序,而环境和事件可能成为他们的阻碍。这些标准,或他们所追求的**理性规范**(norms of rationality),既要求组织内部的协调,也要求组织外部的调整。管理的双重任务正是在组织内部提供必要的协调和对外部情况的调整。

因此,第一个任务就是实现那些被汤普森称为组织的**技术核心**(technical core)的基本工作活动的稳定协调。例如,在工厂的生产工作中,如果装配要顺利进行,零部件的供应就必须在正确的时间、正确的地点持续开展,就像在大学里,老师和学生必须在正确的时间、正确的教室里一样。

管理的第二个任务是规范跨组织边界的交易,也就是说,规范与外部世界的联系。这可以通过与外部利益集团谈判来实现,比如通过谈判获得可靠的金融信贷或原材料,或者随着环境的变化而改变(比如随着儿童安全方面的公共标准提高,一家连锁玩具店改变它销售的产品)。或者,可以通过**缓冲**(buffering)来实现。缓冲保护技术核心不受资源获取或产出处理的不确定性的影响(例如,由采购部门处理供应商关系,由销售部门处理顾客关系)。公共关系部门可以应对那些因组织所开展活动的道德性而带来的挑战，如核能或香烟生产行业面临的舆论质疑。这种**跨边界单元**（boundary spanning units）处于技术核心和外部世界之间，以缓解外部的冲击。另一种可能的方法是移动组织的边界来包围不确定性的来源并将其置于控制之下，例如通过收购一家供应商公司来确保供应。

组织是由各种不同的部分组成的，这些部分可以以完全不同的方式联系在一起，因此组织内部的相互依赖关系可能因组织的不同而不同。这种相互依赖关系可以是集合的、序列的或互惠的。**集合型相互依赖关系**（pooled interdependence）是指组织中每个部分的工作与其他部分的工作没有直接联系，而是"对整体的个别贡献"。然而，由于每一部分都得到整个组织的支持，而整个组织又会因其任一部分的失败而受到威胁，因此它们在组织内部有着集合的相互依赖关系。大学里的情况正是如此，像生物学、法语和管理学等系，它们除了对大学这一组织存在共同依赖，彼此间没有其他任何联系。

在**序列型相互依赖关系**（sequential interdependence）中，一个部门只有在其他部门完成工作后才能开始自己的工作。任务必须按顺序完成，先做这个，再做那个。这就是某些工厂里的情况，一个车间必须把零件加工到合适的尺寸，然后下一个车间才能对其进行硬化处理，如此通过连续的过程直到形成最后的成品。

在**互惠型相互依赖关系**（reciprocal interdependence）中，每一方都会为另一方做些事情。与单向流动的序列型相互依赖关系不同，两方的输出都会成为对方的输入。这就是航空公司的情况，飞行运营部门不断地将飞机准备好，以便维修工程师提供保养服务；而这些工程师也不断地维修保养飞机，以便运营部门的人员驾驶这些飞机。

互惠型相互依赖关系对密切的协调要求最多，序列型相互依赖关系要求得少一些，而集合型相互依赖关系要求得最少。所有的组织都有一定程度的集合型相互依赖关系，在某些组织中它可能是盛行的形式，但并不是所有的组织在集合型相互依赖关系之外都存在序列型相互依赖关系，而内部存在所有三种相互依赖关系的组织就更少了。

组织中的各个单元正是通过这种方式被分组到层级结构之中,以使协调它们工作的成本最小化。协调方法也各不相同。存在互惠型相互依赖关系的单元必须通过相互调整来协调彼此的工作,因此,它们很可能被置于共同的上级之下,从而确保合作的顺利开展。如果各个单元之间存在序列型相互依赖关系,那么它们的工作可以通过**计划**(planning)或**调度**(scheduling)来协调,每个被计划的单元的工作与下一个被计划的单元的工作按顺序相吻合。在工厂中,序列中的前一个部门必须生产足够的组件,这样序列中的下一个部门就不会闲置。如果仅仅是集合型相互依赖关系,那么整体内部的一些协调可以通过对将各个部分与整体联系起来的规则进行**标准化**(standardization)来实现。比如,在大学里,尽管各个院系对整体的贡献各不相同,但在考试程序或预算分配(这并不是说它们得到的预算都一样)方面,原则上它们都应该以同样的方式处理。

组织的技术核心所从事的活动也各不相同,组织会使用以下三种技术类型中的一种或多种。第一种是**长链条型技术**(long-linked technology),比如在制造业中,以固定的顺序执行一系列任务,导致了前面提到的不同单元之间的序列型相互依赖。第二种是将其他各方联系起来的**中介型技术**(mediating technology),就像银行在贷方和借方之间充当中介,或者像职业介绍所在潜在雇主和雇员之间充当中介一样。第三种是**密集型技术**(intensive technology),即对工作对象的反馈做出反应,比如在医院,做什么以及什么时候做都取决于病人的情况,而在建筑工地则取决于地面情况。

组织通过扩展边界来控制外部资源的不确定性,具体的方式是由上述不同类型的技术决定的。拥有长链条型技术的组织倾向于选择相应的垂直整合,就像炼油企业拥有路边加油站,汽车制造商拥有零部件供应商一样。那些使用中介型技术的组织力图增加它们服务对象的人数,所以,航空公司会拓展航线网络,银行会在新的地区设立分支机构。拥有密集型技术的组织试图整合工作的对象,以便更好地实施控制,例如,大学生进入学校便成为其中的一员并因此服从大学的规则;精神病患进入医院接受医生的观察和治疗。

这种边界的扩大并不是应对环境所造成的不确定性的唯一方法。如前文所述,组织可以通过设置跨边界单元来使它们的技术核心得到缓冲,这些单元允许技术核心像环境稳定时一样运行。例如,通过储备供应品和产出品,稳定供应来源以及市场需求。或者,波动可以被遏制,比如公用事业公司在淡季提供廉价的天然气或电力以平滑需求的波动。此外,波动也可以被预测,比如冰激凌生产根据季节变化进行调整。如果缓冲、平滑或预测失败,则组织可以诉诸配给方式。因此,邮局优先处理第一等级的邮件,医院设立急诊中心以处理紧急情况,制造商可能会限制每个批发商拿走紧俏商品的比例。

技术核心活动和跨边界活动之间的关系决定了组织结构的合适类型。当技术核心活动和跨边界活动可以彼此隔离时,组织层级中可能有一级职能专门化的部门(如采购、销售和财务),这种部门相对远离核心以及中央的控制。当技术核心活动和跨边界活动更加紧密地相互依赖时,更有可能出现一种事业部制结构,分权给"自给自足"的单元"集合"。每个集合所要处理的事务是有限的,例如,在一家事业部制的跨国公司中,一个拥有多部门的事业部负责处理欧洲事务,另一个事业部则覆盖东南亚,如此等等。

理性规范(汤普森反复强调他所说的关于组织的一切都基于这一假设)要求组织"计分",这样才能对它们的绩效进行评估。问题在于如何做到这一点。如果有可能清楚地追踪所做事情的后果(也就是说,例如可以明确假设采用新设备能降低成本),那么就可以使用效率标准了。这些假定的内容包括对原因、结果以及已知的绩效标准的理解,行业中的很多财务指标都是如此。然而,如果缺乏那些相对直接地表明所做工作的标准的**内部准则**(intrinsic criteria),那么就必须使用**外部准则**(extrinsic criteria)。从外部准则可以推断出工作的数量和质量,但不能直接将它们显示出来。因此,衡量大学研究水平的方法是,计算其从向资助机构提出的竞争性申请中所获得的资金,以及由此产生的出版物数量,而不是研究结果本身;同样,精神病院强调的是出院率,而不是病人治愈的程度。

组织在由不同的评估者做出的不同评估之间左右为难。对于一家公共卫生服务机构，其潜在的用户将从一个角度看待它，而为其提供资金的政府又会从另一个角度考虑。用户们关注所接受的治疗，政府更多考虑的是治疗的费用。股东们强调股息和利润，顾客则强调价格。因此，每个组织都试图在它最为依赖的群体所采用的标准上做得最好。此外，组织也将努力在最明显的标准上取得好成绩。这里所说的"最明显"是对于最重要的评估人员而言。比如，商业公司对其股票在证券交易所的价格很敏感，学校公布优等生的考试成绩等。而不太明显的标准可能会被忽视，即使它们本质上是对更理想目标的衡量。

汤普森认为，不确定性的来源越多，获得权力的可能性就越大（参见第5章米歇尔·克罗齐耶部分），"政治性"位置被占据的可能性也越大。一般来说，管理层级较高的个人在决策过程中拥有取决于他们个人判断的自由裁量权，这些个人判断包括他们对他人可接受程度的评估。这种政治评估对于决定某些事情是至关重要的，例如，决定两个部门是否可以被成功合并。

做决策时，人们会有这样的信念或假定：如果选择某一种方法而不是另一种方法，将会发生什么情况。同时，对于什么是最希望得到的，人们会有自己的偏好。正如汤普森矩阵所示（见表2-2），某些信念和偏好不如其他信念和偏好那么确定。

汤普森矩阵显示了四种可能的**决策策略**（decision-making strategies）。两个左边的方框（计算策略、判断策略）所代表的情况是，对于想要的结果是相对确定的，即决策者很清楚他们偏好什么样的结果。在左上方的方框（计算策略）中，决策者也确定他们的决定可能产生的后果。如果决策者为应对销售的稳步增长而考虑提高现有产能，就可能出现这种全面的确定性。管理层一致认为有必要进行产能扩张，并因过去的经验而熟悉技术，他们就可以自信地通过**计算的**（computational）方式得出可能的成本和回报。然而，左下方的方框（判断策略）代表一种因果关系不太确定的情况。在这里，同样的管理层仍然想要扩大产能，但要做到这一点，他们可能不得不购买一种未经试验设计的新机器。这个决策不太容易通过计算的方式做出,它更像是一个对所涉风险进行评估的**主观判断**(judgmental)事项。

表 2-2 汤普森矩阵

对因果关系的确定性	对可能结果的偏好	
	确定性	不确定性
确定	计算策略	妥协策略
不确定	判断策略	激发策略

在右边的两个方框(妥协策略、激发策略)中,决策者不确定他们想要什么,对此可能会出现不同的意见。每一个可能出现的结果或许都是有吸引力的,例如,提高大规模生产低质量产品的能力,或者提高小批量生产高质量产品的能力。如果这两种产品的生产技术都是众所周知的,而且市场预测确信任何一种产品都可以盈利,那么**妥协策略**(compromise strategy)会采取每种方式中的一部分。然而,如果存在完全的不确定性,则更有可能采取一种**激发策略**(inspirational strategy)(见右下方的方框)。人们既对大批量生产和小批量生产没有明确的偏好,也不确定采用新生产机械或向市场投放更多产品的后果。这种策略只能成为一种基于灵感的贸然行动。

按照汤普森的观点,组织设计和决策的管理目标必须是组织结构、技术和环境的有效结合。这一中心思想一直是并将继续是组织理论的核心,并不断激发新的研究。他的分析一次又一次地被后来者作为新思想的源泉,而这些思想迄今为止还很少被取代。

参考文献

THOMPSON, J. D., *Organizations in Action*, McGraw-Hill, 1967.

杰弗瑞·菲佛和杰拉德·R.萨兰基科

杰弗瑞·菲佛是斯坦福大学商学研究院组织行为学教授，而杰拉德·R.萨兰基科(1943—1996)在职业生涯的后期是卡内基梅隆大学管理研究院的教授。菲佛和萨兰基科认为应该从组织与环境之间的相互依赖性这一角度来理解组织。他们倡导**资源依赖的视角**(resource dependence perspective)。例如，对于一家连锁快餐店而言，如果有一批容易招募到的年轻劳动力可供利用，那么，从糟糕的人际关系和微薄的薪酬方面来解释员工们的不满就是不相关的；因为它的竞争对手同样可以利用这批劳动力，所以该组织不会为改善人际关系和薪酬付费。

组织不是自主自治的。它们需要资金、材料、人员和信息等资源；为了获取这些资源，它们必须与控制这些资源的其他主体进行互动。这使得它们在对抗外部条件约束时卷入了一场不断争取自主权的斗争。它们形成了一个"准市场"；在这个市场中，影响力不仅在内部各部门之间进行交换，也在这些部门或子部门与外部利益相关者之间进行交换。

组织与外界的**相互依赖关系**(interdependence)的关键在于资源的可获得性以及组织对它们的需求。这种相互依赖关系有很多形式。例如，一个卖方组织对它的客户有直接的依赖，而两个没有联系的卖方组织也能经由一组它们都想争取的潜在客户而产生间接的依赖。

组织的依赖性取决于以下三个条件：第一个条件是这种资源对于组织的重要性。它包括该资源的规模（也就是说，该资源在投入和产出中所占的比重）及其重要性（最能体现资源重要性的是，当它不可获得时可能导致的后果的严重程度）。第二个条件是控制这种资源的人对它的分配和使用具有多大的自主权。如果他们拥有完全的自主权，并且能制定获取它的规则，那么需要这种资源的组织就会具有高度依赖性。第三个条件是控制这种资源的人对它的垄断程度。一个需要这种资源的组织能否找到另外的来源或替代的资源？因此，"一个组织对另一个组织的潜在影响力来自它对另一个组织所需资源的自主控制权，另一个组织对这种资源的依赖以及另一个组织缺乏可替代的资源或者无法获得其他的来源"。由于一个组织所依赖的其他组织可能是不可靠的，因此一个组织的有效性将更多地体现在它如何有效平衡这些依赖关系，而非财务或类似性质的内在效率指标。

菲佛和萨兰基科指出，为了平衡依赖关系，组织可能采用的战略有四种：

1. 适应或改变外部约束条件；
2. 通过兼并、多元化或规模增长来改变依赖关系；
3. 通过连锁董事、与其他组织建立合资企业或其他行业协会的方式就当前环境进行谈判；
4. 通过政治行动改变其环境的合法性或正当性。

有很多种方法来实施第一种战略——适应或改变外部约束条件。组织可以依次地关注外部约束条件对它提出的多个要求（参见本书第 5 章中詹姆斯·G. 马奇的相关研究），随着某个要求变得更为紧迫，可以首先关注这个，然后再关注另一个。例如，在一段时间内组织可能会优先考虑它的客户，然后它的注意力可能会应所有者或债权人的要求转移到财务方面。组织可以利用一个利益方来对抗另一方（例如，将当前的困难归咎于不同的工会）。它可以影响需求的形成（例如通过广告）；它可以声称自己因为法律限制等而无法遵从这些约束条件；它可以通过创造物质或金钱的储备来最小化它的依赖性；如此等等。

兼并、多元化或规模增长，都是实现第二种战略——改变依赖关系的方法。通过兼并，组织能够将关键的资源控制在同一个组织内，从而稳定它们所属的交换关系。兼并可以是向后合并供应商、横向合并竞争者或者向前合并购买者。多元化转变并扩展了组织所陷入的依赖关系，使组织摆脱对任一方的过度依赖。规模增长则增强了一个组织相对于其他组织的影响力，并使更多的人关心它的生存。研究发现，相比盈利能力，组织规模更有助于提升组织稳定性。

第三种战略是组织就当前环境进行谈判,这比通过并购进行完全吸纳更加普遍。常见的方式包括连锁董事制(董事会包括其他组织的董事会成员),控制供应品的卡特尔组织,贸易协定,贸易协会(协调行业的理事会和咨询机构),由两个或两个以上组织共同运作的合资企业,等等。这种与外界的联系能帮助参与组织了解自身之外的情况,并保障它们相互之间的承诺。各组织对彼此未来的行动建立规范性期望,这将使它们更加确信对方的可靠性。

如果没有其他战略可供选择,组织就会选择第四种也是最后一种战略,即诉诸政治行动。它们努力获取并维持有利的税收或关税政策、补贴政策或者它们及其成员的许可证(例如,从事医学或法律工作被限定在满足资质的特定人群),或者控告他人违反相关规定(比如,指控竞争者实施法律禁止的垄断行为)。组织可以通过向政党基金捐款、游说立法机构成员以及在政府及相关的机构和委员会担任代表等形式来不断开展政治行动。事实上,如果国家的监管程度较高,立法者和政府机构的决策对组织而言就比顾客和委托人的决策更加重要。

环境蕴含着一个组织所依赖的那些因素。那么,环境的影响是如何传递给组织的呢?人们普遍认可环境能够影响组织,但关于环境是如何影响组织这一点没有得到明确说明。菲佛和萨兰基科认为,其中一种途径是高管继任,即高管的免职和他人的接替。环境通过高管继任影响组织内的政治进程,进而产生行动。

菲佛和萨兰基科关于高管继任的论证中有三个具有因果关系的步骤。首先,环境不确定性的变化塑造了组织中的权力模式。这一点来自希克森、海宁斯及他们的同事提出的"组织内权力的战略权变理论"(参见本书第1章中皮尤和阿斯顿学派的研究)。根据这一理论,组织中最能应对不确定性的部门或子单元将获得权力。因此,根据时机巧妙投放广告来消除订单中不稳定波动的市场营销部门,或者通过熟练关注故障来保持生产流畅的维修部门都有可能变得权力强大。这种权力的获得取决于两个条件:第一,这个部门必须是不可替代的(即没有其他部门可以做这个部门所做的事);第二,这个部门必须是核心部门（即组织中许多其他部门受到这一部门所做事情的影响，如果该部门停止运转，组织的主要产出将立即受损）。

其次，由此产生的权力分布随后会影响高层管理者的选择。正如菲佛和萨兰基科所言："我们把管理者继任看作是一个能力竞争的政治过程，在这个过程中，竞争的胜利取决于子单元的权力。"人们倾向于把困境归咎于最高管理层——这与人们在一个掌控能力有限的世界中倾向于把成就归功于自己刚好相反。因此，如果组织运转情况不佳，最高管理层往往会被免职；谁会被免职而谁又将继任，这取决于在当权者眼中谁能更好地处理感知到的不确定依赖关系。

最后，主管和管理者们一旦被任命，就能够并且确实影响主要的指令性决策。尽管他们对世界的控制是有限的，但他们确实有足够的权威来影响决策。他们参与了查尔德所说的"战略选择"（参见本书第1章中皮尤和阿斯顿学派的研究），这一战略选择描绘了组织未来的发展方向。他们"**制定**"（enact）一种环境，根据对环境的看法做出行动，并试图改变环境，使之对组织有利。此外，高层管理者的变动带来组织之间的流动，这可以成为一种隐性的协调手段，使不同组织的管理者之间相互了解。

最高管理层非常关注通过审视环境来了解正在发生的事情和可能发生的事情，降低对环境的依赖程度，使组织不会变得过于依赖某个或某几个要素以及管理相互冲突的外部需求。预言组织面临的环境将变得越来越分散和动荡，这种观点十分盛行，但是菲佛和萨兰基科并不同意这种看法。他们预见了"一种联系愈加紧密的环境，在此之中，权力愈加集中"。尽管他们描绘的是资本主义制度的美国变体，但他们关于资源依赖的观点可以推广到其他领域。

在后来的研究中，查尔斯·奥莱利（Charles O'Reilly，斯坦福大学的一位同事）和菲佛认为许多成功的公司都有一个共同点——它们能发掘所有员工身上隐藏的价值。它们不会像购买其他所需的资源那样去购买他们需要的员工，相反，它们经营着一个以人为中心的价值体系，在所有员工中建立一种使命感。因为这些公司的高管们重视领导而非单纯地管理,所以其员工有动力去成长和实现成就。

参考文献

O'REILLY, C. A. and PFEFFER, J., *Hidden Value: How Great Companies Achieve Extraordinary Results with Ordinary People*, Harvard Business School Press, 2000.

PFEFFER, J. and SALANCIK, G. R., *The External Control of Organizations: A Resource Dependence Perspective*, Harper & Row, 1978.

雷蒙德·E. 迈尔斯和查尔斯·C. 斯诺

雷蒙德·E. 迈尔斯(1932—2018)和查尔斯·C. 斯诺都是美国商学院的教授。迈尔斯是加利福尼亚大学伯克利分校的工商管理荣休教授,他研究各种各样的公立组织和私营组织,并为它们提供建议。斯诺是宾夕法尼亚州立大学的组织行为学教授。

迈尔斯和斯诺对组织在战略、结构、技术和管理方面存在怎样的差异以及为何存在这些差异提出了疑问:为什么有些组织提供的产品或服务范围很广,而有些组织提供的产品或服务范围较窄?为什么有些组织是依据职能专门化构建的,而有些组织是依据产品线或服务构建的?为什么有些组织更集权,而有些组织更分权?对于迈尔斯和斯诺来说,在汤普森的研究中可以找到这些问题的答案(参见本章前面的内容),即组织与环境的一致。

为了使组织与环境成功地结合起来,管理者必须持续地应对创业、工程和管理三个方面的问题。**创业方面的问题**(entrepreneurial problem)是选择一个对组织来说可行的一般性市场领域或经营产业,以明确具体的目标市场并为这一市场选择适合的产品或服务。不过,解决这个问题也需要解决**工程方面的问题**(engineering problem),在这里,"工程"这个词应从广义上去理解,就是必须找到生产产品或提供服务的方法,即合适的技术。然后,**管理方面的问题**(administrative problem)就是要组织和管理这些工作。

组织的目标应该是建立一个有效的**适应循环**(adaptive cycle)。这意味着要用连贯、互补的方式处理创业、工程和管理三个方面的问题,让组织作为一个整体得以生存。

在对各种组织的研究中,迈尔斯和斯诺发现了组织采取的四种**适应战略**(adaptation strategies),他们将其命名为防御者、探索者、分析者和反应者。防御者和探索者处于可行战略这一连续体的两端。分析者位于连续体的中间,兼具防御者和探索者的一些特性。这三种战略都各自有解决创业、工程和管理问题的典型方法。反应者就不同了,它们似乎无法始终如一地采取其他三种战略中的某一种,而是采取不同的方式来对事件做出反应。

第一种战略是**防御者**(defenders)。它们选择以一个狭窄而稳定的领域为目标市场来解决创业问题。它们致力于在狭窄的细分市场中保持领先的地位,在质量或价格上谋求竞争优势,以满足特定的客户群体。通过对这个有限市场的更深入的渗透,它们一步一步地谨慎成长。它们从对市场和自身业务的熟悉中获取利益,但由于管理者与外部联系的范围有限,它们容易与新的发展失之交臂,面临着无法快速适应市场重大转变的风险。

防御者倾向于集中精力应对工程问题。解决这些问题是它们取得成功的关键。而它们之所以成功,是因为它们在从事自己擅长的事情上能获得较高的成本效益。它们专注于改进质量控制、生产调度、物料处理、库存控制和运输等。如汤普森所言,它们通过储备供应品和产出品来缓冲外界波动对其技术核心的冲击;在这种情况下,虽然库存可能会有起伏,但生产活动本身仍能稳步进行。它们可以通过与其他组织的垂直整合(即通过共同的所有权或确保供应和订单的合同)来辅助这种缓冲。然而,尽管防御者也许能够有效地发挥作用,它们依然面临着风险,即在技术上的投资可能需要很长时间才能得到回报。

防御者战略会产生一种典型的管理问题解决方式。为了有效地为有限的客户提供产品和服务,它们需要进行相对集中化的控制。通过一个"长循环的垂直信息系统",指令从顶部向下流动,而报告和解释则向上流动。会计、销售和人事等一系列中央职能部门负责管理预算回报表、工作计划和库存清单等一系列正式的文件化程序。至关重要的财务和生产职能部门与首席执行官一起主导着中心化的系统。风险总是存在的,尽管这个系统运转有序,但是它可能与新的机遇擦肩而过。

根据迈尔斯和斯诺的描述,北加利福尼亚州的一家食品公司成功地实施了防御者战略。它一直驻守在干果和果汁的特色市场,刚开始只是种植水果,后来为了应对竞争将业务扩展到加工水果以供消费。这项工作已经实现机械化,种植水果的成本得到了控制,并且有一个小团队专门负责提高质量。控制集中于董事长以及运营主管、销售主管和财务主管,同时,高于市场平均水平的工资确保了稳定的劳动力。该公司在创业、工程和管理问题的解决方案上具有长期的一致性。

第二种战略是**探索者**(prospectors)。与防御者相反,它们的目标是发现和利用新的机会。它们强调"做正确的事",而不是像防御者那样"用正确的方式做事"。相比于盈利能力,它们可能更看重由创新带来的声誉。以这种方式解决创业问题,就需要以广阔的视野来把握潮流与洞悉时事。不限于市场营销或研发等公认的部门,组织中各种各样的人和部门都能带来关于时事的信息。探索者的成长来自新的产品或服务、新的市场,而非像防御者那样来自对同一市场的更深入渗透。当它们成功抓住机遇时,就很可能出现突飞猛进的发展,而非循序渐进的发展。探索者必须平衡拥抱崭新机遇带来的收益与风险:它们所开展的任何一项活动可能都不是完全有效的,而且可能在没有足够回报的情况下承担过多,导致自己过度拓展。

它们解决创业问题的进取方法要求它们灵活地解决工程问题,因此它们需要使用各种各样的技术。它们能够同时做很多事情并在其间切换。每一条工作线都能被相当容易地建立或中断。它们必须在原型的基础上进行试错。这么做虽然可以得到一支灵活的劳动力队伍,但代价是协调多样化活动所带来的难度。

这些创业和工程问题的解决方案伴随着典型的管理问题解决方案。在探索者战略中,管理问题就是如何促进所有这些活动,而非如何控制它们。如何有效地调配资源,不因施加不恰当的僵化集权控制而妨碍工作?答案是制订一个宽泛的计划,而非事无巨细的计划。可以依靠业务熟练的员工来了解他们的工作,不需要来自最高层的细致监督。小群体聚集在项目团队或任务小组中开展创新性项目,而这些小群体以及部门间便捷的横向联系构建了一个"短小的横向反馈循环"。换句话说,组织内部的沟通线路相对较短。人们可以很快地与任何他们需要联系的人进行沟通,而不必首先去找上级。这种组织结构是相对分权化的，它的市场营销和研发职能部门比起在防御者组织中更具影响力。总的来说，这种管理问题的解决方案的优点是可以快速对变化做出反应，但风险仍然不可避免：一些推出新产品或服务的尝试以失败告终，同时伴随着资源的浪费，包括资金和高薪人员的时间。

迈尔斯和斯诺以一家电子公司的成功为例诠释了探索者战略。这家拥有3万名员工的大型企业生产和销售各种设备，包括小型计算机、计算器、电表和电气测试设备。它的创业战略是保持领先一步。售价高昂、具有创新价值的新产品层出不穷。当价格下降时，这家公司要么像其竞争对手已经学习到的那样以低廉的成本进行生产，要么已经准备好发布新产品了。由科学家和工程师组成的团队致力于探索新的可能性，每当新产品就绪时，强大的市场营销部门能为它的发行提供有力的支持。这家公司倾向于在每个新产品领域建立相对自主的事业部。它具有十分灵活和分权化的创业、工程和管理模式，与强调集权化的防御者模式截然不同。

分析者（analysers）试图同时获得防御者和探索者的某些优势。它们力图在风险最小化和利润最大化之间取得平衡。它们解决创业问题的方法是将稳定的产品（与市场）和多变的产品（与市场）混合起来。它们通过稳定的活动所获取的收入，足以使它们进入探索者已经开拓的创新领域，而早期的风险已经被探索者承担。分析者是变革的追随者，而非发起者。

由于分析者在创业解决方案上兼具防御者和探索者的特点，因此在工程问题的解决方案上它们也很有可能兼具二者的特点。它们可能具有双重的技术核心，也就是说，有些工作将是稳定的、程序化的，而有些工作将是不断变动的，因为新产品将很快被验收并投产，并不需要像探索者那样进行长期的试验。这种组合式的工程问题解决方案也需要双元的管理问题解决方案与之相对应。它们既有针对稳定线路的细致控制，也有针对创新的宽泛计划。生产和营销部门人员都具有重要影响力，而相对独特的是，应用研究人员也同样具有影响力，因为他们对新产品的投产至关重要。组织中既有集权化的职能专业部门，也有自主、独立的产品组。

在分析者的例子中,迈尔斯和斯诺提到了一家美国的中型综合医院。在作为一名防御者保持了多年的稳定之后,它进行了一系列的变革。这些变革的目的是使它能够在维持其传统的(相对常规的)病患护理服务的同时,提供更具创新性的医院已经提供的新服务。这种针对创业问题解决方案的转变,要求这家医院在工程问题和管理问题的解决方案上更多地采取探索者的方式。在保留现有医疗技术的同时,它获得了现代化的诊断设备以及与之配套的技术和医疗人员。在管理问题方面,它打破了过去单一的结构,拆分成三个半自治的部门,其中一个部门囊括了所有新的诊断服务和门诊。它成功地跟随其他医院进入该工作领域,既吸引了一批新的低收入患者,又维持了原有的高收入客户。

防御者、探索者和分析者都有可行的战略,但反应者(reactors)没有。反应者是一种不稳定的形式。它们未能采取或坚持适当的防御、探索或分析战略。结果,它们只能对变革做出临时的反应,且采取的方式既不一致,又不甚妥当,因此它们的绩效很差。这使它们对下一步的计划犹豫不决。造成这种状况的原因有很多,迈尔斯和斯诺列举了其中的三个:①组织战略没有得到明确的表述,因此管理者无法完全了解它,比如,当公司创始人成功推行的战略随着他的去世而消亡时,管理者将陷入一片混乱,不知道接下来该怎么办;②即使有了受到普遍认可的战略,组织的技术和结构也无法与之匹配,比如一家出版公司想要实行分析者战略,却无法将需要集权控制的稳定工作线与需要反复试错的变革工作线区分开来;③不恰当的战略和结构持续存在,比如一家食品公司面临不断变化的市场,其盈利能力明显下降,亟须变革,但它仍坚持其长期确立的防御者战略和结构。

迈尔斯和斯诺没有囿于这种战略类型,而是放眼未来,推测可能出现的另一种组织类型,他们称之为市场-矩阵组织形式。这种组织将"采用混合的结构执行混合的战略"。一些大企业集团、跨国公司、航空航天公司和教育机构等组织已经开始朝这个方向发展。它们具有矩阵的部分,其中的权威线有意交叉或重叠(例如,一位部门主管还负责一个重大的创新项目)。下一步是期望这样的项目经理为获得资源和技术人员而在组织内部以市场的方式进行谈判,且这些人员必须从现有的部门中"购买"。因此,一种适合处理复杂任务的崭新组织形式可能会出现。

迈尔斯和斯诺希望他们提出的分类能够帮助管理者决定采取什么样的战略。为了达到这一目的,他们列出了一份关于组织目前和潜在战略问题的诊断清单。他们后来的研究强调大型组织的主要任务是保持创新能力。他们提倡相互协作的商业网络联盟,这将使较小的参与单元也具有创新能力。

参考文献

MILES, R. E., MILES, G. and SNOW, C. C., *Collaborative Entrepreneurship*, Stanford University Press, 2005.

MILES, R. E. and SNOW, C. C., *Organizational Strategy*, *Structure and Process*, 2nd edn, Stanford University Press, 2003.

MILES, R. E. and SNOW, C. C., "Fit, Failure and the Hall of Fame", *California Management Review*, 26 (1984), 10-28; reprinted in D. S. Pugh (ed.), *Organization Theory*, 5th edn, Penguin, 2007.

MILES, R. E. and SNOW, C. C., *Fit, Failure and the Hall of Fame*, Free Press, 1994.

迈克尔·T.汉南和约翰·H.弗里曼

迈克尔·T.汉南和约翰·H.弗里曼都是美国社会科学家:汉南任职于斯坦福大学,弗里曼则在加利福尼亚大学伯克利分校执教。弗里曼曾担任《管理科学季刊》的编辑。

汉南和弗里曼的共同目标是将对组织的观点提升到一个更广阔的视角。他们主张像生物生态学家或自然科学家观察动物生命体一样来看待组织,由此拓宽了组织的研究视角。他们将组织种群在某一特定环境中的生存、兴盛或衰退,类比于兔子种群在某一特定生态环境中的生存、繁荣和灭绝。正如生态学的研究可以增进人们对野生动物的了解,对组织的了解也可以通过生态学研究得到增强。更广阔的生态视角超越了每个组织在单独应对环境时所面临的问题,将组织视为种群中的一员,这一组织种群与其他组织种群共存或相互竞争。每个组织面临的外部环境主要由其他组织构成,因此,每个组织的存在与它的同类组织以及其他类型组织的存在是紧密相连的。这就是**组织的种群生态学**(population ecology of organizations)。

社会中存在多种活动,其主体是不同的服务类和制造类组织。为什么会有如此多种类的活动以及为什么不同种类的数量会有起有落?这个问题和"为什么有这么多种动物?"一样。对于组织和动物来说,种群生态学解释了为什么过时的形式会被新的形式取代。

的确,整个社会适应变化的能力取决于新组织形式的发展。如果一个社会包含许多种不同形式的组织,那么很有可能这里的一种或多种组织形式会适应一些新出现的情况,这样一来,这些新情况可以很快地被利用起来。如果社会中的组织形式相对较少,就必须通过改变其中一种或多种形式或者创造一种新的形式来适应环境变化,而这需要更长的时间。因此,如果一个社会中已经有一些专门从事高级外科手术的医院,那么这个社会可以很迅速地增加心脏移植技术;如果一个社会中只有一系列同质化的综合医院来处理最为常见并且只需要廉价治疗的小病,那么这个社会在引入心脏移植技术方面将更有难度。

这一观点假设组织的种群进化与生物物种的种群进化差不多。那些适应环境的组织存活下来、茁壮成长,而不适应的组织则走向消亡。这是一个"达尔文进化论的立场"。它认为,变革更多的是通过组织新形式的发展而不是对现有组织形式的有意变革来实现的。许多理论家已经指出,一个组织中的变革在很大程度上是不受控制的。尽管它的管理层可能十分相信他们正在按照计划进行变革,但实际发生的事情比计划的要混乱得多。不同的观点、不可靠的信息和不可预见的事件使得管理者能否得偿所愿变得不确定,即使他们知道自己想要什么(见本书第 5 章詹姆斯·G. 马奇部分,以及本章汤普森部分)。因此,相比于假设管理层可以成功通过精心地重新设计现有组织以使其跟上时代,基于达尔文进化论立场的解释——有些组织形式适应环境并蓬勃发展,另一些组织形式则因不适应而衰落——更站得住脚。伯恩斯(见本章前面)描述了一个这样的例子。英国的几家老牌公司虽尽其所能,但仍无法做出足够的变革以进入新的电子领域。它们的组织形式太固化了。

组织种群的演变未必是一个平稳的过程。更有可能的景象是,当新的形式正在试行时,会有一些剧烈变化的时期,其间穿插着比较稳定的时期,此时现有的形式持续存在。这与当代生物进化的观点相吻合,即将这种现象视作"间断的平衡",也就是较长时间下相对平衡的稳定状态被较短的阵发性变化打破。以美国工会的数量变化为例,19 世纪末、第一次世界大战之后以及 20 世纪 30 年代,随着工人运动的高涨,新工会纷纷成立;但在这些"高峰"之间,美国工会数量并没有稳步增长,其间的新工会出现得相对较少。

汉南和弗里曼专注于每个种群内部的密度(即某个特定形式组织的数量)。种群密度是由进入和退出的组织数量决定的。换句话说,它取决于有多少组织是新成立或来自其他行业的,以及有多少是停止运转或转到其他行业的。

密度是有上限的。一个环境中的每个**生态位**(niche)都可以支持一个种群密度，直到该生态位的**承载能力**(carrying capacity)极限。当一个生态位的资源被耗尽时，密度就不能再增大了。也就是说，当对资金、原料供应和客户或其他任何需要的东西的竞争达到一个不可持续的水平时，一些组织就将被挤出。这与野生动物数量过多时的情况类似。研究野生动物的学者把昆虫或动物的生态位看作是"一套环境条件，在这套环境条件下，一个种群可以增长或至少可以维持其数量"。同样，在组织所处的生态位中，也只能容纳有限数量的组织。

基于这些关于组织的假设，汉南和弗里曼首先考虑了新组织在种群中建立的速度有多快(成立率)，然后考虑它们消亡的速度有多快(解散率)。

首先，考虑**成立**(founding)的情况。一种特定形式的组织的数量相对于一个环境生态位的能力不断增长，这一事实并不一定会阻止新进入者。事实上，汉南和弗里曼认为，成立率一开始随着密度的增大而提高。已有的组织越多，就有越多的新组织试图进入。这是因为，密度大意味着周围有更多这种形式的组织存在，人们早已对它们的存在习以为常，这意味着它们的存在不太可能被质疑。它们获得了更高的合法性，就像工会在度过生存权受质疑的早期岁月以后所发生的那样，因而新组织的成立率可能会随组织总数的增加而提高的另一个原因是有越来越多的人拥有了建立这样一个组织的经验，技术秘诀是可获得的。但是，生态位无法承受的临界点会到来，在这一水平上，一些组织会被挤出，发起新的组织就不再有吸引力。随后，成立率下降。因此，汉南和弗里曼认为，随着特定形式的组织的总数增长，起初会有更多的新进入者，之后这一数量会减少，这是因为"密度以递减的速度提高合法性"，但"以递增的速度加剧竞争"。如果以密度为 X 轴、成立率为 Y 轴来绘图，应该可以得到一条倒 U 形曲线。

在美国，不同的组织(如工会、报纸和电子行业组织)种群中都体现了这一点。来自工会和报纸行业组织的研究数据都显示出随着组织总数增加(密度增大)，组织的成立率先提高后降低的模式，这种模式可以追溯到19世纪。

电子行业是20世纪中叶一个更不稳定的种群。随着企业争相加入这个新行业,企业密度迅速增大,也正因如此,高度竞争迫使进入这个行业的企业数量下降的速度比工会和报纸行业要快得多。

解散(disbanding),或者说"死亡",被认为呈现出与上面相反的景象。随着种群中组织总数的增长,解散组织的总数先减少后增加。当然,种群中解散(即以关闭或从领域内撤出的方式死亡)组织的数量可能实际上一开始是相当多的,和成立组织的数量在一开始很少的原因一样,是因为在几乎没有这种形式的组织存在时,其正当性和技术秘诀很难获取。但随着生存变得更容易,解散率很快就会下降,所以解散组织的数量越来越少,"幸存者"也越来越多。然而,当密度达到生态位无法承受更多组织的临界点时,趋势又会发生变化。它将从一个不断下降的解散率转到一个不断上升的解散率。竞争迫使组织退出,解散组织的数量开始增加,而且只要密度继续增大,解散组织的数量可能继续增加。

以密度为 X 轴、解散率为 Y 轴来绘图,应该可以得到一条 U 形曲线。从工会、报纸和电子行业来看,情况的确如此。在这三个行业中,随着组织总数的增加,解散率都是大幅下降,然后在竞争压力下再次上升。但竞争压力的作用似乎在三个种群之间有所不同。它似乎对报纸行业的作用较弱,对电子行业的作用较强,而对工会的作用是最强的。一旦达到工会种群的临界密度,工会之间就会越来越多地互相排挤。大量职业工会(其成员来自许多行业的同一职业)的存在似乎是有害的,特别是对产业工会(其成员来自同一行业的多个职业)而言,因为随着职业工会的密度增大,产业工会的解散率也随之上升。

解散还受到组织年龄和规模的影响。汉南和弗里曼并不赞成这样的观点:现代组织处于(或应该处于)不断变化和创新的状态。他们认为,各组织之所以持续存在,是因为它们在产品和服务产出方面的可靠性以及它们对资源使用的责任心,且两者都随着制度化和稳定性水平的提高而增强。因此,尽管老化会带来惰性,但组织的稳定增加了存活的机会。在解散的众多组织中,年龄较老的组织占比较小。与年轻的工会(公司)相比,老工会(公司)被关闭或合并的可能性更小。

成长也会增加生存机会。尽管规模更大的组织同样可能有更大的结构惯性,但是它们有充足的资源来承受来自环境的冲击。"小型组织比大型组织更有可能尝试变革,但也更有可能在这个过程中消失。"

在种群内部,亚种群对不同的环境生态位条件有不同的响应。因此,在餐饮业和半导体行业中,通用型组织(拥有相对广泛的服务或产品范围)被发现在多变的条件下做得更好。而专业型组织(服务或产品的范围较窄)在稳定的周期性环境中表现更好,这种环境被称为"粗粒度环境"(其中存在已知的长商业周期)。在进一步的研究中,汉南和他的同事格伦·卡罗尔(Glenn Carroll)表明这些特征也适用于其他生态位,包括美国的酿造业和银行业,以及阿根廷和爱尔兰的报纸业。

汉南和弗里曼将种群生态学理论应用到对组织的分析中,这一理论质疑了管理层为适应环境变化而对现有的组织所做出的变革努力的有效性。这一理论认为,对于组织种群的变革,选择和替换比适应更为有效。要实现变革目标,就要建立一个新的组织。

在这里,种群生态学理论变得实用起来,因为它可能具有显示"幸运之神是否降临到某种特定商业模式"的潜力。没有最佳的组织形式,而是不同的生态位中有不同的组织类型。

参考文献

HANNAN, M. T. and CARROLL, G. R., *Dynamics of Organizational Populations*, Oxford University Press, 1992.

HANNAN, M.T. and FREEMAN, J., "The Population Ecology of Organizations", *American Journal of Sociology*, 82(1977), 929–964; reprinted in D. S. Pugh (ed.) *Organization Theory*, 5th edn, Penguin, 2007.

HANNAN, M. T., and FREEMAN, J., *Organizational Ecology*, Harvard University Press, 1989.

吉尔特·霍夫斯泰德

吉尔特·霍夫斯泰德(1928—2020)是一位社会心理学家,直到退休之前他一直担任荷兰马斯特里赫特大学组织人类学和国际管理学教授,也是该校跨文化合作研究所所长。20世纪70年代早期,他和同事基于两项问卷调查对工作态度进行了一次大型系统研究,这项研究一共收集了来自全世界70多个国家(地区)共116 000余份问卷,从这个角度看,这项研究可能是目前为止规模最大的组织性研究。

霍夫斯泰德在研究中使用的受访者都是IBM子公司的销售人员和服务人员。IBM是一家总部位于美国的跨国公司,在世界上大部分国家开展业务。来自销售和服务部门的所有类型的员工都被调查了,包括销售员、专业工程师、高级经理等。问卷共有20种不同语言版本。IBM的员工代表了来自不同国家(地区)的匹配良好的取样样本:他们身处同一个公司,有同样的工作和教育背景,却来自不同的国家(地区)。因此,在这一公司内部发现的民族文化差异很可能是对普遍意义上的国家(地区)间文化差异的保守估计。该调查在四年后再次进行,且得出稳定的结果,这突出说明研究发现的差异具有持续性的文化本质。

霍夫斯泰德根据第一次分析所研究的40个较大的子公司,确定了民族文化差异的四个基本维度,即每种民族文化都可以在这四个维度中的每一维度上从高到低进行定位,从而形成独特的文化面貌。这四个维度是:

1. 权力距离(power distance)
2. 不确定性规避(uncertainty avoidance)
3. 个人主义(individualism)
4. 阳刚(masculinity)

权力距离维度关注的是下级对自身与上级之间距离远近的感知。这种距离不是指物理距离,而是指被感知到的人际差距。在高权力距离文化(比如法国、印度)中,当老板意味着行使权力并保持与下属的差距。不平等是可以接受的:"每个人都有自己的位置,每个人都需要摆正自己的位置。"因此,员工往往不愿意表达与老板不同的意见,而更愿意为那些做出决定、承担责任然后简单告诉他们做什么的管理者工作。

在低权力距离文化(比如奥地利、以色列)中,上级和下级都将彼此视为同事,都认为社会中的不平等应该被最小化。因此,拥有权力的人应该尽量让自己看起来没有实际上那么强大。员工很少害怕提出不同的意见,并希望当权者在做出决定之前能咨询他们的意见。

不确定性规避维度是指在某种文化中应对新奇事物的舒适程度。在强烈的不确定性规避文化(比如日本、希腊)中,人们需要制度明晰和井然有序。在面对不确定情形时,他们会感觉受到威胁,并产生更多的焦虑和压力。努力工作、职业稳定和不容忍偏差是解决之道。因此,在这种文化中,员工认为公司规定不应该被打破——即使这样做被证明是符合公司的最大利益的——并期望在公司一直工作到退休。

在较弱的不确定性规避文化(比如丹麦、中国香港地区)中,生活中固有的不确定性更容易被接受,人们以顺其自然的心态面对每一天。对于保留或改变现有的规则,人们常采取一种非常务实的态度,同时,员工期待为公司工作的时间要短得多。

个人主义维度关注的是对个人的鼓励程度,与此相对的则是集体主义的、以群体为中心的关注。个人主义文化(比如美国、英国)强调个人的主动性和成就,每个人都有权拥有私人的生活和观点。与此相反,集体主义文化(比如伊朗、秘鲁)的特征是更紧密的社会框架,每个人都是大家庭或宗族的一员,这些大家庭或宗族保护人们以换取他们的忠诚。人们追求事业是为了有能力帮助其他家庭成员,以此来提高自己在家庭中的地位。集体主义文化强调归属感,个体的目标是成为一名优秀的成员;而在个人主义文化中,个体的理想是成为一名优秀的领导者。

阳刚维度强调的是阳刚文化(比如澳大利亚、意大利),在这种文化中,业绩才是最重要的：金钱和物质标准很重要，抱负是驱动力；大而快的是美好的，男子气概是迷人的。与此相反，在阴柔文化（比如荷兰、瑞典）中，生活的质量更重要：人与环境很重要，服务是驱动力；小的是美好的，男女都是有吸引力的。在这个维度下，预期的男女关系有很大的不同。在阳刚文化中，性别角色有明显的区别：男性应该坚定自信、个性强势；女性应该体贴入微、善于养育。在阴柔文化中，性别角色更加灵活，人们相信两性平等，比如，男性的体贴不代表缺乏阳刚之气。

有了能用四个维度定位四十种文化的测量工具，霍夫斯泰德提供了一套世界文化地图。在解释结果时应记住两点：第一点是，这些国家（地区）分散在这四个维度中的任一维度区间，并不仅仅位于端点。所以，其他国家（地区）的文化并不都像意大利那样阳刚或者像瑞典那样阴柔，许多国家（地区）处于这两者之间：比利时恰好位于中间，英国更偏向阳刚，法国更偏向阴柔。

要记住的第二点则是，某种文化在某一维度上的位置是基于该特定国家（地区）所有受访者的平均水平确定的。对一个国家（地区）的工作文化的描述并不意味着这个国家（地区）的每个人都具有该文化的所有特征——肯定存在许多个体差异。例如，有许多日本人是冒险家，也有许多中国人（特指中国香港地区的样本）是规避不确定性的；许多印度人具有低权力距离价值观，而不少以色列人也持高权力距离态度。这些量表所要做的是描述文化核心的共同价值观，这种价值观是由一群人（一个部落、一个民族或一个少数民族）的"集体心理程序"形成的，这些人受到相同的生活经历和教育背景的制约。虽然这不会使每个人都一样，但一个国家（地区）的居民确实共享一种文化特征，这种文化特征在外国人的眼中会更加明显。

表2-3通过聚类分析的统计技术将具有文化相似性的国家（地区）进行归类，一共分为八个区域。由于一种文化的工作价值观是如此独特和不同，我们可以预见到其组织过程和行为也会如此。因此，霍夫斯泰德非常坚定地认为，我们不应该期望相同的管理理念和对策能够适用于所有文化区域。

表 2-3　国家(地区)集群及其特点

地区分类	代表性国家(地区)	集群特点
较发达拉丁语地区	比利时、法国、阿根廷、巴西、西班牙、(意大利)	高权力距离 高不确定性规避 中到高度个人主义 中度阳刚
欠发达拉丁语地区	哥伦比亚、墨西哥、委内瑞拉、智利、秘鲁、葡萄牙	高权力距离 高不确定性规避 低度个人主义 分布在阳刚维度上的各个水平
较发达的亚洲地区	日本	中等权力距离 高不确定性规避 中度个人主义 高度阳刚
欠发达亚洲地区	巴基斯坦、泰国、印度、菲律宾、新加坡等国家以及中国台湾、香港地区	高权力距离 低到中等不确定性规避 轻度个人主义 中度阳刚
近东地区	希腊、伊朗、土耳其	高权力距离 高不确定性规避 轻度个人主义 中度阳刚
日耳曼地区	奥地利、以色列、德国、瑞士	低权力距离 中等到高不确定性规避 中度个人主义 中到高度阳刚
盎格鲁地区	澳大利亚、加拿大、英国、爱尔兰、新西兰、美国、(南非)	低到中等权力距离 低到中等不确定性规避 高度个人主义 高度阳刚
北欧地区	丹麦、芬兰、荷兰、挪威、瑞典	低权力距离 低到中等不确定性规避 中到高度个人主义 轻度阳刚

资料来源：Hofstede(1980)。

几年后,霍夫斯泰德加入了在中国香港地区工作的加拿大社会心理学家迈克尔·邦德(Michael Bond)的研究,他们在前四个维度的基础上又增加了第五个维度。邦德意识到大多数问卷的问题都是由西方人设计的,就像霍夫斯泰德的 IBM 调查一样,因此他调查了如果问卷是由亚洲人设计会出现什么样的结果。他请在香港和台湾地区的华人社会学家定义一些中国文化价值观,然后根据这些文化价值观编制了一份中文问卷,之后将其翻译成英文及其他语言,这与通常的做法正好相反。这些问卷被发放给东西方不同国家相互匹配的学生群体。

最令人信服的发现是,这次调查所得到的其中三个维度与之前所发现的是一样的。权力距离、个人主义和阳刚再次在不同国家(地区)组别中出现分化。而这次调查最独特的发现是,一个新的维度取代了霍夫斯泰德的可能带有西方偏见的不确定性规避维度。这个新的维度使一些文化与众不同:在这些文化中,坚持、节俭、牢固的地位秩序以及敏锐的羞耻感,远比尊重传统、在社会交往上保全面子、个人稳定以及互惠互利重要得多。其中最重要的特征是更具前瞻性,邦德将这种东方化的特征称为"儒家动力论"(Confucian dynamism),霍夫斯泰德后来更喜欢称之为"长期导向与短期导向"(long-term versus short-term orientation)。

值得注意的是,所有最具活力的亚洲经济体——日本、韩国、新加坡和中国——都具有高度的儒家活力,也就是说,它们具有长期导向。那么,它们民族文化中的这一要素能否部分解释它们经济上的成功,就像西方早几个世纪的所谓新教伦理被认为能在一定程度上解释工业革命(详见本书第 1 章韦伯部分)的发生呢?

霍夫斯泰德通过介绍在其他地区引入一种美国式方法的遭遇,举例说明了在差异化的文化中不敏感地应用管理实践所面临的困难。目标管理法(Management by Objectives,MBO)起源于美国(见本书第 4 章彼得·F. 德鲁克部分),并在那里取得了巨大的成功,尤其是在管理者的结果可以被客观衡量的情况下。为什么会这样呢?因为目标管理法要求:

1. 下属有足够的独立性与老板进行有意义的谈判(即低权力距离);

2. 老板和员工都愿意承担一些风险——老板承担下放权力的风险,员工承担接受责任的风险(即低不确定性规避);

3. 下属个人愿意尝试并做出成绩(即高度个人主义);

4. 老板和下属都认为绩效和取得的成绩很重要(即高度阳刚)。

正如表2-3所示,这就是益格鲁地区的工作文化模式。

但目标管理法在其他文化地区将如何运作呢?例如,日耳曼地区的低权力距离与目标管理法的要求是一致的,高度阳刚的结果导向也是如此。但是,这一地区的高不确定性规避与益格鲁地区工作进程中的冒险和模糊的特点正好相悖。但是,用双方都同意的目标所代表的非人格化权威替代老板的专断权威,这种想法就很适合这种文化。事实上,这也确实是目标管理法在德国发展的方式,即强调发展一种更具参与性的程序。目标管理在德语中被译为"共同目标设定管理"(management by joint goal setting),并且已经开发了复杂详尽的正式系统。团队目标也很重要(与益格鲁文化中对个人的强调相反),而这也与该文化地区较低程度的个人主义(与益格鲁文化相比)相符。

以法国为代表的较发达拉丁语地区,有高权力距离和高不确定性规避,这与益格鲁地区正好相反,因此目标管理法在此地区的应用必然会遭遇困难。目标管理法确实在法国曾获得过一段时间的人气,但并没有持续下去。问题在于,在一个高权力距离文化中,试图用自我监控的目标取代老板的个人权威势必会引起焦虑。老板不会轻易下放权力,并且如果有必要,他会毫不犹豫地缩短中间层级,同时下属也期待这样的事情发生,并期待被告知该做些什么。在高不确定性规避文化中,坚持旧的方式可以缓解焦虑。

因此,文化差异对组织的运作方式有重要影响。在法国、日本和英国,生产汽车和治疗病患将需要不同的结构和流程。因此,即便是国际组织,也有必要将一种占主导地位的民族文化作为依托(就像美国和日本的跨国公司一样)。对于没有母文化的组织(关键决策者可以来自任何国家)(例如联合国教科文组织、欧盟委员会)而言,由于缺乏这种文化,组织很难有效运作。

这对这些组织的政治部门来说并不是大问题,因为这些部门的代表之间的相互谈判本就是他们的工作任务。但是对于管理机构(成员们代表的是整个组织而非他们的国家)来说,这就会造成严重后果。大多数诸如此类缺少主导文化的组织是低效的,易造成资源浪费。

参考文献

HOFSTEDE, G., *Culture's Consequences*, Sage Publications, 1980; 2nd edn, 2001.

HOFSTEDE, G.,"Motivation, Leadership and Organization: Do American Theories Apply Abroad?", *Organizational Dynamics* (Summer, 1980), 42 – 63; reprinted in D. S. Pugh (ed.), *Organization Theory*, 5th edn, Penguin, 2007.

HOFSTEDE, G., *Cultures and Organizations: Software of the Mind*, McGraw-Hill, 1991.

理查德·惠特利

理查德·惠特利多年来一直担任英国曼彻斯特商学院的组织社会学教授。他的第一项研究工作是关于自然科学和社会科学是如何被组织和控制的。他后期的大量研究聚焦于考察众多国家的商业结构,并把这些商业结构与其所在社会的制度相联系。

惠特利认为,在全球化背景下,世界上仍然存在多种不同类型的资本主义企业,这是因为它们产生与发展于不同的国家社会体系和经济体系。每个社会的主流制度塑造了资本、技能的拥有方式和使用方式,因此塑造了不同类型的资本主义。所以,全球化并没有消除国家之间的差异。一种单一形式的资本主义将凌驾于其他所有形式的资本主义之上,这种观点不会被接纳。惠特利用他所称的"比较商业体制"方法对不同国家出现的各种企业和商业体制进行了比较研究。

"商业体制"是所有参与商业交易的机构之间关系的总和。这些机构包括资本的提供者和使用者、客户和供应商、竞争者、不同行业的企业以及雇主和雇员。所有这些机构的互动(或不互动)方式构成了商业体制。因此,所有者控制可以是直接的,就像在所有者管理的企业那样,也可以由股东委托管理者来控制。客户和供应商之间可以是一次性的市场交易,也可以是更具合作性的约定,该约定界定了一些无限期的供需双方的双向义务。竞争对手可能是对立的,也可能在诸如与工会的谈判等活动中开展合作。不同行业的企业构成不同种类的联盟。在雇主和雇员之间,可能有彻头彻尾的冲突,也可能有各种形式的合作(如德国的雇员代表制),还可能存在相互依赖的关系(如日本核心员工的长期雇佣制)。由此产生的不同的控制和协调模式构成了不同商业体制的特征。

惠特利定义了六种商业体制,每种商业体制都孕育了其对应的制度背景。它们分别是离散型、协作产业区型、分割型、政府组织型、合作型和高度协作型。

在离散型（fragmented）商业体制中，由所有者管理的小型企业用对抗的模式竞争，并且与供应商和客户签订短期的合同。企业对这些供应商、承包商以及员工的承诺很低。香港就是这方面的一个典型，随着市场的变化，小型中资企业迅速从制造塑料花转向制造玩具，再转向房地产开发。这种商业体制是在低信任度的文化中形成的。在这种文化中，一家企业对其他企业、资金来源和公共监管缺乏信心，政府充其量是中立的。

由所有者管理的小型企业也有**协作产业区型**（coordinated industrial districts）的特征，不过，在这种商业体制下，雇主和雇员之间存在更高水平的承诺，而且企业通常通过生产链联系在一起。在生产链中，半成品在协作企业互信的前提下被传递给另一家企业。这种本地化的商业体制在欧洲各地区都有体现，例如意大利北部的工业区。在这些地区，地方政府、地方银行、地方工会与工匠企业家进行合作，以缓和竞争和提升质量声誉，而协作产业区型商业体制正是在这样的地方得以发展。

分割型（compartmentalized）商业体制由更大的单元组成，这些单元在不同的生产链和市场上进行多样化的活动。这些单元之间的合作很少，雇主与雇员之间的承诺水平也很低。所有者不是通过管理的方式而是运用财务上的手段实施控制，后者是一种相对间接的方式。企业是混乱市场中活动受控的孤岛。政府对流动的非个人金融市场和劳动力市场施加最低限度的监管。在这样一个相对贫瘠的制度基础设施之中，关系通常是对立的。美国就是一个典型的例子。

这与**政府组织型**（state organized）商业体制形成鲜明对比。尽管在政府组织型商业体制中，普遍存在的大企业也拥有类似的支配地位，但这些企业通常直接由家族或合伙人进行个人控制，政府通过提供低息贷款以及（很大可能）一个受保护的国内市场来支持它们。由于企业依赖政府机构和官员，因此政府可以密切地指导经济发展。这种制度背景和商业体制形式是韩国财阀商业模式发展的基础。

当大企业存在更多的联盟和其他形式的合作,并且这种合作通常是在一个市场领域内而不是跨行业时,**合作型**(collaborative)商业体制就应运而生。雇主和雇员之间的相互依赖程度更高,企业对训练有素、值得信赖的熟练工人的依赖程度也更高。政府为这种体制提供支持性的制度框架和保护性的市场监管,这是欧洲大陆国家的典型做法。

在**高度协作型**(highly coordinated)商业体制中,企业的活动由政府干预和企业间联盟来协调。此外,提供大部分资本的银行等金融机构通过投资有效地锁定了这些企业,并对这些企业的重大决策产生了影响。两者与政府的联系产生了一种"社团主义"(corporatist)的相互协调形式,其表现之一是,强大的工会通过参与对劳动力市场的管制来鼓励雇主对雇员的技能进行投资。专制和合同授权在这种商业体制中同时存在,该体制在第二次世界大战后的日本得到了较大的发展。

在描述了不同制度环境下可能存在的六种商业体制以及政府所发挥的(或者没有发挥的,视情况而定)最为重要的作用之后,惠特利指出了这些环境下可能存在的企业类型。他命名了五种企业类型:机会主义型、工匠型、孤立主义层级型、合作主义层级型和联合主义层级型。尽管商业体制和企业类型之间没有一一对应的关系,但是某种商业体制最有可能产生某些特定的企业类型。商业体制大体上表明了所期望的企业类型,虽然可能许多真实存在的企业并不能完全对应某种企业类型。

在一个高度敌对的环境中,如果政府不加干预、市场监管乏力、工会力量薄弱、人们对正式制度缺乏信任,就很可能产生第一种类型的企业——**机会主义型**(the opportunistic)企业。这类企业的所有者利用这种不受约束的局面来抓住一切可能增加他们个人财富的商业机会。比如,在除中国之外的亚洲地区,在离散型商业体制中蓬勃发展的华人家族企业就具有这种特点。

那些更具支持性的环境更有可能催生**工匠型**(the artisanal)企业。在这种互信的环境下,无论是中央政府还是地方政府,都鼓励企业在融资和营销方面进行合作,同时建立公共的员工培训系统并采取一些国内市场保护措施。这种情况在丹麦和意大利的协作产业区型商业体制中都存在,由此造就了一种企业,在该企业中,技艺高超的工匠会产出优质的创新型产品。

在敌对而非支持性环境中,不一定只有机会主义型企业存在。如果企业对金融制度和法律框架有信心,那么这种环境更有可能产生**孤立主义层级型**(the isolated hierarchy)企业。所有者对企业的控制仅仅是财务上的,目标是获取短期回报,而管理者和员工的关系是非人格化的、基于市场的。这种企业在盎格鲁-撒克逊经济体的分割型商业体制中很常见。

在支持企业间合作的国家,**合作主义层级型**(the cooperative hierarchy)企业较为典型。国家可以保护性地监管市场、支持金融信贷。发展起来的企业通过与银行和竞争对手合作来分担风险,提高员工技能,并以稳定增长而非快速盈利为目标。德国等一些欧洲国家的企业就是如此。

最后,**联合主义层级型**(the allied hierarchy)企业成长于制度上鼓励它们互联的沃土。在受保护的市场上,这些企业通过行业协会、卡特尔、相互持股和政府对新技术投资的协调等方式实现联合,它们之间的相互依赖程度甚至比合作主义层级型企业还要高。工会以企业为基础,而不是跨公司的职业代表,因此管理层可以灵活地部署员工。这些企业在日本的高度协作型商业体制中十分典型。

惠特利利用比较商业体制法详细分析了如亚洲和东欧等地区的制度环境,并研究了它们所孕育的商业体制。例如,在考察东亚时,他比较了韩国和中国台湾地区。

正如西方资本主义有很多类型一样,亚洲资本主义也有很多类型。如前所述,**财阀**是韩国商业体制的显著特征。大宇、现代和三星等主要财阀的名字为全世界所熟知。它们规模庞大、业务广泛,且已经迅速成长为主导韩国商业和出口的企业。它们大部分为家族所有并且由私人控制,高层岗位由家族成员或可信赖的私人伙伴担任。据说三星创始人过去三十年经常亲自参与员工面试,大大小小的面试出席次数成千上万。这以一种极端的方式展示了家长制(更不必说威权主义)中来自高层的控制。财阀之间的关系是竞争性的,它们支配着规模相对较小的供应商和客户企业。在韩国的商业体制中,雇主和雇员之间的关系是缺乏信任和承诺的,至少与另一个亚洲国家日本相比是这样的。

相比之下,虽然中国台湾地区的商业体制中也有大型主导企业,但这些企业与财阀相比,其在所有权和活动状况上都不相同。它们由政府所有,并且集中在电力、石油、采矿、化工、钢铁和工程、银行和保险等基础性行业,如资本密集型产业和金融机构。除此之外,那里还存在许多规模相对较小的由家族拥有并运营的企业。这类企业是典型的中国人企业,它们在许多国家得到蓬勃发展。惠特利将此类企业称为机会主义型企业。这些企业之间的商业联系通常依托于与其他家庭成员、校友或类似的私人关系。

因此,韩国和中国台湾地区的体制在世袭家族盛行、对自身网络外信任度低等方面非常相似,但它们最明显的区别在于政府扮演角色的不同。韩国政府保护财阀,默许它们对小企业的控制;而中国台湾地方政府虽然直接拥有大企业,但是给予经济体中其他企业更大的自由。

这两个区域的商业体制具有这些特征并非偶然。它们是由这两个社会过去和现在的**制度特征**(institutional features)造成的。在工业化前的韩国和中国,家族及其家长的地位是至高无上的。历经几个世纪的父权制和威权统治在日本的殖民统治下得到了强化,该状况一直持续至第二次世界大战结束。因此,这两个区域都有专断的治理模式:政府控制有组织的劳动力,家族拥有企业。

然而,20世纪50年代战争结束后,韩国把支持由家族控制的财阀作为快速工业化的手段。然而,在中国台湾地区发生的事情却不同。1948年,中国国民党统治者退守台湾,他们直接控制了主要的产业,并且相对疏远台湾地区的本土企业。

因此,韩国和中国台湾地区之间的异同之处都可以从制度史的角度来解释。尽管在全球化背景下它们的国际贸易额和外国投资额增加了,但它们的商业体制仍然保留各自的特色。

韩国和中国台湾地区只是呈现全球商业体制存在差异的两个例子,而这挑战了有关全球化的轻率观点。惠特利对全球化给商业体制带来的影响持怀疑态度。他反对以下观点:以全球资本市场和跨国公司为基础的新世界经济正在超越民族经济和民族企业,这导致各地的企业和管理的商业体制更加趋同。他指出,国际贸易(和国际竞争)并没有以人们所普遍认为的那种方式来增长。尽管其绝对数量增加了,但它在经济活动总量(以国内生产总值GDP 来衡量)中所占的比重并没有增加。大多数西方经济并不比一个世纪前更依赖对外贸易。对外直接投资也是如此。对大多数较富裕的国家来说,尽管对外直接投资额从绝对数量来看也有所增加,但在总投资中所占的比重并不比以前大,而且仍然相对较小。像那些主要持有国内证券的投资者一样,大多数企业,即使它们确实走出了国门,大多数时候仍然更喜欢在离本国近的地方经营,最远仅限于邻国。

也并非所有的企业都乐于采用统一的最佳实践。当企业试图模仿外国竞争对手的最佳做法时,通常必须对其进行相当大的修改,以适应国内形势,因而得以保持其独特性。跨国公司可能是趋同性变革的主要机构,但即便如此它们的影响也是有限的。它们通常是控股公司,其通过财务目标来控制子公司的程度与采用直接管理这种方式一样高,有时甚至高于后者。因此,差异化的本地实践在它们内部继续存在。相反,由于这些本地实践不适用于跨国公司总部,它们很少被迁移回跨国公司总部以削弱其独特性。国家的商业制度在这里发挥基础性作用,并产生相应影响。例如,日本母公司将其管理实践应用于英国分割型和低度协作型商业体制中的子公司的可能性,比英国母公司将其管理实践运用到日本高度协作型商业体制中的可能性要大得多。

即使在欧盟这样存在相当多的制定超国家法规(例如与竞争和就业有关的法规)尝试的地方,也还没有产生与其国内企业迥异的欧洲跨国企业。惠特利承认,这一普遍观点的一个例外是,对新兴工业化国家(例如东南亚或非洲的一些国家)的投资主要来自前殖民国家,而这确实为这些过去的殖民地带来了它们已经熟悉的前殖民国家中典型的商业体制和管理模式。

但从根本上说,国家制度安排和国家商业体制有着明显的韧性。尽管企业走向国际化时确实会发生变化,但这些变化不大可能是根本性的。即使企业确实为适应新环境而做出调整,但企业在不同制度环境中也会有所差异。因此,"全球化的规模和影响并没有一些狂热者宣称的那么显著"。既然社会环境截然不同,那么它们的资本主义运作也会如此,并将继续如此。

参考文献

WHITLEY, R., *Business Systems in East Asia: Firms, Markets and Societies*, Sage, 1992.

WHITLEY, R., *Divergent Capitalisms: The Social Structuring and Change of Business Systems*, Oxford University Press, 1999.

3.
组织的功能

> 协作系统是不断变化的,是一个不断调整以适应整个物理、生物和社会环境的过程。
>
> ——切斯特·I. 巴纳德(Chester I. Barnard)

> 人们在日常工作中会从一个系统中的某一角色转变为另一个系统中的另一不同角色;为了避免麻烦,必须认识到这一点,并采取适合该角色的行为。
>
> ——威尔弗雷德·布朗(Wilfred Brown)

> 我希望的不是提高解决问题的效率,而是更好地了解我们问题的情境。
>
> ——杰弗里·维克斯(Sir Geoffrey Vickers)

> 如果涉及对组织的调整,就必须了解所处理事物的结构和动态,这样才能计算出一个部分通过其他部分而引发的连锁反应。
>
> ——E. 怀特·巴克(E. Wight Bakke)

> 大多数组织在大多数情况下都不能依靠参与者来自愿地执行任务。
>
> ——阿米泰·埃齐奥尼(Amitai Etzioni)

行动视角从关注行动者对情境的界定入手,尝试去弄懂它的内涵。通过这种方式,这一视角提供了一种途径,帮助我们理解为何看起来"相同"的社会情境会激发出不同的反应。

——戴维·西尔弗曼(David Silverman)

监狱像工厂、学校、营房、医院,而这些地方反过来又都像监狱,这令人惊讶吗?

——米歇尔·福柯(Michel Foucault)

工作不断扩展,以填满完成它所可用的时间。

——C.诺斯科特·帕金森(C. Northcote Parkinson)

在等级制度中,每名员工都趋向于上升到他所不能胜任的层级。

——劳伦斯·J.彼得(Lawrence J. Peter)

如果我们接受存在很多不同类型的组织的观点(正如组织结构研究者所认为的那样),那么,考虑分析它们的活动是否可行?是否有可能将一个组织的工作分成几类?为此,学者们已经提出了若干理论方案,它们既适用于工业企业,也在更广泛意义上适用于所有组织。它们的创建者认为,一些通用的分类是必要的,可以帮助那些试图理解组织的人理顺思路。

管理实践人员和学者都试图使用各有差异但广泛适用的概念对组织运作进行统一的分析。巴纳德、布朗和维克斯这三位高级管理人员根据他们在组织高层工作的长期经验和个人洞察做出了分析。巴克、埃齐奥尼和西尔弗曼这三位学者则根据社会学研究,对组织活动的不同方面进行了广泛的概念化工作。福柯探究了处于组织和社会顶层的人维护控制的方法。

在"组织实践"这一部分中,帕金森和彼得有趣且富有洞察力地强调了某些实践,它们是组织实现有效运作所必须留意的。

切斯特·I. 巴纳德

切斯特·I. 巴纳德(1886—1961)曾多年担任新泽西州贝尔电话公司的总裁。其间,他被借调到新泽西州减灾委员会担任主任一职,正是这段在政府机构的任职经历让他有很多机会去比较成熟组织和在压力之下临时设立的组织的运作方式。在第二次世界大战期间,他创办并发展壮大了联合服务组织(United Service Organizations)公司。作为一位实践型的高层管理者,他一直对描述组织活动以及组织中个体之间的社会关系与个人关系抱有热情。这一点在他1938年出版的经典著作《经理人员的职能》(*The Functions of the Executive*)中做了集中阐述。除此之外,他的精选论文还结集成书——《组织与管理》(*Organization and Management*)出版。

巴纳德的研究以个体之间必须合作为前提。这是因为,人们仅拥有有限的选择权。人们部分受限于自身所处的情境,部分受限于生理条件。而最有效的消除限制的方法就是合作性的社会行动。这要求人们持有一种群体的、非人格化的目标,并且考虑互动的过程。合作的持久性取决于合作目标的达成效力和个体动机的满足效率。

巴纳德认为,一个正式的组织是"由两个或两个以上个体构成的自觉协作的活动或力量的系统"。这一定义及基于此的分析适用于任何形式的组织,比如政府、教堂、工厂、家庭。当满足以下三个条件时,一个组织便形成了:人们能够相互沟通;人们愿意贡献行动;行动是为了实现共同目标。在这一定义下,愿意**贡献行动**(contribute action)意味着为了实现协作会放弃对某些个人行为的控制。显然,不同个体对此的承诺会有所差异,从最强烈的行动意愿到中立态度,再到反对甚至仇恨。事实上,巴纳德坚持认为,在现代社会中,对于任何一个给定的组织,大多数可能贡献者的承诺都会处于消极的一面。同样重要的是,任何个体的承诺都会发生变化,因此在任一正式组织中所有贡献者的总体承诺都是不稳定的——这是一个被所有此类组织的历史证实的事实。组织成员的满意(或不满意)程度决定了其合作意愿,每个组织都依赖于其成员的这些本质上主观的评价。

所有的组织都有**目标**(purpose),但如果目标不被组织成员接受,那么合作活动也无法实现。因此,一个目标既有合作的一面,也有主观的一面。主观方面并不是指目标对个体的意义,而是个体所认为的目标对组织整体的意义。因此,即使某项工作并不合个体的心意,如果个体认为这项工作与组织的目标以及他们在组织中应尽的职责相关,个体也会承担起这项工作。

合作行动的根本基础之一是**合作目标**(cooperative purpose),贡献者们相信这一目标是组织的目标。巴纳德认为,"灌输共同目标真实存在的信念是一项基本的管理职能"。组织的存续取决于其实现目标的能力,但这里存在一个悖论,即组织会因实现目标而自我毁灭。大量成功的组织因未能更新目标而消失,就是这方面的明证。因此,组织的发展要求其必须不断更新目标。但更新目标的过程经常因一个似乎不会改变的笼统目标的设立而被掩盖,比如,提供服务、生产汽车等。但是,真正的目标并不应该被阐述为抽象意义上的"服务",而应该是执行"服务"的具体行为;并不是笼统的"生产汽车",而是每天生产特定的汽车。

一个正式组织的合作行动的另一个根本基础是**沟通**(communication),它可以将共同目标和愿意为实现这一目标而合作的组织成员联系起来。沟通对于将目标转化为行动是必要的。沟通的首要方式是语言,包括书面语言和口头语言,其次是"**观察式感受**"(observational feeling)。所谓"观察式感受",是一种非言语的理解能力,这里理解的对象不仅有情境还有意图。它源自特定的经验、培训以及交往的连续性,后者可以促使组织的成员对特定的情况形成共同的认知与反应。

大型组织是由许多基本单元组成的。这些基本单元规模很小,从 2 人到 15 人不等,而且由于相互交流的局限性,其发展会受到一定的限制。每个单元的规模取决于其目标的复杂性、行动的技术条件、沟通的困难程度、沟通的必要程度以及人际关系的复杂性。随着基本单元中人数的增加,沟通的困难程度和人际关系的复杂性也会迅速增加。而且，单元之间通常是彼此关联的。当单元的数量增加时，单元间关系的复杂性呈指数型增长。

由于基于个人目标而非联合或共同目标的人际互动会重复发生，因而基于个人目标的人际互动会变得系统化和有组织性。这将会形成非正式组织，它能够对组织成员的思想和行为产生重要影响。巴纳德设想正式组织和非正式组织之间存在持续的互动。为了实现其效力，一个非正式组织——尤其是规模不限的组织——转变成一个正式的组织，以此明确表达该组织的态度和制度。正式组织一旦建立，也必须创建一些非正式组织，作为促进沟通、增强凝聚力的有效手段，同时也可以有效保护个人的正直而不受正式组织的支配。最后一项功能似乎有悖于正式组织的目标，但事实上却对组织本身至关重要。这是因为，它给予了组织成员自主选择的空间，使他们做出的选择不受正式组织的非人格化目标的支配，由此保护了组织成员的个性并确保他们更有可能为正式组织持续地做出有效的贡献。

基于对组织功能的分析，巴纳德描述了经理人员的职能。在一个复杂的组织中，管理部门的员工效力于两个单元，即基本工作单元和管理单元。举例来说，领班同时被看作是店面组和部门管理组的成员；陆军上尉既是行动连队成员，又是"团部组织"（regimental organization）成员。在这样的情况下，一个单一的行动本质上是一项发生在两个不同单元之间的活动。而正是这种同时对两个单元的贡献才使得复杂的组织成为一个有机的整体。

值得注意的是，并不是所有经理人员的工作都是管理工作。管理工作是"维护组织平稳运行的专门化工作"，它主要包括以下三方面内容：

1. 保障组织沟通；
2. 确保组织成员提供必要的服务；
3. 制定组织的目标和任务。

沟通分为两个阶段。第一个阶段是定义组织的职位，即"组织的体系"。这一阶段通常需要组织结构图、职责说明等，用以展示待完成工作的协作方式。但是，没有人员填补职位的组织体系是没有价值的。第二个阶段是招聘符合任职条件的员工。以上两个阶段是相互依赖的。"人本身无优劣之分,我们只能说,一个人在某个特定的职位上是好是坏"。因此,考虑到现有的员工情况,组织体系必须经常进行调整。

非正式组织具备扩展沟通手段、减少对正式决策需求的功能。对于运转良好的非正式组织而言,除了日常事务和紧急情况,无须发布正式的决策。在这种情境下,正式命令是对通过非正式手段所达成的决策共识的认可。通过发布可接受的正式命令来避免正式命令发布时的冲突是一种领导艺术。分歧必须用非正式手段来解决。

从组织成员那里**获取必要的服务**(securing the essential services)包括两个维度:将个体带入与组织的合作关系、诱发这些人员提供服务。以上两个维度都是通过维持士气以及推行激励计划、威慑、监督与控制、培训与教育来实现的。

制定组织目标(formulation of the purposes)的关键点在于"责任的分配——将客观权威进行授权"。为组织目标制定抽象的长期决策的责任在管理层,而采取行动的责任则在基层。要对某个特定情境下的目标进行界定,就像是在描绘一个分布广泛的函数曲线。因此,如果组织要成为一个具有凝聚力的有机整体,就必须向较低层级的员工灌输笼统的目标和重大的决策。

作为工业领域和公共服务领域的实践型管理者,巴纳德将他对组织运行的透彻理解与对社会学的广泛阅读结合起来。因此,他的研究成果对管理者和学者的思想都产生了重大影响。

参考文献

BARNARD, C. I., *The Functions of the Executive*, Harvard University Press, 1938.

BARNARD, C. I., *Organization and Management*, Harvard University Press, 1948.

威尔弗雷德·布朗

威尔弗雷德·布朗(1908—1985)曾担任冰川金属公司的董事长达二十多年,其中大部分时间还同时担任总经理一职。他后来成为一名政府大臣,并进入英国议会上议院。制造轴承的冰川金属公司是埃里奥特·杰奎斯和塔维斯托克人际关系研究所(见本书第1章)所开展的一组重要的管理过程研究的研究对象。布朗因此既具有管理实践的长期经验,又对社会研究有长时间的了解。他的思想源于他自身的经验,并且他并不认为这些管理思想一定适用于工程行业之外。尽管如此,他指出:"语言、概念以及一般管理理论的缺失是工业效率的严重阻碍。"他的研究目标是阐明他坚信组织中会发生的现象。

布朗打破了亨利·法约尔(见本书第4章)的分析思路,不再将管理描述为预测、计划和组织等要素的混合体。布朗不太关心管理者活动的性质,而是更为关心管理者工作所依据的社会组织或社会系统集合。他的基本信条是,对这些社会系统的自觉认可将促进良好的管理。

布朗接着区分了三种社会系统,即执行系统、代表系统和立法系统,三者组合在一起则构成了公司的组织方式。

执行系统(executive system)指的是各种角色的结构,通常被称为组织结构或层级结构图(包括操作人员、文员等,以及经理或总经理)。它不因特定的人而存在。扮演角色的人不是一成不变的,但角色本身不会消失。在考虑由谁来担任新的角色之前,就可以先向系统中添加这些角色。在角色扮演人员并未改变他们个人工作能力的情况下,角色工作内容的重要性可以增强也可以削弱。因为这一社会结构本身是作为一个实体存在的,它可以被有意识地思考和改变。

布朗认为,"似乎有一种相当大的趋势,即从人们的个人行为角度来解释产业中的所有问题,而没有考虑到,我们会把麻烦设计进一个执行系统,或排除在该系统之外"。因此,人们把困难归咎于他人的性格或自己的性格,而很少停下来思考是否困难实际上来自他们自身角色所构成的社会系统的设计。

布朗认为,只要有执行系统,就会在其内部存在或者伴随一个**代表系统**(representative system),以将下级的意见和感受传达给上级。这种角色结构可能没有被明确地认识到,但它仍然存在。例如,引入变化的总经理将面对特设代表:怨气冲天的群体将派出他们的代言人。当然,这些承担代表角色的个体并不一定要陈述他们自己的观点,他们的管理者也不可能像他们履行执行角色时那样为这些执行个体的行为负责。在冰川金属公司中,代表由各级员工通过正式选举的方式产生。

立法系统(legislative system)不同于执行系统和代表系统。执行系统和代表系统都是由人所扮演的相互关联的角色组成的独立系列,而立法系统则是四个相关角色系统相互作用形成的。这四个角色系统分别是股东和董事、客户、代表系统和执行系统,其中的每一个对一家公司而言都具有非常可观的影响。每个系统的权力限制了公司可能做什么,并且它们之间的相互作用实际上为公司所做的事情确立了合法性。

因此,如果首席执行官认为需要采取超出其权限的行动,他可能会将此事提交给董事会或股东大会,或者,他可能会通过销售组织来测试客户的反应。实际上,这些行为随后会与执行系统和代表系统相互作用。冰川金属公司已设立理事会,以便为一般原则的设立赋予合法性,例如规定雇员在工作时间上的义务。理事会由代表人员和管理人员组成,但没有执行权。代表系统和执行系统通过理事会联系起来,并在考虑董事会、股东和客户反应的情况下进行讨论。

在讨论执行系统的过程中,布朗对企业的**经营工作**(operational work)和**专家工作**(specialist work)进行了分析,这与 E. 怀特·巴克等对活动的分析(本章后文)形成了对比。在布朗看来,所有的企业都有三个职能——开发、生产和销售——在冰川金属公司被称为"经营工作"。但他也认为,所有的工作活动都包括：①人员配置活动；②技术活动；③针对特定运营任务的量化且定时的部署活动。因此，这三个类别的经营工作——开发、生产和销售，每一个都可以被认为包含三方面的专家工作：人事方面（组织和人事）、技术方面（涉及生产技术）和规划方面（运营的平衡、定时和量化）。在以上三个方面都有专家的身影，他们可能是人事专员、工程师、生产控制人员、化学家，等等。冰川金属公司将这些专家组织成与布朗的分析相对应的部门——一个人事部门、一个技术部门和一个规划部门——这些部门的专家工作支持开发、生产和销售这三项经营工作的职能。专家隶属于不同层级的业务（或直线）经理。

在《放弃计件工作》(Piecework Abandoned)一书中，布朗关注的是支付报酬的方式，而不是组织，但他的结论源于与《管理探索》(Exploration in Management)一书相同的思考模式。按业绩支付报酬时经理与工人的关系，不同于按工作时间支付报酬时两者的关系，也就是说，实际的组织状况是不同的。他认为，一个"全面的管理角色"应该包括了解下属、评估下属的表现、对下属的表现负责，以及判断下属是否胜任所扮演的角色。在这种情况下，如果下属的行为被全面评估且下属能够意识到他们对经理的责任，则全面的经理—下属关系成立。工资激励系统在这种（全面的经理—下属）关系上又叠加了一层谈判关系；在这种关系中，工人成为分包商，而工头放弃了全面管理角色。因此，组织发生了变化。员工不需要为产出损失负责，因为作为分包商，他们自己承担这些损失。同时，他们在组织中不再充当负完全责任的角色，并将浪费时间视为他们自己的事。用同样的方法，布朗还抨击了计时制度，认为它对角色结构和行为会产生与计件工作一样的影响。冰川金属公司的工厂已经放弃了工资激励和计时制度。

布朗作为管理学者的独创性在于他对"结构"和"角色"概念的运用。他坚持使用这些概念进行客观的分析，这让他得出结论："有效的组织取决于以下两个因素：待完成的工作，可用的资源与技术。"

参考文献

BROWN, W., *Exploration in Management*, Heinemann Educational Books, 1960.

BROWN, W., *Piecework Abandoned*, Heinemann Educational Books, 1962.

BROWN, W. and JAQUES, E., *Glacier Project Papers*, Heinemann Educational Books, 1965.

杰弗里·维克斯

杰弗里·维克斯(1894—1982)曾在第一次世界大战中服役,并因英勇作战而被授予维多利亚十字勋章。他曾做过律师,随后在第二次世界大战期间负责英国经济情报工作。他于1946年被封为爵士,之后成为国家煤炭委员会①的委员,负责人力、教育、健康和福利事务。在生命的最后20年,他系统梳理并记录下自己对机构、组织和政策制定的想法。去世前他曾在兰卡斯特大学担任系统学客座教授,并参与一些全新的工作。

政策制定、决策制定和控制这三个过程是维克斯分析的核心。所有这些过程都发生于一个有组织的环境之中——可以是一个团体、一个组织、一个机构或一个社会。它们是理解组织实际工作方式的关键。

维克斯大量著作中的理论分析有不少源于他对**监管**(regulation)思想的重点关注。监管本质上是确保系统遵循其预设路径的过程。它是从信息论、系统论、控制论以及机械控制中衍生而来的概念。维克斯以主要来自技术领域的思想为基础,发展了一系列关于政策制定和管理的分析性概念。

如果要确保一个组织执行其控制者所规定的职能和活动,那么必须实施那些共同构成监管系统的活动。首先,控制者(管理者)必须确定系统的状态,查明正在发生什么。对维克斯来说,这涉及做出他所谓的**现实判断**(reality judgement)——确定事实。但事实并没有独立的意义,控制者必须对它们的重要性加以判断。这涉及监管过程的第二部分,即做出**价值判断**(value judgement)。这只能通过比较组织的实际状态与作为规范的标准来完成。这个过程的第三部分涉及设计方法来降低规范与现实之间的不一致。这三个要素共同构成了信息、价值和行为的监管过程。

监管最初听起来似乎是一个机械的过程,但这与事实相去甚远。虽然其基本思想来自机械系统,但维克斯非常清楚,当涉及组织和其他人类系统的

---

① 1987年英国煤矿私有化后,国家煤炭委员会改称英国煤炭公司。——译者注

管理时，有必要进行一定的修补。做出判断是一种独特的人类功能，他将其描述为一种艺术（参见 *The Art of Judgement*，《判断的艺术》）。做出判断的核心是**评估**(appreciation)过程，因为判断涉及信息的筛选、价值的应用和行动的选择。这些过程没有一个是不言自明或直截了当的。管理者面对一个情境时必须对它进行评估。不仅在达成标准时需要评估，在收集信息时也需要评估。评估涉及管理者做出选择，决定使用什么指标来描述组织的状况，以及选择要制定的标准和要遵循的行动方案。评估需要一种特定的人类能力，即愿意以一种方式而不是另一种方式来观察与评估对象和情境。

监管与评估之间存在非常重要的关系。为了进行监管（控制），监管者（管理者）必须处理一系列变量，这些变量是确定系统（组织）运行环境的要素。但是一个管理者只能处理有限数量的此类变量。选择哪些变量进行调控取决于管理者的评估系统。维克斯的观点基于赫伯特·A.西蒙（见本书第5章），并同他一样，维克斯指出，一个人认知上所能处理的，即能够被有效地观察和监管的数量是有限的。管理者在选择要关注的变量时也受到自身兴趣的限制。因此，认知和个人兴趣都是管理者评估系统中的关键要素。

评估在组织和机构的管理中起着重要作用，因为它通过设置系统来引导管理者做出判断。因为管理者正是通过他们的评估系统来做出他们的现实判断和价值判断，这种系统限制了什么被视为选项、什么被视为约束。这种导向功能确定了什么是促进性的、什么是限制性的以及什么是关键性的。任何组织的基本政策选择都围绕着什么可被监管而展开，这种选择确定了系统的关键关系和核心规范。

在创立了监管和评估这样的核心分析构念，并阐明了它们之间的相互关系后，维克斯的许多研究关注运用基于心理学的方法进行控制，强调个人特征，并在进一步分析中将管理者置于集体情境之中。管理者必须与他人合作并通过他人进行运作；对人类系统而言，监管过程并非机器那般。这意味着选择和行动必须在集体的基础上进行组织和运作。为此，必须存在一系列共识，即一套公认的规范。

通过组织职位和评估系统，管理者在以下方面发挥着关键作用：构建组织的总体评估系统，通过这一系统，组织成员形成共同运作方式；建立沟通系统，以处理出现的差异问题。任何管理者都将面对这样一个核心问题：共同规范、共同理解和共同沟通不能被认为是理所当然的。实际上，维克斯认为，正是由于难以维持共识，组织和机构的控制与监管正变得更加困难。这是因为，一方面，期望正不断地提高，反映在组织试图监管越来越多的关系。另一方面，随着对组织忠诚的蒸发和对个人自我实现的日益重视（维克斯对此高度批判），个人接受监管的能力正在不断被削弱。这些因素共同产生了当代管理者所需面对的一个悖论：他们不得不在同一时间与高度**依赖**（dependent）又非常**疏远**（alienated）的员工和客户打交道。

试图去解决这一悖论，就好似使车轮绕一个完整的圈，又回到了评估系统的重要性。这是因为，正是管理者的评估系统决定了如何看待和定义问题以及采取什么行动。管理者参与决策制定，但因这些决策是多值的而变得困难。选择并非简单而直接的，它们需要对许多方面进行评估，而这些方面又可以以多种方式进行评价。光监管这一点，就涉及预测可能的结果以及学习了解行动与结果之间关系的能力。

处理这一悖论的能力受限于正在发生变化的事物的性质，监管一个组织或机构的系统的能力也是如此。可监管的变化的速率和可预测性限制了什么是可监管的。为了监管一个组织，评估系统中那些评价绩效的关键变量必须能够随着时间的推移而被预测。事实上，这些变量至少需要在做出有效反应所需的一段时间内进行预测。对制度信心崩溃的部分原因是，因为变化的速率很高，所以对其含义和发生原因的共识很难确立，对未来行动的预测也极其困难。

最终，是由管理者来实施控制和管理，而管理者拥有可在特定环境下运作的个人评估系统。管理者帮助制定视作成功的标准、允许的自主支配范围和权限，同时也受其影响。运作的关键是明确什么被认为是可能的。负责控制的人必须不断地审视他们是如何评价这个世界的，严格地检验他们的逻辑和技能的极限,并且总是对新的想法敞开心扉。由于评估在监管中起着重要的作用,因而学习也是一种控制。

参考文献

VICKERS, Sir G., *The Art of Judgement*, Chapman & Hall, 1965.

VICKERS, Sir G., *Towards a Sociology of Management*, Chapman & Hall, 1967.

VICKERS, Sir G., *Value Systems and Social Process*, Tavistock Publications, 1968.

VICKERS, Sir G., *Making Institutions Work*, Associated Business Programmes, 1973.

E. 怀特·巴克

E. 怀特·巴克(1903—1971)在耶鲁大学劳动与管理中心担任教授多年。他主要关注人融入组织的一般问题。但在他朝着这个方向开展研究之前,他对失业问题感兴趣。1931年,他调查了英国失业工人的困境。

巴克在组织理论方面的研究集中于概念开发的问题,以及用有意义的词汇来描述这些概念,并通过这些概念来定义和分析组织及其活动,从而将研究和经验教训中杂乱的发现变得有序。他的目标是创建分析的理论方法,且这些方法不仅可以应用于经济组织,还可以应用于学校、教会等。因此,他面临的任务是将人类社会组织的看似无穷的多样化形式归纳为某些共同要素。

巴克首先将一家社会组织看作是一个由既分化又协调的人类活动所构成的持续系统,该系统将资源整合成一个整体,然后发展出自己的个性。就其本身而言,这个定义也许不外乎就是一个自明之理,但通过用这些术语进行思考,巴克使分析的任务变得清晰了一些。如果将社会组织概念化为一个由活动所构成的系统确实很有用,就需要对活动进行分类。此外,如果将这些活动视为依靠资源进行运作的观点是有益的,那么对资源进行分类将是一种必要的补充。

组织运作必不可少的基本**资源**(resources)被归为六大类。它们分别是人力资源、物质资源(原材料和设备)、财务资源、自然资源(未被人类活动处理的资源)、观念资源(组织使用的思想以及传播这些思想的语言),以及组织的业务领域:对一家公司来说,它就是销售市场;对一个工会而言,它就是劳动力市场。巴克的意图是,这些类别(大多数情况下并不令人感到陌生)应该被如此定义,这样才适合任何"特定目的"的社会组织所使用的资源,无论这一组织是经济的、军事的、宗教的或任何其他类型。同样,他认为这些组织的所有**活动**(activities)都可以归为以下五种类别中的一种:永续活动、工作流活动、控制活动、识别活动和稳态活动。

不言而喻的是，如果一个组织要持续存在，上述类型的资源对组织来说必须是可用的。而确保这种可用性的活动被称为**永续活动**（perpetuation activities）。例如，在工业领域，采购部寻找原材料的供应来源，并竭力维持所需的供应。人员的永续则是通过任命新人并指导他们履行职责来实现的，这可能是一项在人事部门专门开展的活动。审议发行股票的会议则可以被归类为一种财务永续活动。

工作流活动（workflow activities）包括为创造和分销组织产出所做的一切，无论该产出是产品还是服务。多种多样的活动都可以这样进行分类。例如，一个组织中的生产活动可能是电话交换操作员为长途电话接线，或装配工人在汽车电池上封顶，或陆军装甲兵驾驶坦克进行演习。在分销方面，则表现为不同的销售活动，等等。

巴克把旨在协调和统一的所有活动归为**控制活动**（control activities）。他将这些活动细分为四个子类别：

1. 指导活动，即发起行动的活动，如确定什么是应该做的、应达到什么标准，以及给出指令。例如，领班分配工作。
2. 激励活动，奖励或惩罚行为。例如，办公室主管建议提高一名文员的工资，或领班建议解雇一名工人。
3. 评价活动。例如，审查和评价员工的表现，或比较行动的候选方案。
4. 沟通活动。例如，向人们提供所需的场所和数据。

如果一个组织的特征——或称为"章程"——要在其内部成员和外部人员心目中反映出该组织的共同形象，就必须开展界定该章程并将其符号化的活动。这些都是**识别活动**（identification activities）。这方面的实例包括公司内部刊物上的一篇文章，强调公司一贯提供的服务所具有的独特品质，或由首席执行官就企业的历史和传统发表讲话。

巴克认为，必须对上述四类活动进行安排和监管，使组织保持在一个能够履行其职能的状态中。简而言之，必须存在他所说的使组织保持"动态平衡"的**稳态活动**（homeostatic activities）。这些活动可分为四个子类别：融合过程、问题解决过程、领导过程和合法化过程。

巴克的**融合过程理论**(fusion process theory)的基本理念是个人和组织都是追求自我实现的实体。在这方面,他和克里斯·阿吉里斯(请参阅本书第7章)的思路大致相同。组织试图以自己的形象塑造所有加入该组织的个人,而相应地,加入组织的个人同样试图通过塑造组织来表达自己的个性。双方各自都经历一些改变,但是有时,组织与其成员也会相互对立。因此,需要融合过程活动来调和、协调或融合组织、团体和个人。(本书第8章中威廉·H.怀特总结了其中一些活动。)同样,一个组织必须或多或少地与外部各种其他组织相整合;协调不同利益的过程也可以被认为是一种融合。巴克本人特别关注这种融合过程的理念,并将其看作一个单一的参考框架,可借以简化我们在研究与日常生活中对组织所遇到的一系列人的问题的思考。

在组织中对非常规问题的持续解决被称为**问题解决过程**(problem-solving process)。巴克提出了解决问题中通常采取的一系列按逻辑顺序进行的步骤。他还对提供想象力和主动性的**领导过程**(leadership process)进行了区分。最后还有**合法化过程**(legitimization process),即正当化和接受本组织的目的并为达到目的而采取行动。因此,公司秘书注册机构章程正是在进行合法化活动,因为这些条款规定了公司拥有的合法权利。同样,管理者经常说服其他人(以及彼此相互说服)本组织的产品对使用这些产品的人有益,以及本组织对参与其中的所有人和社会来说都是一件好事。归根结底,一个组织在其合法性不被接受的情况下无法生存。

稳态活动的理念旨在适用于多种多样的组织,但是,尤其对于工作组织来说,稳态活动似乎与"管理"或"行政"等词通常的含义相同。

按照巴克的方式,构建一个理论框架的目的是澄清思路。它是否有助于理解以前看似过于复杂的内容?它是否让之前似乎不能比较的东西变得可比?巴克不太关心这样的管理问题;要衡量其贡献,主要是看,管理者和研究人员在对巴克的概念克服了最初的陌生感后,是否觉得这些概念有助于他们理解组织现象。

参考文献

WIGHT BAKKE, E., *The Unemployed Worker*, Yale University Press, 1933.

WIGHT BAKKE, E., *Bonds of Organization*, Harper, 1950; 2nd edn, Archon Books, 1966.

WIGHT BAKKE, E., "Concept of the Social Organization", in M. Haire (ed.), *Modern Organization Theory*, Chapman & Hall, 1959.

阿米泰·埃齐奥尼

阿米泰·埃齐奥尼是一位社会学家,他是乔治华盛顿大学社群主义政策研究院的创始人和主任,致力于社会多样性和社会冲突领域的研究。早些时候,他关注基础的社会学问题,这促使他将组织视作有望解决这些问题的研究场所。

他的研究始于一个关于社会秩序的疑问:为什么组织或其他社会实体能持续存在?这个问题与社会控制有关,自柏拉图以来就引起了社会哲学家们的兴趣,托马斯·霍布斯(Thomas Hobbes)提出了它最原始的形式。这与韦伯关心的问题相似(见本书第1章);对埃齐奥尼而言,需要解答的问题也是"为什么组织中的人要服从接收到的命令、遵循为他们制定的行为标准?"这个问题存在于所有的社会组织之中,小到家庭,大到国家,不过埃齐奥尼认为它在正式组织中尤为重要。这是因为组织被设计成了一种工具。当它形成的时候,无论是在政府、商业、教育领域还是在娱乐领域,都有其存在的特定理由,即某种意图或目的;而在自然的社会系统中,如家庭或社区,人们所做的事情各不相同,很难认为它们具有目标。然而,由于组织具有试图达成某种目标的特性,衡量它们做得如何就变得很重要了。其结果就是对绩效的强调。

组织不断地审视其绩效,并据此调整其实践。因此,组织面临一个控制其成员行为的特殊问题:它们必须确保组织成员的行为符合绩效的要求。

埃齐奥尼的出发点是这样一个命题:组织像其他社会单位一样,需要其成员的服从。由于组织高度关注绩效(现今社会还关注规模),因而组织不能依赖组织成员对组织目标的完全承诺来确保服从,也不能像家庭中那样依靠基于人与人之间相互影响的非正式控制系统。组织有正式的系统来控制其内部发生的事情,有明确而具体的奖惩措施来确保其成员的服从。

服从在任何组织中都具有两面性。一方面,它包括组织使用的控制结构:组织用以确保服从的权力和权威结构。这被埃齐奥尼称为"结构方面"的服从,因为它涉及正式的组织系统和组织用来强制其成员服从的权力。由于组织不能毫无保留地依赖其成员来完美地执行命令,因此,必须建立一套权力等级制度并设置监督者;必须有工作说明书和做事的具体程序,必须进行劳动分工。所有的这些尝试都是通过控制组织成员的行为来减少组织对员工个人意志的依赖。组织就是通过这些官僚手段行使其权力的。

服从的另一方面基于组织成员对组织目标的承诺水平。这就是"激励方面"的服从,表现在个体成员对组织活动的参与程度上。组织成员越是积极地参与到组织中,他们就越有可能为实现组织的目标而努力。埃齐奥尼指出,员工的承诺水平越高,需要的正式控制机制就越少。服从的这两个方面随后被埃齐奥尼用来对组织进行分类。

埃齐奥尼概述了三种可以将组织进行分类的权力。这一分类的依据是组织用以保证成员服从的方法。他区分了强制的权力、有利害关系的或功利主义的权力、规范的或认同的权力,它们分别基于肉体的、物质的、象征性的关系手段。

强制的权力(coercive power)源于为了确保组织成员遵守命令而(可能)使用的暴力。因此,使用这种权力时可能会给不服从者造成身体上的痛苦甚至死亡。例如,集中营和精神病院都会在不同程度上使用肉体惩罚手段。

有利害关系的或功利主义的权力(remunerative or utilitarian power)源于对物质资源的操纵。组织成员的服从是强制的,因为组织控制着成员想要的物质资源,例如金钱。因此,这种权力由薪酬的奖励制度构成。商业组织通常建立在利益控制基础上。

规范的或认同的权力(normative or identitive power)来自对组织控制和使用各种象征性奖惩措施。例如,像爱、情感和威望等都是纯粹的奖励象征,可以用来迫使他人服从。埃齐奥尼认为,另一个(也许更有说服力的)称呼可能是"有说服力的"或"有暗示性的权力"。这种权力在宗教组织、大学和志愿者协会中最为常见。

这些想法对于根据组织主要特征进行广泛的比较分析是有用的。但是,并非具有相同目标的组织都具有相似的控制结构。埃齐奥尼认为,工会可以建立在以下三种控制结构中的任何一种之上:第一种是"地下"工会,它由依靠强制手段的暴徒控制;第二种是"商业"工会,它为工会成员争取加薪和改善工作条件,基本上采用的是那种有利害关系的控制措施;第三种是"政治"工会,它以意识形态为中心,依赖规范性权力。大多数组织都试图同时使用三种权力,但往往会强调其中一种而较少依赖另外两种。通常,组织针对不同的成员采用不同的控制方法,底层的成员更容易受到强制性权力的约束,而高层的成员则更容易受到规范性权力的约束。

和阐述三种不同性质的权力一样,埃齐奥尼也提出了三种组织参与的类型。他的分类基于参与程度的高低,包括疏离型参与、算计型参与和道德型参与三类。从本质上讲,组织成员在一个组织中的参与程度是一个从高度消极到高度积极的连续体,中间有轻度消极和轻度积极。

疏离型参与(alienative involvement)在高度消极的一端,它表示成员与组织的分离。例如,罪犯和战俘通常与他们所属的组织相疏离。在**算计型参与**(calculative involvement)中,成员与组织的关系强度很小,因此可能是轻度积极的,也可能是轻度消极的。这是典型的商业关系。最后,**道德型参与**(moral involvement)表示成员对组织怀有十分积极友好的看法。这方面的例子包括高度承诺的教会成员、忠诚的党员,等等。

当把三种权力类型和三种参与类型进行综合研究时,就会产生九种类型的组织内服从关系:埃齐奥尼认为,某种特定的权力通常伴随着某种特定的参与,因此,在组织中最常见的服从是表3-1中的1、5和9。强制的权力产生疏离型参与,反之亦然;有利害关系的权力和算计型参与同时出现;类似地,规范的权力和道德型参与也是彼此对应的。

表 3-1　权力类型与参与类型的对应关系

权力的类型	参与类型		
	疏离型	算计型	道德型
强制的	1	2	3
有利害关系的	4	5	6
规范的	7	8	9

1、5 和 9 是现实中最为常见的服从类型，它们的代表性组织分别是监狱（强调拘留而非改造）、工厂和教会。其他六种服从类型是不协调的，因为组织的权力系统可能与成员的参与类型并不匹配。这将导致压力的产生和服从的基础发生转变。埃齐奥尼认为，拥有协调的服从结构的组织将比那些承受不协调系统带来的压力与紧张的组织更有效率。这意味着，商业组织使用有利害关系的权力手段而非强制的或规范的权力手段作为控制的基础时，它们的运作会更有效。因此，它们需要一个易于测量的、与绩效有着明确关联的系统，强制性控制（如威胁解雇）和规范性控制（如呼吁忠诚）只能作为次要手段来使用。

但是，我们应当牢记，有许多外部因素影响着组织所使用的控制结构的类型。在包含许多复杂组织的社会中，国家垄断了暴力的使用；而事实也的确如此，我们会发现使用强制性权力的组织是由国家运营的机构（如监狱），其他组织（包括企业）是不被允许这样做的。同样，一般的市场条件（例如竞争的程度或劳动力市场的存在）将影响一家企业所使用的功利性控制在多大程度上向连续体的强制性一端或规范性一端偏移。此外，组织成员的组织承诺水平和性格都将影响他们对特定控制的合法性的认可程度。埃齐奥尼指出，在面对同样的强制性权力时，当代美国人与两代之前的美国人会有不同的应对措施，例如，老师打骂学生一事。信念系统的改变意味着组织必须改变它们的服从结构。

总而言之，埃齐奥尼的研究兴趣在于为组织进行全面的比较分析奠定基础。因此，他提出了一个适用于所有组织的概念框架，并强调了不同类型的组织之间的异同。

参考文献

ETZIONI, A., *A Comparative Analysis of Complex Organizations*, Free Press, 1961.

ETZIONI, A., *Modern Organizations*, Prentice-Hall, 1964.

ETZIONI, A., "Organizational Control Structure", in J. G. March (ed.), *Handbook of Organizations*, Rand McNally, 1965.

ETZIONI, A., *Rights and The Common Good: The Communitarian Perspective*, New York: St. Martin's Press, 1995.

戴维·西尔弗曼

戴维·西尔弗曼是伦敦大学金史密斯学院的社会学荣誉退休教授。于伦敦经济学院毕业后，他在美国度过了一段时间，而后在伦敦大学从事教学和研究工作。西尔弗曼的研究兴趣是对组织理论进行社会学批判。他的许多研究工作都是在公共部门组织开展的，包括地方政府管理部门和英国国民健康服务部门。特别地，他的研究聚焦于选拔过程、行政职业以及专业人士—客户关系。

西尔弗曼的主要贡献是将"行动导向"这一视角引入组织理论之中。他提出，在他所认为的组织研究主流视角（即系统理论）之外，需要一个新视角。这个新视角将组织视为有动机的人追求个人目标的行动和互动的产物。西尔弗曼认为，大多数组织分析都是基于一组错误的假设，其根本错误是在并未参考组织成员的动机和解读的前提下，将组织概念化为一个可以被描述和理解的系统。大多数组织理论错误地受到了**物化理论**（reification）的影响，即将思想和行为归因于社会结构。

根据西尔弗曼的观点，组织分析最初是一个独立的研究领域，它试图回答那些控制组织运行的人即管理者提出的问题。这导致了一种持续性的偏差（通过这种偏差，组织分析以一种非人格化、中立的方式呈现），在这种情况下，只有管理者关注的问题才会得到处理解决。西尔弗曼的目标是揭露这些在所有的公认方法中都明显存在的偏差，并建立一个更令人满意的理论。

通过对比，西尔弗曼辨析了正式组织的三个特征：第一个特征是它在可辨别的时间点产生，并且比大多数社会关系更容易被视为人为现象；第二个特征是对那些寻求协调和控制的组织成员来说，他们并没有把关系视作理所当然；第三个特征是社会关系和游戏规则的计划型变革都是可以商榷的。因此，这一概念从组织内部的社会关系以及组织行动者（即组织成员）解释和理解这些关系的角度来审视组织。西尔弗曼基于这个观点对组织理论进行了批判。

主流的组织理论观点是把组织作为系统进行分析,关注组织之间的一般模式和相似点,而不是个体的行为。系统理论将组织视为一组有生存需求的相互依赖的部分构成的系统。组织通过实施行动、采取措施来适应这些需求。组织必须将各种投入(人力、资金)转化为产出,实现这种目标的管理过程一直是研究的主导领域。但是系统理论学家未能考虑到组织**成员**(members)才是做出调控和适应的——成员解释自己对环境的理解并传递其内涵和普遍释义。

就像很多组织分析一样,系统理论是从管理者的角度出发的,把管理者的行动和组织的行为混为一谈。在实现这一抽象化的过程中,系统理论将注意力从有目的的人类行为上移开。这种方法将组织视为**超验的**(transcendental),即具有自身的逻辑,并且可以独立于人的行动、感知和意义而被分析。而西尔弗曼认为组织是**内生的**(immanent),即参与者从组织中获得意义并反馈意义,组织持续进行构建和重构。这些方法上的差异是组织概念化的核心。鉴于这些理论结构,在系统论的两种主要演变,即源自社会学的**功能主义**(functionalism)和跨学科性质的**社会技术系统论**(socio-technical system theory)中,可以发现同样的问题。两者都关注行为的结果而非原因;都停留在生物类比的层面上,但这种类比对于与人相关的事件的描述和解释都是不尽如人意的;都强调适应过程和平衡状态,而不能充分处理变化和冲突;都涉及物化,而非探讨组织成员思想以及行为倾向产生的原因。

不过,虽然社会技术系统视角存在这些相当严重的局限,西尔弗曼还是发现了一些有限的进步。例如,将行为和动机看作技术的结果,这一观念促使一些学者参与到对利益与战略冲突的研究中来;将组织视为技术、环境、情感和结构相互作用的系统,且没有任何一个因素占主导地位,这意味着这一视角强调并不存在一种最有效的组织形式。但最终,任何形式的系统方法都无法解释特定组织产生的原因,它只能用自己的专业术语来描述适应模式及其结果。

西尔弗曼还发现了另一种主要方法——**组织心理学**(organizational psychology)存在的问题。诚然,它并没有出现物化问题,也对人进行了关注。但与系统理论一样,它强调的仍然是需求,仿佛人是一个系统一样。个体被概念化为拥有待满足需求(例如生理、社会和自我实现需求)的系统,这些需求形成了差异化的需求层次,且经常与组织目标相冲突。西尔弗曼指出,在验证是否存在某类需求时存在一些重要难题,且目前尚不清楚这些问题是否可以对行为做出解释。此外,使用这种方法的学者过于关注需求和行为的一般模式,而不是个体的行动,但对于西尔弗曼而言,个体的行动才应该是组织分析的核心。

要解决组织理论化公认方法中所有此类固有的问题,唯一的方法就是采用行动参照框架(action frame of reference)。这种方法的基本要素是将组织视为有动机的人(尝试解决自身的问题、追求自己的目标)相互作用的结果。环境被概念化为组织成员的意义来源,它由其他参与者组成,这些参与者允许组织内其他人维护自身行为、理解他人行为,以此来厘清现状。有些行为被赋予了重要意义,另一些则没有。除了参与者赋予的意义,行为本身没有其他意义。

在西尔弗曼与吉尔·琼斯(Jill Jones,曾任职于威斯敏斯特大学)就公共部门工作人员选拔面试所开展的研究中,这种分析方法和理论途径得以阐明和发展。从实证的角度讲,对行动、现实的社会建构以及对共享取向发展的强调引起了对语言研究的重视。例如,正是通过语言,组织规则的行动、观念和含义得以建立并不断得到重申。

因此,选拔并不是一个为工作寻找合适人选的客观过程,而是一个理解在社会组织环境中所发生事情的实例。在面试中,参与者可能从对现实或事实相互矛盾的观点开始。面试结果必须通过口头交流才能产生,以便对被面试者的特征以及选拔过程做出合适的"评价"。在这个过程中,行动者通常会确认现有的权力和权威结构、共享的意义和运作规则。选拔过程对于确认行动者对所属组织中发生的情况及其原因的理解十分重要。

在进一步的研究中,西尔弗曼比较了私人诊所和国民健康服务部门的专家与病患之间的互动。在国民健康服务部门中,病患由一组医生负责,并且很可能在后续的会诊中接触不同的医生。这种关系不可避免地在很大程度上被视为是非人格化的。相比之下,私人诊所的病患可以安排他们与诊所的关系,以获得个性化服务,因为医生认为病患有权像任何付费服务的客户一样行事。病患更多地参与问诊,包括询问执业医生的经验和能力;他们有权评估服务、提出意见,而且可以货比三家。

因此,组织中所发生的事务就是有动机的人的行动的持续产物。对西尔弗曼而言,这只是在强调所有社会生活中的一般原则。正因如此,很难将作为实体的组织与其他类型的社会结构区分开来——也并不值得进行这种区分。对组织的研究不应被视为目的本身,而应被视为一种情境,在这种情境下,可以从一个清晰的**社会学**(sociological)视角来研究一般的社会过程。这样做或许可以确保分析人员不会将自己或管理者关于主题与具体问题的观点强加于人。

参考文献

SILVERMAN, D., *The Theory of Organizations*, Heinemann, 1970.

SILVERMAN, D., "Going Private", *Sociology*, 18 (1984), 191-204.

SILVERMAN, D., *Communication and Medical Practice*, Sage, 1987.

SILVERMAN, D. and JONES, J., *Organizational Work: The Language of Grading: The Grading of Language*, Collier Macmillan, 1976.

米歇尔·福柯

米歇尔·福柯(1926—1984)是一位法国哲学家和文化历史学家,他反传统的方式使得他拒绝采用那些预先存在的概念来对他的作品进行分类,因为这些分类都显得不够充分。在相继取得哲学和心理学的学位后,他在法国及海外的若干高校担任教职。1970年,他登上了享有盛誉的法兰西公学院的讲坛。在那里,他人生中第一次能够决定他想要获得的头衔。他选择了"思想体系史教授"这一独特的头衔,并终身留任于斯。

福柯在职业生涯中出版了大量的著作,包括一系列大部头书卷、海量文章与讲座文稿以及访谈报告。他那些精妙运用法语写就的作品,是难以理解的,尤其在英语的语境中。他以法国哲学家富有表现力的风格来阐述和复杂化他所呈现的观点,随着他思想的发展,他的分析和论证在各部著作间并不一致。尽管他的作品有这些弊病(从盎格鲁-撒克逊的观点来看),或者正因如此(符合法国的传统),他在"文学哲学"体裁下的作品使他被广泛认定为文艺评论界的领袖人物之一,而文艺评论家在法国的知识分子生活中占据着突出的地位。

福柯作品讨论的是历史主题,不过他为了强调自己所关注的问题与传统的历史学家截然不同,他不用"历史"这个术语来定义他的作品题材。他第一部有影响力的作品是《疯癫与文明》(*Madness and Civilization*),它关注的是精神失常的概念化及治疗方式在过去四百年间的变迁路径。他详细描述了17世纪至20世纪有关精神失常的定义以及治疗方法方面的观念变迁。这些分析带有"考古式调查"的特点,因为他分析了所有有助于社会定义精神错乱的哲学、社会和经济变化。该著作表明了他所关注的因素十分广泛。

他的基本论点是利用历史资料来证明,疯癫不是一些人有而另一些人没有的客观科学的状态。对疯癫进行的特征描述,都是社会的哲学与实践的产物,而这些社会的哲学与实践随着时间的改变而改变。在18世纪启蒙运动哲学革命之前,疯癫并没有与理性明显区分开来。疯癫与某种神圣隐秘的知识有关,可以提供有关人类实践的洞见。比如,在莎士比亚的戏剧中,在愚蠢表象下潜藏大智慧的傻瓜和小丑角色便是这方面的有力诠释。

在启蒙运动中,理性与非理性(疯癫)的区别变得尖锐起来。具有理性的人从事工作,并因此而获得救赎。那些不工作的人,比如穷人、懒汉(失业者)、乞丐、罪犯,以及我们所谈到的疯子都被认为是可耻的,他们令全社会蒙羞,为社会所排斥。席卷欧洲的麻风病导致大量人口死亡,这意味着麻风病人之前的聚集地可以变成监禁所有精神疾病患者的收容所,这为物理分离创造了便利。

收容所的严厉管教后来被认为是对病人的虐待,精神失常的人后来很少再受到肉体上的约束。之后,他们受到了精神病医生的关注,医生们还进行了医学治疗的尝试,并建立起系统的治疗方法。然而,福柯认为,他们其实是更不自由了,因为他们在思想上受到了压制。他认为,疯癫其实是一种社会性失败,医生所行使的绝对权威是一种更广泛意义上的资产阶级社会阶层划分的反映,而在这个划分中,疯癫的人恰恰处于社会最底层。

在每一个历史阶段,决定社会全体成员(无论是理性人还是疯癫的人)如何进行社会角色扮演的,都不是疯癫的客观本质,而是复杂的道德话语体系和社会实践系统。这些就是福柯所关注的"思想体系",这体现在他的教授头衔之中。在后来的性史研究中,他运用与此相似的历史、文化以及伦理因素去分析西方现代社会中个体对性的体验。

福柯对组织理论最大的影响是他对组织中权力和权威的分析。他所研究的是那些在日常工作中权力行使最明显的组织,例如监狱、军队、医院和学校。在这些组织中,典狱长、军官、医生和校长合法地对其他成员行使相当大的规范与控制权。他的代表作品《规训与惩罚:监狱的诞生》(*Discipline and Punish:The Birth of the Prison*)是聚焦法国刑罚体系对待囚犯方式的历史性考查。再一次地,为强调他所使用的特殊研究方法,福柯不是使用"历史学"(history)而是使用"谱系学"(genealogy)来界定他的分析关注点。谱系学是一种"解释知识、话语和客体领域的构成的历史学"。它借鉴了历史、文学、医学、宗教和哲学等知识体系,构建了有关规训与惩罚的独特"话语";而这些恰是组织中权力的基础。

正是所参与的人的话语或参照框架决定了他们思考和行动的方式,因而决定了组织及其成员的运作。话语的本质解释了组织的涌现、发展和存续的方式。在其**谱系学**(genealogical)调查中,福柯考察了话语的所有影响因素,也逐渐意识到早期的**考古学**(archaeological)调查过度局限在对社会等级制度的结构性影响的关注之上。

正如福柯所言,话语也许可以被视为组织成员的"游戏规则",是组织成员所默认的思维方式。这不仅表现在他们所说的话上,还表现在用以控制的安排和技术手段上。

福柯吸收借鉴了19世纪早期英国哲学家杰里米·边沁(Jeremy Bentham)设想的"圆形监狱",提出了"全景敞视监狱"概念。在边沁所设计的概念型监狱建筑中,典狱长能够持续地监视许多个位于各自囚室的囚犯,但他自己不会被这些囚犯发现。因此,囚犯们不知道他们是否正在被监视(这就是我们所说的"敞视",即全方位监视)。这样做的目的,除了追求性价比、减少监狱人手,还是在给囚犯灌输正确的行为规范。因为他们不知道是否被监视,所以他们必须在任何时候都采取适当的行动,以此把规则内化。因此,用福柯的话说,物理环境也是话语的一部分。

在组织中,被公认为真实的,不是客观的"事实",而是话语的一部分。例如,人们可能已经树立了这样的观念:管理者的工作比体力工作更有价值,应该得到更多的报酬,这一点毫无疑义地被接受了。但只有某些事实被认为是知识,其他的事实却被我们忽略了。例如,在讨论关闭一家工厂时,工厂能够以可盈利的方式经营下去将被作为话语的一部分。但是这个举动对被裁减的老员工所造成的经济和心理上的破坏性后果可能没有包含在讨论之中,被视为与工厂的绩效表现无关。强权一方对话语的禁止和限制是为了发号施令和控制话语,以对抗来自其他人的抵抗。

监控和纪律也是话语的重要组成部分,强权者通过它们在组织中确立他们的"真理"。早在20世纪70年代,福柯在作品中就非常有预见性地把监控作为强权者的重要控制过程,这一判断甚至出现于闭路电视、电子邮件跟踪和大型计算机数据库等现代技术极大地扩大这一过程的影响范围之前。所以,福柯反问道:"监狱看起来像工厂、学校、营房和医院,难道不是很令人惊讶吗?"

因此,话语的目的是确立所有参与者所公认的"正常"的含义。但福柯认为,这一论点并不意味着组织中的强权者可以将他们的支配性简单地强加给弱者。权力是关系型的。话语犹如一个"战场",在这里,强权者为他们的"真理"观而争斗,而弱者也自有他们抵抗的方式。或许可以确定,加入工会或举行罢工也是话语的正常表现形式。组织中普遍存在"抵制变革"(换言之,对管理层变革提案的抵制),这一事实表明弱者本身就是话语的一部分。当然,对于强权者来说,这种抵制本身也是需要进行监督和执行纪律的一个理由。

因此,福柯主义者所提出的基本问题是:"什么是话语,以及它是如何形成的?"芭芭拉·汤利(Barbara Townley)就将这种方法应用于人力资源管理。一份劳动合同必须给组织和个人之间的关系留下足够的未决空间。合同可以明确规定支付报酬的制度,但对于员工的承诺和努力的要求只能做非常笼统的表述。那么,统摄这些的话语是如何建立起来的呢?管理者通过应用人格和能力倾向测试、评分系统、奖励计划、发展性评估或培训计划来获得有关员工的知识。这些程序的结果并不构成价值中立性质的"客观事实"。它们所做的只是提供更多关于员工的信息,从而增加高管们进行分类、评估和控制的机会,同时在话语中确立"这是一种正常的可接受的方式"的观念。

同样,建立官僚体系(见本书第1章的韦伯部分)或引入科学管理(见本书第4章的弗雷德里克·W.泰勒部分)不仅是为了或者不是主要为了像这些思想的拥护者们所说的那样去提高效率,它们的目的是获取信息,使得组织的强权者可以建立起能够使其控制规范化的话语。阿尔弗雷德·P.斯隆的

"协同控制下的分权管理"概念(见本书第 4 章)或彼得·F.德鲁克的"目标管理"(见本书第 4 章)概念都是建立特定话语体系的方式,在这种话语体系中,管理者通过内化高管的目标而接受了自我控制。福柯创造了一个术语"治理术"(governmentality),用以同时表示高层的组织治理策略和底层的自我治理策略。现代会计和信息技术系统的目标同样也是通过获取知识使组织中的管理者对高层组织控制和自我控制更加开放,从而创立"治理术"。

福柯的学说通过强调建立话语过程中知识的主观性和争议性,为我们提供了另一种看待组织运行的理论视角。

参考文献

FOUCAULT, M., *Madness and Civilization*: *A History of Insanity in the Age of Reason*, Tavistock, 1977.

FOUCAULT, M., *Discipline and Punish*: *the Birth of the Prison*, Allen Lane, 1977.

FOUCAULT, M., *The History of Sexuality*, Vols 1, 2 and 3, Penguin Books, 1990.

RABINOW, P. (Ed.), *The Foucault Reader*, Penguin Books, 1991.

TOWNLEY, B., "Beyond Good and Evil: Depth and Division in the Management of Human Resources", in A. McKinley and K. Starkey (eds), *Foucault, Management and Organization Theory*, Sage, 1998.

C. 诺斯科特·帕金森

正如他本人所称,C. 诺斯科特·帕金森(1909—1993)是位"自 1934 年以来就一直在撰写学术著作、拥有一个杰出学术生涯的英国人"。他曾在马来亚大学、利物浦大学和伊利诺伊大学任教,但一生中的大部分时间,他都致力于专职写作。

帕金森直面的是这样一个明显的事实:组织中需要完成的工作与从事该工作的员工人数之间的关系微乎其微甚至完全没有。管理层级的增加可能独立于工作本身。为了解释这一现象,他提出了帕金森定律(Parkinson's Law):"工作不断扩展,以填满完成它所可用的时间。"

帕金森用一个例子对管理世界做了个形象的比喻:一位无所事事的年迈女士,花了一整天的时间给她的侄女寄了一张明信片,结束时她"在经过了一天的疑惑、焦虑和辛劳之后瘫倒了"。这是因为,由于她无事可做,所以把每件简单的事都上升为需要花费大量时间和精力去完成的巨大努力,例如找笔、找邮票、走向邮筒。同样地,组织中的管理任务可以被视为是偶发的,并且可以在几分钟之内完成;也可以被扩展为一系列的子任务,且每个任务的需求都十分大,以至于这些子任务合在一起就填满了整个工作日。

因此,难怪行政官员觉得自己工作过度。动机理论预示了他们将要采取的行动:一个官员要的是更多的下属,而不是更多的对手。因此,工作过度的官员 A 不是将工作分给同事 B,而是会任命两位下属 C 和 D。通过任命这两位下属,A 保留了其作为唯一了解整个工作范围的官员的地位。当 C 不可避免地抱怨他也工作过度时,A 允许 C 拥有下属 E 和 F,并同时允许 D 去任命下属 G 和 H,以此来保持公平。有了这些员工,A 个人的晋升现在几乎已经是板上钉钉了。此外,在这个阶段,另一个定律也开始生效:官员们彼此为对方制造工作。因为虽然现在有七个人在做着之前一个人做的事情,但是,在他们之间传递草稿、会议记录和接收文件确保了所有人都在努力工作,而 A 则比以往任何时候都更加努力。

帕金森引用了让人印象深刻的例证来描述这个过程。英国皇家海军的估算显示,20世纪上半叶,尽管船只和官兵数量都有所减少,但海军部和造船厂的官员人数却迅速增长。事实上,白厅(Whitehall)的人数增加了近80%,甚至可以说,即使压根都没有海员,这种情况也会发生。同样地,在1947年和1954年,殖民地办公室工作人员的数量还在大幅增加,尽管在战争期间和战争之后,大英帝国的规模已经明显缩小了。

一旦设立,管理层级就散布着各种委员会、理事会和董事会,较重要的财务事项必须经由这些机构来审议通过。既然一百万这个概念只有对百万富翁来说才是真实的,而诸如委员会等机构则必然由习惯于以数十、数百也许数千(顶多如此了)去思考的人组成。这就会产生委员会工作的一种可称为"鸡毛蒜皮定律"(law of triviality)的典型模式。这意味着"讨论议程上每一议题所花费的时间与该议题所涉及的总金额呈反比"。

因此,在正式参考了工程师和地球物理学家的报告以及附录中的计划后,标价1 000万英镑的核反应堆合同在一片同意的低语声中就通过了。在这种情况下,鸡毛蒜皮定律又加入了技术性因素,因为在委员会中,包括主席在内有一半人都不知道反应堆是什么,另一半人则不知道用反应堆能干什么。为了避免面对解释这些问题的困难,那些知道是怎么回事的成员也都决定,即使对整件事有所疑虑,最好也什么都不说。然而,当议程进入讨论自行车棚顶的问题时,对每个人来说,无论是话题本身还是整笔款项都能理解。现在所有人都可以显示出他们很尽责,并且弥补他们在反应堆问题上的沉默。讨论将至少持续45分钟,并且满意地节省下大约100英镑。

当然,这样一个委员会的规模将会超过约21名成员。21这个数字是帕金森的"无效率系数"(帕金森给出了一个公式)所预测的临界值。当达到这样一个数字时,交谈就需要在长桌的两端进行,因此要想让别人听到,就必须站起来说话。一旦站起来了,哪怕仅仅是习惯使然,成员也会情不自禁地发表一通长篇大论。这时候委员会要想高效工作就变得不可能了。

这种现象可能发生于受自我诱发的"庸妒心理"（injelitis）作祟的任何情况，这种"庸妒心理"是一种诱发性的自卑心理疾病。通过检查垂死的机构，可以确定其感染的根源来自既无能又嫉妒的个体进入组织层级体系。待个体聚集到一定程度后，这些特质就会引起"庸妒症"。很快地，那些第二层级的组织领导会确保下一级的下属都是第三层级的，然后他们（第三层级的领导）又会确保自己的下属都是第四层级的，以此类推。（最终）组织接受了自己的平庸，也不再试图以更优秀的组织为标杆。毕竟，做得少就错得少，而且因为目标定得低，也就好实现。

甚至都不用那么麻烦，只需通过物质装备，就可以轻松评估组织的特征。举例来说，出版商或研究机构常常在破旧的临时驻地中蓬勃发展。然而，尽管这些机构生机勃勃、富有成效，但是，谁又能不对另一类风格迥异的机构印象深刻呢？那些机构的建筑有着雄伟又对称的外立面，闪闪发光的地板上，只见迎面走来的接待员涂着洋红色口红的嘴唇对着冰蓝色的听筒喃喃细语。

然而，现在我们知道，机构只有在崩溃的节点上，才能实现完美的计划布局。在激动人心的探索或前进过程中，根本没有时间去设计完美的总部。完美的总部往往都是后来出现的，而且为时已晚。因此，到1937年日内瓦万国宫开始使用时，国际联盟实际上已几乎不复存在。大英帝国在扩张时，殖民地办公室坐落于临时搭建的破败之地，而在1875年移入专门建造的场所后，英国的殖民扩张正逐步收缩。第二次世界大战期间，美军的指挥计划都是在华盛顿拥挤凌乱的房屋中商定的，而坐落于弗吉尼亚州阿灵顿县精心设计布局的五角大楼是后来才建成的。

公共事务领域会倾向于将费用花在那些复杂且不恰当的建筑物上，上述提到的那些建筑就是例子，当然，也倾向于支出其他的费用。实际上，所有形式的行政管理都会很容易产生支出。这是帕金森第二定律的效应所导致的："支出增加直到与收入匹配。"这一家庭收入每次增加所必然导致的广为人知的家庭现象，在行政管理中同样普遍存在——重要区别在于，政府行政管理支出的上升没有一个上限。财政收入减少,服务实际上会得到改善。而行政管理的悖论在于,如果官员人数减少,每个人的工作量就会减少,他们就有更多的时间去思考正在做的事情。

当视线转向商业公司,帕金森的历史眼光提供了一个关于企业大亨及其伟大创造的生动视角。他对世界上最大的企业是如何炼成的进行了富有想象力的精彩论述,其中丝毫没有忽略这些企业所造成的退化和污染性后果。与此同时,帕金森分析了关于跨国公司及其最著名或最臭名昭著的老板们的故事,从中得出的严肃结论是,它们需要采用一种更加国际化的政府形式来实施控制,而不是徒劳地去尝试恢复国家主义的控制。因此,跨国公司的成长可能会无意间创造一种国际政治收益,因为"大企业的新世界是与血腥的民族主义竞技场截然不同的,在这一新世界中,民族国家的嫉妒心实际上已被遗忘"。

参考文献

PARKINSON, C. N., *Parkinson's Law and Other Studies in Administration*, Murray, 1958; Penguin, 1965.

PARKINSON, C. N., *The Law and the Profits*, Murray, 1960; Penguin, 1965.

PARKINSON, C. N., *Big Business*, Weidenfeld & Nicolson, 1974.

PARKINSON, C. N., *The Rise of Big Business*, Weidenfeld & Nicolson, 1977.

劳伦斯·J. 彼得

劳伦斯·J. 彼得(1919—1990)生于加拿大,曾在华盛顿州立大学学习教育学。他曾是南加州大学的教育学教授,从事情绪障碍和智障儿童的研究。他曾担任学校心理医生、监狱讲师、咨询师等职务。他的合作者雷蒙德·赫尔(Raymond Hull,1919—1985)出生于英国,后来移居加拿大。他制作过许多电视和舞台剧节目,也在顶级期刊上发表过多篇文章。赫尔还把彼得的原理整理成书,因为那时彼得本人在大学担任了重要的行政职务,没有其他精力去承担与书相关的工作。

上述的后一个事实可以由"层级学家"(即研究层级的人)从**彼得原理**(Peter Principle)的角度来理解。这一原理是从数百个随处可见的组织内不胜任现象的案例中分析所得。它指出:"在层级结构中,每名员工都趋向于上升到他所不能胜任的层级。"这一原理适用于所有组织。

该原理假定了对高绩效的持续追求。因此胜任本职工作的员工得到提拔以追求更高的绩效。胜任每个新职位的员工都具备晋升到下一个职位的资格,直到他们担任超出其能力水平的职务为止;这样一来,他们的表现将不再能获得进一步的提升。这是个人的"不胜任"水平。如果给定两个条件——层级结构中有足够的层级来提供晋升,并且有足够的时间来进行晋升——所有员工都会晋升并保持在其不能胜任的位置上。这就是**彼得推论**(Peter's Corollary):"随着时间的推移,每一个职位都会由一个不能胜任其工作的员工所占据。"每名员工最终都将到达**彼得高地**(Peter's Plateau),在该处他的**晋升商数**(promotion quotient)为零。

那么,工作是怎样被完成的呢?工作是由那些尚未达到他们"不胜任"水平的人所完成的。有时可能会有"巅峰能力"的情况,此时,有能力的公司董事长或常胜的陆军元帅还没有达到自己所不能胜任的水平。通常,这些人会跨入另一个领域,该领域的层级结构使他们能够达到以前不可及的"不胜任"

水平。一般而言,与无等级或平均主义的层级制相比,按等级壁垒横向划分的经典金字塔结构的效率更高。在等级壁垒之下,许多员工保持原样,仍然无法晋升至其不能胜任的位置。他们的整个职业生涯都在完成自己可以做得很好的任务。在等级壁垒之上,金字塔顶端迅速变窄,因此,那些为了有机会在层级制的高起点加入组织的人,被控制在他们的"不胜任"水平之下。晋升候选人的能力测验实际上并不能提高效率,主要原因在于,被测人会很快达到其"不胜任"水平。

有两种主要的方法可以将晋升至不能胜任位置的速度加快,分别是**拉动**(pull)和**推动**(push)。"拉动"被定义为"一名员工与另一名更高等级员工之间的关系——可以是血缘、婚姻或熟人关系"。而"推动"则通常表现为对培训以及全面自我提升的异常兴趣。问题是,这两种方法哪个更有效呢?推动的作用被高估了,因为它通常在资历因素带来的下行压力作用下被消解。当然,比较而言,拉动不太受此影响,也就有了"能拉的时候千万不要推"的格言。

非层级学家有时会被彼得原理的伪装的反例(apparent exceptions)欺骗。有人被明升暗降,或者被踢到一边,在一个冷衙门中拥有一个头衔更长的职位,会被错误地认为是违反了彼得原理。但是,彼得原理仅适用于从胜任水平上来说真正的晋升,而以上两种情况都是在"不胜任"水平之间的伪晋升。

另一个错误来自有关"什么是成功"的观念。有人说"一事成则事事成"。实际上,层级学表明,没有什么事比成功更失败了。层级学家将所谓的"成功"视为**最终位置**(final placement)。诸如溃疡、结肠炎、失眠症、皮炎和性无能等所谓的成功病构成了**最终位置综合征**(final placement syndrome),这些是那些工作超出其胜任能力范围的员工的典型症状。

很显然,建立层级结构的时间越长,完成的有用工作就越少,最终可能根本就不会完成任何有用的工作了(正如本章前面部分帕金森所讨论的庸妒症一样)。帕金森认为只要还有时间,工作就会不断扩展,直到用完所有的时间,因此更多的下属官员会被任命,而这些下属官员的到来必将进一步扩展工作，据此不断发展；由此，层级得以扩展。但是彼得原理则显示，层级扩展源于对效率的真诚追求。那些已经达到其"不胜任"水平的人拼命寻求一些克服其不足的方法，并且将任命更多的人作为最后的手段，来看看这是否会有帮助。这就是员工人数与所完成的有用工作之间没有直接关系的原因。

参考文献

PETER, L. J. and HULL, R., *The Peter Principle*, William Morrow, 1969.

4.
组织的管理

管理就是预测和计划、组织、指挥、协调和控制。

——亨利·法约尔(Henri Fayol)

我相信,对于整个组织的士气和个人的幸福感来说,从长远来看,按照逻辑设计的组织体系,即一个以原则为基础、原则优先于个人的组织结构,比试图围绕个人建立一个组织要好得多。

——林德尔·F. 厄威克(Lyndall F. Urwick)

对于采用科学管理的雇主和工人来说,科学管理将意味着消除他们之间几乎所有可能引起争端与分歧的因素。

——弗雷德里克·W. 泰勒(Frederick W. Taylor)

(现代管理)是为了确保当一种工作技艺衰落时,工人将会下降为一般的、无差别的劳动力,能够适应很多种简单的任务,而随着科学的发展,它将会集中在管理层手中。

——哈里·布雷弗曼(Harry Braverman)

我们如何避免这两个极端:在下达命令时过于专横,以及实际上没有下达命令？……我的解决办法是使命令去个性化，将所有有关方面结合起来研究情境，发现情境的规律，并遵守这种规律。

——玛丽·帕克·福列特（Mary Parker Follett）

大型组织的需要必须由普通人取得不普通的成绩来满足。

——彼得·F. 德鲁克（Peter F. Drucker）

一个组织不做决策；它的功能是，以既定的标准为基础，提供一个框架，在这个框架内可以有序地制定决策。

——阿尔弗雷德·P. 斯隆（Alfred P. Sloan）

对卓越的公司来说，最为重要的一点是，"基础工作做得很出色"。

——托马斯·J. 彼得斯（Thomas J. Peters）和
罗伯特·H. 沃特曼（Robert H. Waterman）

一个"Z"公司可以平衡社会关系和生产力，因为这两者无论如何都是密切相关的：社会和经济代表了一个国家的两个方面。

——威廉·大内（William Ouchi）

个人有效行使权力的机会在多大程度上是被授予或被剥夺的，这是停滞的公司与创新的公司在经营上的一个区别。

——罗莎贝斯·莫斯·坎特（Rosabeth Moss Kanter）

一个组织……毫不夸张地说，确实反作用于对其施加影响的环境。

——卡尔·E. 维克（Karl E. Weick）

在不同环境中运行的不同结构的组织需要被管理。一旦涉及管理，就会出现如何进行更好管理的问题。从某种意义上说,试图解决这个问题的答案将和管理人员一样多,因为每个人都将为这项任务带来各自的方法。尽管如此,在任何时候这些答案都有足够的共同点,这是因为在这个问题上的所思、所授有广泛的相似之处。本部分的每一位作者都试图提升对管理及其实践的理解。他们一直在寻找更优管理的要素。

法约尔根据他长期的实际工作经验和所获得的个人洞见,对管理任务进行了经典分析。厄威克和爱德华·F. L. 布雷克(Edward F. L. Brech)多年来对管理的一般性原则进行了整理和阐述,旨在建立一个统一的知识体系。泰勒的名字是"科学管理"一词的同义词。他极具影响力的思想使他在自己的时代成为一个有争议的人物,直至现在依然是争论不休的话题。布雷弗曼从马克思主义的角度对泰勒的思想给现代工作带来的退化进行了批判。

福列特强调的是"情境规律",如果人们能够超越个性之间的相互影响看问题,那么情境规律会提出自己的解决方案。德鲁克强调,如果要实现高绩效,就必须实行"目标管理"。

斯隆曾经管理过世界上最大的汽车制造公司,他关注建立管理框架,在此框架内确定目标和做出决策。彼得斯和沃特曼在一项有影响力的分析中报告了卓越企业的八个典型属性,并建议企业广泛采用它们。大内探寻了西方可以从日本公司那里学到什么管理经验,并提出了有益的适应性措施。坎特提出了管理组织的方法,以更充分地利用组织内部的全部人力资源。维克指出,在管理过程中,必须理解和考虑每个人主观理解组织的方式。

亨利·法约尔

亨利·法约尔(1841—1925)是矿业工程师出身。作为一名法国人,他在法国科芒特里-富香博-德卡兹维尔采矿冶金公司度过了他的职业生涯。最初他是一名工程师,但从30岁出头开始,他从事一般管理工作。1888—1918年,他担任公司总经理。

和有些人一样,法约尔也是在晚年才因其思想而出名。他在七十多岁时把他的思想整理发表,后来这一出版物被广泛阅读。他曾发表过一些关于采矿工程的技术文章,也曾撰写过一些管理方面的早期文稿,但直到1916年,《法国矿业工业学会简报》(Bulletin de la Société de l'Industrie Minérale)才刊登了法约尔的文章《工业管理与一般管理:计划、组织、指挥、协调和控制》(Administration Industrielle et Générale:Prévoyance, Organisation, Commandement, Coordination, Contrôle)。他是仅凭一份简短出版物而获得声誉的人物之一,现在这份出版物仍经常以书籍形式再版;他的其他作品则鲜为人知。

其英文版为 General and Industrial Management,由康斯塔斯·斯托尔斯(Constance Storrs)翻译,于1949年首次发行。对于这一书名的翻译,特别是用"management"一词代替法语"administration",还存在一些争议。有人辩称,这样的翻译会让人以为法约尔只关心工业管理,而法约尔自己在序言中声称:"在处理工业、商业、政治、宗教或其他各方面的大小事务时,'管理'(management)都起着非常重要的作用。"事实上,在他生命的最后几年里,他研究了政府公共服务的问题,并在高等军事学校发表了演讲。因此,可以认为,他的意图是开创一个适用于广泛类型组织的理论分析。

法约尔建议,所有工业经营活动都可以分为以下几类:

1. 技术活动(生产、制造、加工);
2. 商业活动(购买、销售、交换);
3. 财务活动(筹集和最适当地运用资本);

4. 安保活动（保护财产及人员）；

5. 会计活动（存货盘点、制作资产负债表、成本核算、统计）；

6. 管理活动（计划、组织、指挥、协调、控制）。

无论事务是简单还是复杂，是大还是小，这六类活动或基本功能都始终存在。

这六类活动中的大多数将在大多数工作中出现，但程度不同，例如：管理要素在高级岗位上出现得最多，但在直接生产或较低级的文书工作中出现得最少或压根就不出现。管理活动得到特别强调，被认为普遍存在于各类组织之中。但人们常常会问：什么是管理？它是一种能够被识别并独立存在的事物，还是一个没有实质内容的单词或标签？

法约尔的回答在当时是独一无二的。他最核心的贡献是他对管理的定义，共包括了以下五个要素：

1. 预测和计划（法语为 prévoyance）——预测未来和拟订行动计划；

2. 组织——为事业构建结构、物质与人员；

3. 指挥——维持人员之间的活动；

4. 协调——将所有活动和努力结合在一起，使其成为一体并协调一致；

5. 控制——确保一切都符合既定的规则和明确的命令。

对法约尔来说，管理意味着向前看，这使得**预测和计划**（forecasting and planning）过程成为一项核心业务活动。管理层必须"评估未来并为之做好准备"。一个商业组织要想充分发挥作用，就需要一个具有"统一性、连续性、灵活性和精确性"的计划。管理必须克服的计划问题有：

- 确保组织的每个部分的目标都被牢固地连接在一起（统一性）；
- 使用短期和长期预测（连续性）；
- 能够根据变化的环境调整计划（灵活性）；
- 尝试准确预测行动方案（精确性）。

计划的本质是使资源得到最佳利用。有趣的是，法约尔在 1916 年坚决主张法国政府有必要制订一个国家计划。

组织（organize）就是"为事业构建结构、物质与人员"。管理的任务是建立一个能使基本活动以最佳的方式开展的组织。其核心是建立一个能有效制订和执行计划的结构。统一指挥，明确界定职责，做出准确决策，并建立有效的管理人员选拔和培训制度。

法约尔的第三个要素逻辑上出现在前两个要素之后。首先，一个组织必须从一个计划开始，界定其目标。其次，它必须构建一个适合于实现这些目标的组织结构。最后，必须使组织运转起来，也就是**指挥**（command），维持人员之间的活动。通过行使指挥职能，管理者能从下属那里获得最佳的绩效。这必须通过示范、对业务的了解、对下属的了解、与员工的持续接触以及保持对领导功能的一种广阔视野才能实现。借助这种方式，管理者通过灌输一种使命感来保持高水平的活动。

指挥是指管理者和下属在直接任务领域的关系。由于组织有各种各样的任务要完成，因此**协调**（coordination）是必要的；通过协调可以"将所有活动和努力结合在一起，使其成为一体并协调一致"。从本质上说，这是为了确保一个部门的努力与其他部门的努力是一致的；也是为了确保所有活动紧紧围绕本组织的总体目标。这只有通过不断地交流信息和定期召开管理会议才能实现。

最后是**控制**（control），逻辑上这是最后一个要素，可检查其他四个要素是否切实地正确发挥作用："确保一切都符合既定的规则和明确的命令。"要想取得成效，控制必须被迅速实施，而且必须有一个制裁体系。确保控制有效的最佳方法是将所有履行检查职能的部门与被检查的运营部门分开。法约尔信奉独立、公正的人事部门。

法约尔用这个分类来划分他关于如何管理的章节。在他写"管理学说"的时候，很可能不仅头脑中已有上述理论，而且还想到了在理论分析中加入经验，从而形成了一种有关好的管理的学说。他将自己获得的经验总结为若干一般管理原则。对于这些个人的规则，他并没有假定它们必然具有普遍的适用性,也没有假定它们具有任何伟大的永恒性。尽管如此,这些原则中的大多数已经成为管理知识的一部分,很多原则被视为基本信条。法约尔概述了以下十四条原则:

1. 劳动分工:专业化可以让个人积累专业知识,从而提高生产力。

2. 权威:发出命令的权利,以及与行使权利同等的责任。

3. 纪律:这是双向的,因为只有管理层发挥好领导作用,员工才会服从命令。

4. 统一指挥:与弗雷德里克·W.泰勒所提出的职能权威(见本章后面)相反,法约尔十分清楚,每个工人都应该只有一个上司,不能有另一条与之冲突的命令链。在这个问题上,历史青睐于法约尔,因为大多数管理者都坚持这一原则。

5. 统一方向:从事同一种活动的人必须在同一个计划中有相同的目标。

6. 个人利益服从集体利益:管理层必须确保企业的目标永远是至高无上的。

7. 报酬:尽管通过分析许多不同的薪酬方式,法约尔指出并不存在完美的薪酬制度,但薪酬的确是一个重要的激励因素。

8. 集权或分权:同样,这涉及一个程度问题,取决于业务状况和人员素质。

9. 等级链:层级结构对于统一方向是必要的,但只要上级知悉,下级的直接横向沟通也是重要的。

10. 秩序:物质秩序和社会秩序都是必要的。前者将时间浪费和无效的材料处理最小化,后者是通过组织与选拔来实现的。

11. 公平:在经营企业时,如果要实现公平,就需要在对待员工上做到"善良与公正的结合"。

12. 任期的稳定性:鉴于培训优秀管理人员所需花费的时间和费用,这一点至关重要。法约尔相信,成功的企业往往拥有更稳定的管理人员。

13. 首创精神:允许所有的员工以某种方式展示他们的首创性是组织优势的来源,即使这很可能会牺牲许多管理者的"个人虚荣心"。

14. 团队精神:管理层必须培养员工的士气。引用法约尔的话说,"需要真正的人才去协调努力,鼓励热情,发挥每个人的能力,奖励每个人的优点,而不引发可能的嫉妒以及不干扰和谐的关系"。

法约尔在这一领域的重要地位,与其说是由于他所提出的管理原则(尽管这些原则经久不衰),不如说是由于他对"管理"的定义。他是已知最早支持对管理活动进行理论分析的倡导者——这种分析已然经受住了近一个世纪的批判性讨论。从那以后,很少有学者不受它的影响;事实上,他提炼的五个要素提供了一个概念体系,通过这个体系,管理者们可以理清思路,明白自己必须做的是什么。

参考文献

FAYOL., H., *General and Industrial Management*, Pitman, 1949. Translated by Constance Storrs from the original *Administration Industrielle et Générale*, 1916.

林德尔·F.厄威克和爱德华·F.L.布雷克

林德尔·F.厄威克(1891—1983)拥有业界和军队方面的双重管理经验,曾任日内瓦国际管理机构(International Management Institute in Geneva)的主任。他创立了英国第一家管理咨询公司——厄威克和奥尔管理咨询合伙有限公司(Urwick, Orr and Partners),并领导这家公司直至1951年。之后他致力于管理方面的演讲和写作。

爱德华·F.L.布雷克(1909—2006)是厄威克的同事,还与他合著了《科学管理的形成》(*The Making of Scientific Management*)(共三卷)。他是建筑行业培训委员会的主任,在晚年承担了研究和撰写19世纪末及20世纪英国管理发展历史的任务。85岁时,他因有关20世纪上半叶英国管理专业机构的概念与孕育过程的论文而被授予了博士学位。他是当时获得博士学位年龄最大的英国人,被载入了《吉尼斯世界纪录大全》。96岁时,他因历史研究成果而被授予了高等博士学位(文学博士),在98岁去世之前,他一直从事着更深入的历史研究工作。

厄威克和布雷克处理管理问题的方式都与法约尔类似(请参见本章法约尔部分)。在厄威克发表的丰硕著作中,不断出现法约尔的理论分析和应用原理。事实上,厄威克和布雷克之所以在管理史上占据重要的地位主要不在于他们对当代思想所做的创新,而是由于他们将当前思想与先驱,例如法约尔、弗雷德里克·W.泰勒(请参阅下一部分)和玛丽·帕克·福列特(请参阅本章后面的内容)的思想聚集在一起,并对其进行阐述。二人都为广泛的管理原则以及发展专业的管理知识体系而努力奋斗。

厄威克所说和所写的关于一般管理的内容大都在法约尔的各个主题之下,即预测、计划、组织、协调、指挥和控制。在讨论这些要素时,多年来厄威克总结出了优秀组织的一系列原则,这些原则建立在他的信念之上,即一个基于逻辑设计的组织结构比一个允许围绕个性发展的组织结构更有利于提升效率和士气。例如，**专业化原则**（principle of specialization）规定，每个人应尽可能只执行一种职能。这意味着工业中专业化的活动分工越来越细，从而产生了三种正式的关系：直线、职能（一个部门负责专门的职能，如人事、会计等）和职员。厄威克强烈主张通过职员下属来帮助进行具体的协调工作。这些下属与其他下属之间是职员关系，他们不是依据自己的权威行事，而是仅代表其上级行事。

尽管高度专业化的组织非常复杂，但应遵守**权威原则**（principle of authority）。组织中需要有一条明确的、被了解且得到认可的权威线贯穿从上到下的每一个人。每个职位的职责、权威和责任，以及与其他职位的关系，都应以书面形式进行界定，并向相关人群公布——这就是**定义原则**（principle of definition）。此外，在界定职位时，应采用**对应原则**（principle of correspondence，权限与责任相称）。每个管理者的**管理跨度**（span of control）都不应超过五名（或最多六名）工作相互关联的下属。这是因为管理者不仅要监督各个下属个体，还要监督他们之间的许多相互关系。因此，可行的最大管理跨度决定了通过增加下属可以将专业化扩展到什么程度，并且可以为授权设置限制。不过，厄威克认为，因琐事而应接不暇的管理者应当归咎于自己未能授权。

然而，厄威克研究的远不止组织结构。例如，他在领导力方面也很有发言权。他提出，领导者应记住这个角色具备四个功能：①象征并代表组织；②提出想法与发起行动；③开展日常管理工作；④向他人解释所做工作的目标和意义。此外，厄威克还描述了什么是一个好的商业计划。他对那些花了数月时间来选择合适的机器，却想象自己有能力在几分钟的面试中选择合适下属的人持批判观点。他认为，上级必须对下属的行为负完全的责任。事实上，在管理领域很少有厄威克无话可说的话题。

布雷克强调管理是一个社会过程。他提供了许多组织结构图以及有关管理者权威和职责的职位描述例子。但是他警告说，不要将这些视为"结构"，因为此时所需的是对"权威和职责"关系的一致解释。这些不能只是用图表来表示，还需要管理。这一方面是判断和决策方面的任务，另一方面促使人们去合作执行已做出的决策。正因如此,他希望从管理要素中删除"指挥"一词,而改用"激励"一词。

布雷克接受并重申了厄威克的大多数观点,但采用的是某种与当前的实践和态度相一致的方式。他并不总是认同厄威克的观点。例如,他认为管理跨度不一定是五名或六名工作相互关联的下属,这将随着相关管理者的能力和手头的任务而变化。一些管理者可能会发现四名下属过多,但一些管理者可能可以领导八九个人。布雷克更加强调管理者对其下属的个人满意度和社会满意度的责任。此外,他认为,组织的士气最终在很大程度上反映了其最高层管理者的眼界。

厄威克和布雷克齐心协力,对管理领域进行了如此广泛的探究,以至于任何像本篇文章这样简洁的概述都无法给予他们充分的评判。事实上,这恰恰就是对他们贡献的公允评价。

参考文献

BRECH, E. F. L., *Management*: *Its Nature and Significance*, Pitman, 1948.

BRECH, E. F. L., *Organization*: *The Framework of Management*, 2nd edn, Longmans, 1965.

BRECH, E. F. L., (ed.), *The Principles and Practice of Management*, 3rd edn, Longmans, 1975.

BRECH, E. F. L., *A History of Management*, vols. 1–5, Institute of Management, 2006.

URWICK, L. F., *The Elements of Administration*, Pitman, 1947.

URWICK, L. F., and BRECH, E. F. L., *The Making of Scientific Management*, 3 vols, Pitman, 1945—1950.

弗雷德里克·W. 泰勒

弗雷德里克·W. 泰勒(1856—1917)是工程师出身。最初他在米德维尔钢铁公司工作,从工人做起,很快晋升为工长,随后成为总工程师。之后他受雇于伯利恒钢铁公司,成为一名顾问,并致力于其管理理念的传播。

泰勒于1895年向美国机械工程师学会宣读了一篇题为"计件工资制"(A Piece Rate System)的论文,在文中他首次表达了自己对管理的观点。后来,这些观点被扩展成书,即《车间管理》(Shop Management, 1903),并在《科学管理原理》(Principles of Scientific Management, 1911)一书中得到了进一步的发展。由于一家政府兵工厂在尝试应用泰勒的原理时造成了劳工纠纷,众议院在1911年成立特别委员会对泰勒的车间管理系统展开调查。[休·G. J. 艾特肯(Hugh G. J. Aitken)的案例研究对兵工厂相关事件进行了详细描述。]1947年,《车间管理》《科学管理原理》以及泰勒对特别委员会所做的证词被收录在一起,即后来出版的《科学管理》(Scientific Management)。

泰勒是"科学管理"运动的奠基者。"管理最主要的目标",他说,"应该是确保雇主的最大繁荣,同时确保雇员的最大繁荣。"对雇主而言,"最大繁荣"不仅意味着短期的巨大收益,还意味着企业的方方面面都得以向永续繁荣的状态发展。对雇员而言,"最大繁荣"不仅是指立即提高工资,还包括个人的提升,以便他们可以高效地开展匹配其自然能力的最高级别的工作。在泰勒看来,管理层和工人之间的相互依赖性,以及他们向着提升所有人繁荣度的共同目标而一起努力的必要性,似乎完全是不言而喻的。所以,他常被问道:为什么会有如此多的消极对抗和低效率?

泰勒提出了三个原因:第一,工人误认为任何产量的增长都不可避免地会造成失业;第二,管理体系的缺陷使工人为保障自身的利益而限制产出(系统性磨洋工);第三,存在效率低下的经验法则以及浪费精力的工作方法。泰勒坚信科学管理的目标就是克服这些难题。具体可以通过以下方法实现:首先,通过对工作的系统性研究发现最有效的工作方法;然后,通过对管理的系统性研究找到最有效的控制工人的方法。这将极大地提高效率,并由此带来有利于所有人的繁荣,因为一个高效、繁荣的企业将更能确保它的工人维持一份高薪的工作。正如泰勒所说:"工人们最想从雇主那里得到的,超越其他任何东西的,是高工资;而雇主最想从工人那里得到的是低劳动力成本的生产……这两个要素的存在与否构成了衡量管理好坏的最佳指标。"

为了实现这一点,泰勒提出了四条"伟大的管理基本原则":

1. 发展真正的工作科学

泰勒指出,我们没有真正知道正常一天的工作由哪些部分构成,因此老板总是有无穷的机会埋怨工人的不足,而工人也永远不知道老板对他们的期望是什么。这可以通过在科学地调查"大量日常任务"后,确定工人在最佳条件下完成的合适工作量来纠正。为此,工人们将获得高工资——远高于"不科学"工厂的普通工人。而如果工人不能达到这样的绩效,他们也将蒙受收入损失。

2. 引入科学的甄选,实现工人的逐步发展

为了获得高工资,工人必须通过科学的甄选,以确保他们所具备的身心素质能让他们实现生产目标。之后,他们还必须接受系统性的培训,成为"一流工人"。泰勒相信每一个工人都可以在某个岗位上做到一流。培养员工正是管理者的责任,管理者需要给予员工提升自我的机会,使他们能够从事"级别最高、最有趣和最赚钱的工作",从而成为一流的员工。

3. 将工作的科学与科学地甄选和培训工人相结合

正是这个过程引起了管理的"思想革命"(mental revolution)。泰勒认为,科学管理的主要阻力几乎总是来自管理层。他发现,工人非常愿意为了高工资在学习如何干好工作时给予配合。

4. 管理层与工人之间的持久密切合作

管理层与工人之间在工作和责任方面进行了几乎平等的划分。管理层负责那些他们比工人更适合的工作(即明确与核实工作的方法、时间、报酬和质量标准)以及对工人的持续监督和控制。依泰勒之见,如果前后没有管

层的行动,工人就几乎不应该开展任何一项活动。在这种密切的人际合作下,几乎不会有机会产生冲突,因为这种权威的运行方式并不是专制的。管理层会不断地证明,他们的决策所遵循的原则,与工人被要求遵守的原则是一样的,即都是依照对工作的科学研究。

就"科学"一词,泰勒是指系统的观察与测量,一个他经常引用的例子是"铲砂科学"的发展。泰勒坚持认为,虽然铲砂是一项非常简单的工作,但关于铲砂效率的影响因素的研究却相当复杂。这些因素是如此复杂,以致一个足够冷静去完成这项工作且足够愚蠢去选择这项工作的工人,是极不可能独自开发出最有效的方法的。但事实上这正是人们所期望发生的。对铲砂的科学研究涉及决定一名一流工人每一铲所能搬动的最佳运砂量。然后必须确定这种载荷下承载不同物料的铲子的正确大小。必须向工人提供一系列的铲子,并告知他使用哪一种。接着,需要将他们置于激励薪酬体系中,使得他们可以赚取高工资(是他们在非科学管理下的两倍),以换取其高产出。

坚持最大程度的专业化、排除所有无关因素,以便集中于最基本的工作任务,这是泰勒思想的基础。他将这些理念也运用于管理之中。泰勒认为,一名典型的工厂主管的工作由许多不同的职能组成(如造价员、计时员、检查员、维修主管、车间纪律员);他认为,这些(职能)应该被分离出来,并由不同的专家完成,每个专家各自负责控制不同方面的工作和工人。他将这个系统称为"职能管理"(functional management),并将其带来的效率提高类比于学校的效率提升:相比于由一名老师讲授所有科目的学校,另一所由不同的专业老师讲授不同科目的学校的效率会更高。他还制定了"例外原则"(exception principle),规定报告应浓缩为比较性的摘要,仅详细说明在过去标准或普通状况之外的情况——特别好和特别差的例外情况。如此一来,管理者就可以对工作进展情况有一个即时、全面的了解。

泰勒的科学管理方法被很多人沿用,其中包括亨利·L.甘特(Henry L. Gantt)、弗兰克·吉尔布雷斯(Frank Gilbreth)和莉莉安·吉尔布雷斯(Lillian Gilbreth)、查尔斯·E.贝多(Charles E. Bedaux)、布莱恩·罗恩(Brian Rowan)和弗雷德里克·哈尔西(Frederick Halsey)。他们将泰勒的思想发展成如今所说的"工作研究"(work study)或"工业工程"(industrial engineering)。但在泰勒活着的时候，他的思想也引发了关于他的体系是否涉嫌不人道的激烈争论，他的思想体系被评价为"将工人降格到高效运行的机器的层次"。为了对泰勒公平起见，我们必须指出，他的原则常常不被充分理解。例如，很少有管理者乐意将泰勒的其中一项基本思想付诸实践——对高产工人不应有收入的限制；很多激励机制都存在这样的限制。这可能会抑制泰勒所寻求的"思想革命"，因为这场革命要求"双方都把目光从盈余分配这一至关重要的问题上移开，共同把注意力转向增加盈余的规模"。

参考文献

AITKEN, H. G. J., *Taylorism at Watertown Arsenal*, Harvard University Press, 1960.

TAYLOR, F. W., *Scientific Management*, Harper & Row, 1947.

哈里·布雷弗曼

哈里·布雷弗曼(1920—1976)是美国马克思主义理论家,致力于分析当代资本主义经济对工作安排的影响。促使他这么做的原因在于,他认为许多关于生产劳动的著作都是不切实际的。布雷弗曼本人有非常丰富的实践经验:他是一名受过训练的铜匠,并在铜业、管件安装和钣金行业都有过工作经验。他曾经就职于一家海军造船厂、一家铁路修理厂和两家钢板厂——在上述工作场所,他都经历了技术变革对手工艺就业的影响。在随后的几年里,他当过记者、图书编辑,后来还担任过出版主管,这让他再次体验到了现代技术的影响——这次是在市场营销、会计和图书出版流程等行政工作方面。他的基本论点是,在资本主义经济中,所有这些变化的作用都是将工作去技能化,将越来越多的权力从工人手中转移到所有者和管理者手中。他的著作《劳动与垄断资本:二十世纪中劳动的退化》(*Labour and Monopoly Capitalism: The Degradation of Work in the Twentieth Century*)就阐述了这一主题,并荣获1974年社会问题研究学会的 C. 赖特·米尔斯奖(C. Wright Mills Award)。

布雷弗曼将马克思在《资本论》第一卷(1867年出版)中提出的资本主义制度的性质作为分析的框架,并将其应用于现代工作及组织。马克思使用"劳动过程"(labour process)这个术语指代人类使用工具和机器将原材料转化为商品的方式。根据定义,在资本主义制度下,工具和机器不属于工人,而属于资本家,因此,生产出来的产品就作为商品在市场上出售,为雇主赚取利润。工人本身也只有一种商品可提供,即用他们的劳动来换取工资。在这种制度下,雇主剥削工人是不可避免的(也就是说,尽可能多地获取利润,同时尽可能少地支付作为回报的工资)。

根据布雷弗曼的观点,为了实现具有竞争力的利润水平,需要管理者(雇主的代表)对工作进行设计与再设计。他们需要最大限度地控制工人,并不断寻找增加这种控制的方法。一般来说,这是通过将劳动划分成越来越小、要求越来越少的任务碎片来实现的。通过这种方式,更高的产出或许可以从更廉价的劳动力中得到,因为劳动者群体具有更少的技能、获得更少的培训。福特式的大规模生产是这一结果的缩影。例如,装配线上的汽车工人在开车去上班的时候已经运用了那一天他们最高水平的技能。

这种去技能化和工作技艺所有权的丧失导致了异化。这是所有者阶级(及其代表——管理者)需要控制工人阶级的另一个原因。工人被认为是对立阶级中不值得信任的成员,他们可能会阻碍、破坏或以其他方式抵制利润最大化的正当资本主义目标。从这个角度看,劳动与生产过程的组织方式不是为了提高客观生产效率而理性化确定的;相反,组织所采取的形式是为了加强资本对劳动力的支配。

这种提高组织生产效率的方法的首要倡导者是泰勒(见本章前面)。布雷弗曼认为,所谓"科学管理",其实是成长中的资本主义企业控制劳动力的经典和必然手段。显然,科学管理是不科学的,因为它没有试图去探究真实的情况,而是接受了管理层的观点,即管理层面对的是一个难以驾驭的劳动力群体,他们必须得到控制。科学管理不是一门"工作科学"(science of work),而是一门"在资本主义条件下管理他人工作的科学"。它包括三项基本原则:①劳动过程中的知识必须集中在一个地方;②知识必须由管理层专属保有,工人无法获取;③管理层必须利用知识垄断来控制劳动过程的每一个环节。与手工业形成鲜明对比的是,泰勒主张将构想和执行彻底分离。

布雷弗曼坚持认为,作为资本主义组织劳动过程的主要方法,科学管理正开展得如火如荼。对于那些坚持工作需要人性化、工作生活质量需要提高的"人际关系"理论的社会科学家(参见本书第 6 章中的埃尔顿·梅奥、伦西斯·李克特和道格拉斯·麦格雷戈,以及弗雷德里克·赫茨伯格等部分),布雷弗曼感到非常不屑。在工业实践中,这些想法被降格为人事和培训部门的边缘活动,对工人与工作的管理几乎没有真正的影响。在生产部门,劳动过程实际上是被监测和控制的,泰勒主义统治着一切。事实上,它正在延伸到更广泛的职业中,例如文书和日常行政工作,这些职业因新的计算机技术的应用而不断去技能化。布雷弗曼反对这样一种观点,即与机械化相比,自动化对工人的技能要求有质的不同。他认为,就像其他任何技术发展一样,自动化也会造成工人技能的降低。这一结果不是关乎某项特定的技术,而是涉及资本为了利润如何不可避免地利用技术来加强对劳动过程的控制。

随着文书和计算机操作员等白领的去技能化及劳动力价格下降,异化的工人阶级逐渐壮大。在这种"垄断资本主义"(monopoly capitalism,即由巨头公司控制市场)的情形下,新的商品应运而生,以塑造消费者来满足资本的需求。整个社会在追求利润的过程中变成了一个巨大的市场。例如,印刷和电视在很大程度上变成了营销工具,而不是传播信息和教育的工具。因此,不仅存在着工作的退化,也存在着家庭和社区的退化。

在布雷弗曼的著作出版之后,马克思主义社会学家继续讨论其愿景的充分性。其中,两个具体问题已得到讨论。第一个问题是关于资本主义生产中泰勒式生产线上去技能化的不可避免性。布雷弗曼认为,这是一种在劳动过程中既能降低成本又能实现控制的经典形式,因此是不可避免的。后来的学者指出,去技能化也许不是普遍现象,资本主义制度下的工作可能有多种形式。管理层可能使用不同的方法来达到他们的控制目的。在一项关于工作场所关系的历史调查中,理查德·爱德华兹(Richard Edwards)认为,尽管层级制保持不变,但各种其他形式的控制方式(例如强制的、技术的、官僚的方式)也已经得到采用,至于采取哪种形式的控制,这取决于雇主、工人和其他群体为保护和促进自身利益所进行的斗争。

第二个问题集中在布雷弗曼的另一个观点,即白领工人的去技能化将导致工人阶级的增长。格雷姆·萨拉曼(Graeme Salaman)指出,该观点忽略了工人主观认同这一重要因素。这意味着,即使是去技能化的行政人员和计算机操作员,他们也会认为自己是中产阶级,进而按中产阶级的方式去行动和表决。

参考文献

BRAVERMAN, H., *Labour and Monopoly Capitalism*: *The Degradation of Work in the Twentieth Century*, Monthly Review Press, 1974.

EDWARDS, R., *Contested Terrain*: *The Transformation of the Workplace in the Twentieth Century*, Heinemann, 1979.

SALAMAN, G., *Working*, Tavistock Publications, 1986.

玛丽·帕克·福列特

玛丽·帕克·福列特(1868—1933)出生于美国波士顿,曾经在哈佛和剑桥接受教育。她学习过哲学、历史学和政治科学,并且写了许多关于政治科学的著作,包括《新国家:作为大众政府解决方案的集体组织》(*The New State: Group Organization the Solution of Popular Government*)和《创造性的经验》(*Creative Experience*)。在波士顿,她积极参加社会工作,带头为年轻人建立夜校和娱乐中心。她积极推动青年就业局(youth employment bureaux)的发展,这促使她学习工业和管理相关知识。作为一名作家和法定工资委员会的独立成员,福列特享有很高的声誉。在生命的最后五年,她大部分时间都在英国学习和讲课。她的文集《动态管理》(*Dynamic Administration*)在她去世后被整理出版(由 H. C. 梅特卡尔夫和 L·厄威克编辑)。

福列特坚定地认为,在所有管理领域中都有一些共同的原则。当她发现工业领域的管理者与公共服务领域的行政人员面临同样的问题(控制、权力、参与和冲突)时,她对工商管理产生了兴趣。她觉得,相比于公共服务领域的行政人员,工商管理领域的管理者处理这些问题更为积极。商业是新思想的发酵剂,在这里尝试更为大胆。

福列特对有关组织工作的一些普遍性问题感兴趣,其中两个最基本的问题是:①你希望员工做什么?②如何科学地控制和引导员工的工作行为和社会关系?为了回答这些问题,她着眼于一种对人际关系中涉及的基本动机的分析,尤其是社会群体中个人的反应。她的著作试图传达的一种管理观点是,组织、领导和权力被当作人的问题来处理。她是当时最早认识到心理学这一新工具的价值的人之一。她面临的问题本质上是如何调解个人和社会群体之间的关系。管理者必须试图去理解这些群体是如何形成的,为何以及如何将它们结合在一起以形成一个共享承诺和经验的社区,以便使群体的总目标也成为所有成员的共同目标。

福列特提出了组织的四项基本原则:

1. 通过直接接触进行协调

不管相关责任人在组织中处于什么位置,他们之间必须直接接触。在实现协调方面,"横向"沟通与"纵向"命令链同样重要。

2. 在初期就开始协调

相关人员应在政策或决策的形成阶段就参与其中,而不能只在事后才介入。早期参与有助于提高组织成员的积极性和士气。

3. 协调是一种情境下所有因素的"相互联系"

所有的因素都是相互联系的,必须将这些相互联系本身考虑在内。

4. 协调是一个持续的过程

"管理决策只是一个过程中的一个环节"。很多人都在决策制定的过程中做出贡献,所以最终责任或终极责任的概念只是一种幻想。相反,复合知识和连带责任才是至关重要的。权威和责任应该从实际职能中产生,而不是从一个人在层级制中所处的位置产生。

福列特认为,如果分歧不是通过控制或妥协而是通过"融合"的方式来解决的,那么它们就可以为共同事业做出贡献;因此,从观念和态度的冲突之中,可能会涌现出一种朝向共同目标的新发展。她将共同探索事实和公开披露客观差异看作是基础;从中浮现出的"情境法则"支配着下达的命令以及群体和个人对这些命令的态度。她认为有必要确保人们被要求完成的工作是基于当前情境的客观要求,而不是某个管理者一时的心血来潮。"销售部门的主管不向生产部门的主管下达命令,反之亦然。每个人都研究市场,根据市场的需求做出最终决策。"通过这种方式,将建立一个"融合的统一体",在这个统一体中,所有管理者都将承担责任,因为他们都希望尽其所能地做出自己的特殊贡献。所有人都只会在符合个人自我实现需求并接纳所需从事的事情时才会从根本上服从命令。"不应该由一个人给另一个人下命令,而应该是双方都同意听命于情境。"

将组织作为一个"融合的统一体"的概念似乎与传统的权力、责任和领导的概念有所不同。福列特试图揭示,从她提出的这一新的角度去看待这些概念的话,恰恰相反,它们是能促进"统一体"思想的。在此过程中,"权力分享"(power with)这一概念取代了"权力控制"(power over),"连带责任"和"多方领导"的概念也逐渐形成。领导者必须重视自身所在的工作群体,必须将他们的工作看作是关注如何发掘每个成员的能力和贡献。他们必须知道如何"创造一个群体的力量,而不是彰显个人的权力"。

福列特的思想基于"伙伴关系"的概念。她的核心贡献是提出如下命题:在一个民主社会中,管理的首要任务是统筹安排情境,以便人们乐意开展合作。

参考文献

FOLLETT, M. P., *The New State*, Longmans, 1920.

FOLLETT, M. P., *Creative Experience*, Longmans, 1924.

FOLLETT, M. P., *Dynamic Administration*, Pitman, 1941.

彼得·F.德鲁克

彼得·F.德鲁克(1909—2005)出生于奥地利。他拥有法学学位,曾做过记者。在伦敦旅居一段时间后,他于1937年永久移居美国,并在1943年获得了美国公民身份。他担任过银行和保险公司的经济顾问,也担任过许多美国公司的商业政策与管理顾问。他在纽约大学商学院任教多年;从1971年到去世,他一直任美国克莱蒙特研究生大学的克拉克社会科学教授。1987年,该校管理学院以德鲁克的名字命名。2002年,他被授予总统自由勋章以表彰其对美国的杰出贡献。

截至2007年,德鲁克已经出版的商业主题书籍超过30本,并且是《哈佛商业评论》(*Harvard Business Review*)贡献文章最多的外聘作者。他的著作使他成为当代管理问题的主要思想家之一——管理大师中的大师。

德鲁克的研究最初是关注高层管理及其在现代工业社会的代表机构(即大企业)中的关键作用。他把管理视为核心问题领域,并将管理者看作每个商业活动的动态因素,他们对那些不可避免的分散部分进行整合。管理者通过对现代企业决策结构的控制,为组织和更广泛的社会注入了活力。管理者获得了人力和物力资源,他们必须从这些资源中打造一个能够创造社会财富的高效企业。

有一点正变得越来越明确,即我们生活在知识技术时代,这使得人成为组织中有效运营的核心。然而,管理者在成为商业中最基本资源的同时,也是最稀缺、最昂贵和最容易消失的资源。鉴于此,在当前管理实践与职能的知识背景下,尽可能有效地运用管理者变得极其重要。这不仅是效率的问题,即正确地做事,还有关效益,即做正确的事。"没有什么比高效率地做那些根本不应该做的事情更无用的了。"

只有当我们首先了解了管理者在组织中的角色,也就是说,只有我们知道了管理的工作是什么,才有可能为实现效益"开处方"。管理任务有两个维度——经济维度和时间维度。对商业组织负责的管理者必须始终把经济绩效放在第一位,并非所有管理者都是如此。第二个维度是时间,它存在于所有的决策系统之中。管理者必须始终考虑决策对现在、不远之后以及长远未来的影响。

管理是将资源组织起来以实现令人满意的绩效的工作——从物质资源和人力资源两个方面创造一个企业。这并不一定意味着利润最大化。利润不是商业行为的诱因,同时,如果"利润"动机被理解为"总是试图实现利润最大化",那么利润也不是商业决策的根本依据。相反,利润是对商业企业的有效性或成功与否的检验。任何商业企业的目标都必须是创造和保留客户,并以此获得足够的利润来弥补已经承担的风险。

因此,核心问题是如何最好地管理企业以确保获得足够的利润,并保证企业随着时间的推移取得成功。尽管可以用一种相当精确和简单的方式陈述总体目标,但任何正在运行的组织总存在各种各样的需求和目标。因此,认为企业只有单一目标的想法是不现实的。有效的管理总是涉及左右兼顾的行为、平衡不同的可能目标,以及决定组织多重目标的优先级。鉴于此,再加上商业的复杂本性,如涉及很多类型的专业人士,目标管理至关重要。这在确保做出明智判断的过程中极其重要。目标管理促使管理者检查可用的替代方案,并为评估管理绩效提供一种可靠的方法。

具体地说,商业企业的目标使管理层能够以诸如利润最大化等单一想法无法实现的方式去解释、预测和控制活动。首先,它们使组织能够用少量的概括性表述来解释整体的商业现象。其次,它们允许在实际经验中检验这些表述。再次,它们使得预测行为成为可能。又次,决策的合理性可以在决策过程中进行检验,而不是事后检验。最后,通过对以往经验的分析,可以提高组织未来的绩效。这是因为目标迫使人们详细地去计划商业企业所必须瞄准的对象,并找出有效地实现这些目标的方法。目标管理要求企业管理者明确管理企业的意义。企业管理者通过实施目标管理,并随着时间的推移不断检验实施效果,就能获取上述的五个优势。

商业企业的详细目标应该是什么样子的,这个问题依然悬而未决。"如果你知道目标,那么目标管理就会奏效。但是90%的情况下,你并不知道。"商业企业中有八个领域必须设定绩效目标:市场地位,创新,生产力,物质和财务资源,利润率,管理者的绩效与发展,员工的绩效和态度以及公共责任。在决定如何为这些领域制定目标时,有必要考虑到可能采取的措施,并确定一个现实可行的时间跨度。测量是重要的,因为它们使事物变得可见和真实;测量结果告诉管理者要注意什么。不幸的是,大多数商业领域的测量仍然处于非常粗糙的水平。从目标的时间跨度而言,这取决于业务所在的领域和性质。对于木材行业来说,今天所种下的是未来五十年的产能;而在服装行业的某些领域,几周的时间可能已经意味着长远的未来了。

也许目标管理过程中最重要的部分是它对管理者个人的影响。它使组织能够开发其最重要的资源——管理。目标管理过程的一个关键部分是管理者完全参与到个人目标设定的谈判之中。这是因为在此过程中管理者的自我控制得以发展,从而产生更强的动力和更高效的学习。这种管理风格的本质是,所有管理者都为他们所控制的单元以及他们自己去达成一组现实可行的目标。这些目标应该阐明管理者为实现组织在所有业务领域的目标而做出的贡献。

始终有必要让更高级别的管理人员来检查制定的目标,以确保目标是可实现的(既不过高也不过低)。但是,如果目标简单地由上级强加,管理流程就会退化。将个体管理者参与目标制定作为激励因素的重要性怎么强调都不为过。如果管理者真的能够开发并恰当地发挥系统优势,则必须直接提供信息以实现绩效的自我衡量。这与某些公司中某些群体(如会计师)代表首席执行官充当"秘密警察"的情况大不相同。

个体管理者设定自己目标的必要性源于现代商业的本质,以及德鲁克所称的三种误导力量:大多数管理者的专业化工作、层级制的存在,以及企业中所存愿景的差异。所有这些都增加了组织崩溃和冲突的可能性。"我们称之为管理的大部分内容都是让人们难以完成工作。"

由于目标管理是通过将每个管理者的任务与企业的总体目标联系起来以便克服上述缺陷的方式,因而它鼓励整合。这种方式反映出现代商业经营的一个关键方面,即管理不再是一个人的领域。即使是首席执行官也不能孤立运作。管理是一项集体活动,目标的存在强调了每个管理者对整个团队运营的贡献。首席执行官的任务在于挑选最好的管理团队;目标的存在及内置的评估系统意味着能够做出更好的选择。

　　目标管理使管理者变得更有效。重要的一点是,有效性是可以学习的。德鲁克坚信,有效管理者的自我发展对组织的持续发展至关重要,因为"知识工作者"(knowledge worker)已成为组织的主要资源。目标系统允许管理者评估他们的绩效,从而强化学习过程。这是通过展示个人的特定优势,然后在这些优势的基础上产生有效的决策模式来实现的。对目标和绩效的定期审查使管理人员能够了解他们是在何处做出最有效的贡献以及是如何做出的,从而发展这些领域的技能。

　　总的来说,目标管理通过明确地将每个管理者的任务与企业的总体目标联系起来,帮助克服了一些可能使组织分裂的内部力量。其结果是,组织目标通过让"普通人取得不普通的成绩"得以实现。

　　德鲁克强调管理决策的长期影响,他非常清楚组织运作的环境不可避免地会发生变化,并警告说:"我们对未来的唯一了解是,它将是不同的。"他在职业生涯后期提出:"我们可以肯定地说,或有90%的可能性,即将诞生的新行业将与当前信息毫不相关。"

　　从德鲁克的著作中,我们可以发现他很早就警示管理层去注意正在发生的变化。例如,知识已经取代体力成为有效性的基础;我们生活在一个人人都需要持续学习的社会;日本将作为一个经济强权崛起,然后停滞不前;经济组织无法做到现代社会所需要的一切。德鲁克非营利管理基金会①的建立是为了将德鲁克的思想应用于非营利领域,并且他曾与红十字会、女童子军运动和福音教会等组织合作。

---

① 现为弗朗西斯·赫塞尔本领导力研究院。——译者注

作为基督教新教信仰者,德鲁克一直坚持认为,管理必须要有伦理基础。例如,从长远来看,不顾任何代价以追求利润最大化是不可接受的。通过裁员获得巨额奖金的管理者正在为社会积聚问题。此外,他坚持认为高级管理层的所得不应该超过普通员工工资的 20 倍。他在这方面的想法也遭到了管理者们的挑战。

参考文献

DRUCKER, P. F., *The Practice of Management*, Harper & Row, 1954.

DRUCKER, P. F., *Managing in Turbulent Times*, Heinemann, 1980.

DRUCKER, P. F., *Managing the Non-Profit Organization*, Butterworth Heinemann, 1990.

DRUCKER, P. F., *Management Challenges for the 21st Century*, Butterworth-Heinemann, 1999.

DRUCKER, P. F., *The Essential Drucker*, Butterworth-Heinemann, 2001.

阿尔弗雷德·P. 斯隆

阿尔弗雷德·P. 斯隆(1875—1966)在美国通用汽车公司工作长达45年,当时该公司是世界上最大的工业公司。从1923年到1946年,他担任公司的首席执行官,随后直至1956年,他任职董事会主席。因此,他可以称得上是对该公司的发展有着最重大影响的人物。他在很大程度上开创了通用汽车公司的现有组织形式和高层管理方法。这一成果也对许多其他大型工业企业以及其他类型企业的管理方法产生了巨大的影响。对这些企业的发展历程的分析可参见钱德勒的研究(请参阅本书第1章)。

斯隆是工程师出身,他是职业经理人的缩影。在这方面,他与通用汽车公司的创始人威廉·杜兰特(William Durant)形成了鲜明的对比。杜兰特的管理风格具有极强的个人特色,这一点与其在美国汽车行业最有力的竞争对手亨利·福特(Henry Ford)相似。杜兰特是创业天才,但在带领企业继续发展方面却能力不足:在通用汽车公司财务独立之前,一个银行家信托基金以及之后的杜邦公司就获得了通用汽车公司的控制权。反观斯隆,他个人拥有巨额财富(现由斯隆基金会管理),但从未占有公司股份的1%以上。因此,按照韦伯的术语(请参阅本书第1章),斯隆是成功接任魅力型领导的官僚型管理者。1963年,斯隆出版了著作《我在通用汽车的岁月》(*My Years with General Motors*),记录了过往公司的高层管理问题以及他的处理办法。在这本书中,他呈现了在大型企业的管理中技术因素、财务因素、组织因素和个人因素如何相互作用、相互影响。

在斯隆的书中,一个反复出现的主题是处理决策权威的集权与分权这一重大问题的必要性,这一问题是每一家大型的多业务企业都面临的问题。集权的方法具有灵活性的优点,也可能有速度上的优势,但这种方法高度依赖于高层管理者,而这些管理者既可能在决策时表现出天才的一面,也可能表现出随意、非理性、对他人漠不关心的一面。这是亨利·福特式的方法。

而分权的方法可以使决策的制定更加贴近企业的业务部门,但会存在一个真正的危险,即决策的制定只是为了实现某个特定业务部门的最佳利益而不是考虑公司整体的利益。这是威廉·杜兰特式的方法。杜兰特曾将许多公司并购进通用汽车公司(包括斯隆的海厄特滚柱轴承公司),在并购后他仍允许这些公司保持原有的管理方式,几乎不考虑公司整体这一模糊的概念。通用汽车公司的管理史就是在不断变化、持续且波动成长的行业环境中,不断尝试在集权与分权两个极端之间寻求恰当平衡的过程。

斯隆所描述的其对现金控制的方法是早期极端分权的一个强有力的例子。每个业务部门掌管自己的现金,将所有的收据存放在自己的账户之中,并由此账户支付所有的账单。在这一体系下,没有现金直接流入公司总部,也不具备有效的程序可以将现金从恰好拥有现金的地方调配到需要现金的另一地方。当公司需要资金来支付股息、税费和其他费用时,财务主管就不得不向各业务部门索取现金。但各业务部门通常希望保有尽可能多的现金来满足自己的最大需求,它们的财务人员很擅长延迟上交手头的现金。如此一来,公司的财务主管就不得不猜测每个业务部门持有的现金数额,并据此决定其将努力收回的现金数目。通常的做法是,财务主管到各业务部门参观走访,讨论一些日常事务,然后在谈话的结尾无意间提起现金这一话题。但业务部门人员总是会对公司财务主管所要的数目表示诧异,偶尔还会试图拒绝交出这一大笔现金。以上这种讨价还价的情况势必会使资金无法在公司内有效运转,因此,公司建立起了集权化的现金控制体系。通用汽车公司的账户由总部财务人员控制;所有的收入都计入公司的账户,所有的支出也都从公司账户走账。当某处需要的现金在公司的另一处可得时,资金可以在全国范围内快速便捷地从一个账户转到另一个账户。总部财务人员负责设置每个当地账户的最大和最小余额,促进子公司间结算以及制订远期现金计划。

由此可见,集权化可以带来诸多好处,同时,采购、营销和工程等职能的协调体系也已建立。但是,如果总部的领导层不想扼杀业务部门的管理,公司也会对分权有明确的需要。20世纪20年代早期,一个关于"铜冷却发动机"的争议引发了通用汽车公司的内部分裂,就是这一观点的有力佐证。当时,公司总部的研发人员开发出一款革命性的风冷发动机,在时任主席皮埃尔·杜邦(Pierre du Pont)的支持下,总部研发部门要求所有的生产都要改为采用这款新式发动机。但业务部门认为这款发动机还未经过生产和使用的检验,因此对将该项研发投入生产持抗拒态度。面对这一分歧,斯隆并不认为自己可以从技术角度来对发动机的优点进行评价,但是,基于一种纯粹的管理分析,他得出结论:公司总部的领导层向各业务部门推行不受欢迎的变革,这事实上意味着,总部的领导层承担了业务部门的运营管理职责——这是一种不恰当且基本不可行的集权。因此,斯隆全力支持了业务部门的决定,他建议建立一个研发部门下属的特殊子单元,用以开发和制造装有新型发动机的汽车。尽管最终证明这一研发在当时的工程技术条件下并不可行,但是经过此次争议,公司获得了很多有关如何正确平衡集权与分权的管理经验。

根据斯隆的观点,最高管理层必须能够为公司的高层管理者提供动机和机会。其中,动机可以通过股票期权计划等激励性的薪酬来实现,机会则可以通过分权化管理来实现。不过,协调也是需要的,同时,好的管理依赖于协调集权管理和分权管理之间的关系。正是通过在管理实践中不断尝试实现正确的结构平衡,斯隆提出了"协同控制下的分权管理"(coordinated decentralization)这一看似矛盾的原则。他的目的在于对分权的众多部门进行协同式控制。政策协调是通过委员会实现的。它在持续的争论中演化,而所有人都可以参与这些争论。这本质上是一个教育过程。行政管理就是那些执行不断演化的政策的主体的明确责任。公司内部建立了许多政策小组,但没有一个小组削弱了行政职能——实际上,这些小组的存在本身就是控制行政功能的手段。

若要使分权化运作的协同式控制系统得以有效运行,还需要注意一项关键要素。委员会必须掌握充分的事实来制定政策,而行政管理同样必须基于事实。在任职期间,斯隆反复强调这一点。组织体系需要优化,以纠正以下问题:基于猜想的争论、基于表面证据的决策,以及仅有不充分的信息。在斯隆的影响下,通用汽车公司率先采用了许多创新技术来获取与管理相关的信息,特别是在财务控制方面,通用汽车公司采用资本回报率来衡量效率,还引入了预测市场需求的统计方法。

参考文献

SLOAN, A. P., *My Years with General Motors*, Doubleday, 1963; Sidgwick & Jackson, 1965.

托马斯·J. 彼得斯和罗伯特·H. 沃特曼

托马斯·J. 彼得斯和罗伯特·H. 沃特曼曾多年担任世界级领先管理咨询公司——麦肯锡公司(McKinsey and Company)的合伙人。当时他们进行了一项关于美国商业卓越表现的研究。最终形成的报告《追求卓越》(*In Search of Excellence*)成为 20 世纪 80 年代最受欢迎的管理书籍。彼得斯和沃特曼都各自创立并经营着他们自己的组织,以发展和传播他们的思想。

彼得斯和沃特曼重点关注大型公司(即年营业额超过 10 亿美元)和成熟公司(即具有 20 年以上历史)并从中汲取经验。从《财富》美国 500 强公司名单中,他们选择了 43 家符合一系列绩效标准的公司。这些公司必须在 20 年的时间内实现高于平均水平的增长和财务回报,并且在其业务领域因不断创新以应对变化的市场而享有盛誉。他们对于所有这些公司在 25 年里的公开信息进行了全面研究。此外,约半数公司的高管人员参与了深入的访谈研究;样本中余下一半公司的访谈则较为有限。

通过这一过程评定的卓越公司包括波音、惠普、IBM、强生、麦当劳、宝洁和 3M 等知名企业。当然,这些公司以及被归类为卓越的其他公司并不是没有缺陷的,它们也犯过不少众所周知的错误。但是总体而言,它们在长时间内都表现良好,并且处于可以在未来继续保持创新的有利位置。

访谈关注的是高层管理人员为企业成功而开展的组织工作以及在这些卓越公司中如何解决相关问题。彼得斯和沃特曼很快就决定,他们不能局限于管理的正式方面,如组织结构图、预算计划、资产负债表和控制图。这些高度分析性的工具和概念本质上是保守的。它们导致详细的预测和计划以及严格的控制,例如,降低成本成为重中之重,而不是增加收入。最重要的是,使用这些狭义的理性技术背后的哲学是对错误的厌恶,因此不重视试验。

这种方法无法捕捉到创新型卓越企业的独特性。必须考虑更广泛的流程,包括那些将被归类为非正式的、直观的、非理性化的、棘手的但不能忽略的流程。确实,这些流程必须被管理,因为同正式的结构和战略相比,它们与公司的成功(或失败)有类似甚至更多的关联。

彼得斯和沃特曼与他们的同事理查德·帕斯卡尔(Richard Pascale)和安东尼·阿索斯(Anthony Athos)共同制定了一套概念,着重研究组织过程,这就是众所周知的麦肯锡7S模型。这是一系列相互依赖的组织方面,所有七个方面都以字母"s"开头,便于记忆:structure(结构)、strategy(战略)、systems(系统)、style(风格)、skills(技能)、staff(员工)、shared values(共享价值观)。在这个模型的基础上,彼得斯和沃特曼总结出美国所有卓越的创新型公司的八个共同特点。

1. 对行动的偏好

尽管这些公司的决策方式可能是分析性的,但它们并不因分析而陷于瘫痪。它们有一个"能做"和"让我们试一下"的思维,这有利于试验。管理人员不依赖正式的信息和控制系统。他们走出办公室,以非正式的方式保持联系;惠普称其为"走动式管理"(management by wandering around)。在所有级别上,开放政策(open-door policy)都是常见的,组织的流动性也是如此,它允许在较短的期限内组建小型工作组(主要由志愿者组成),他们有望提出问题的答案,然后落实他们的方案。

2. 贴近客户

这些公司之所以提供优质的产品,是因为它们不认为客户是最好忽略的讨厌鬼。它们定期听取客户的意见,并从中获得一些最佳的产品创意。它们对客户服务近乎痴迷。例如,IBM全力将销售人员培训成"客户问题解决者"。它声称可以给世界上任何一家公司提供最好的客户服务,这一点的支持力量来自一群特殊的助理(包括一些最优秀的销售人员),这些人在三年的借调期内只做一件事:在24小时内处理每个客户的投诉。

3. 自主性和企业家精神

创新型公司在整个组织中培养了许多领导者和创新者。例如,3M公司是一个"产品冠军们"的阵营,这些人被鼓励发挥创造力,不遗余力地实现自己的奇思妙想。高层管理人员不会尝试施加严格的控制,以致令每名员工都感到窒息。他们支持切实可行的冒险行动,并鼓励内部竞争。他们同时进行着大量的创新活动,当不可避免地有许多失败时,他们可以忍受它——这就是他们确保某些创新能够成功的方法。很显然,这与伯恩斯的有机式管理系统(请参阅本书第2章)相类似。

4. 人创造生产力

卓越的公司将组织的普通成员视为质量和生产力提高的基本来源。它们不认为资本投资和劳动力替代是提高效率的根本来源。它们强烈反对在劳资关系中采取"我们—他们"的态度,并把工人当作独立的个体来对待。它们并不软弱,以人为本有它强硬的一面。它们有很强的绩效意识,但深知个人的成就来自相互的高期望和同行的评价,而不是劝诫和复杂的控制系统。

例如,麦当劳将一家运营良好的餐厅比作一支获胜的棒球队,并经常把员工称为"队员"。它认为,高级管理人员应该实地关注员工、培训和所提供服务的标准。它努力抑制和削减公司管理层,认为公司管理层级越少越好。它对"人创造生产力"的承诺体现在设立"麦当劳汉堡大学",许多"队员"都是从这里毕业的,而且每年这里都会举办最佳"全美汉堡制造者"竞赛。

5. 亲身实践,价值驱动

卓越公司的基本理念,即所有参与者的共享价值观,听起来可能非常柔和、抽象,但与经济资源、技术发展、组织结构或控制系统相比,它与公司的成就有更多的关系。所有上述因素在多年中必然会发生改变,但是公司理念必须自上而下地树立和维持。最高层人士会努力以公开透明、亲力亲为的方式维护价值观。公司的首席执行官因参与实际过程(设计、推广等)而闻名全公司,因而会公开表明他们对高标准的承诺。

对价值观体系的明确理解和承诺可能是实现卓越的一个关键因素。不太成功的公司要么不知道它们的价值观是什么,要么有一套目标,但似乎只着迷于量化目标(例如每股收益、增长指标)。这些量化目标可以激励前10

名、前 50 名甚至前 100 名的经理人，但是大公司需要在整个组织中宣传明确的价值主张。占主导地位的信念，其内容较为集中，但所有卓越的企业对此都有所展示。它包含了成为最佳生产商（无论产品是飞机、汉堡包或广告活动）并提供高质量、优服务的信念。做好工作的具体细节、改进沟通以实现目标的非正式方法，以及经济增长和利润，都是非常重要的。

6. 不离本行

卓越的公司不希望成为大型联合集团。"永远不要收购你不知道如何经营的业务"，这是强生公司退休董事长给继任者的忠告。他们已经看到了像 ITT 这样的公司试图通过大笔收购将业务扩展到新的领域而遭受的痛苦。卓越的公司主要通过内生多元化来扩张，每一次多元化都是迈出了可控的一步。

7. 形式简单，人员精简

虽然这些公司规模很大，但是它们的基本结构和系统都优雅简单。高层员工是精简的：不到一百人的总部员工经营着数十亿美元的企业。避免使用权威线模糊的复杂结构，例如矩阵型组织，而是采用清晰明了的事业部制，每个产品事业部具有所有的业务职能。鼓励将成功的新产品拆分为单独的部门，并在产出还小得惊人的时候就能获得奖励。

8. 松紧结合的特质

卓越的公司既集中又分散。在大多数情况下，它们将自主权下放给事业部、产品开发团队和车间。它们极力推崇对企业至关重要的几个核心价值观，包括质量、可靠性、行动、定期非正式交流以及快速反馈。这些理念有利于对员工施加极其严格的控制并确保没有什么偏离路线太远。对客户的关注是这里最紧要的特征之一——不是通过大张旗鼓的形式和大量的控制手段，而是通过自律和同业他律来使之成为活动的焦点。因此，实际上，与设定控制系统中的目标比率相比，哲学价值观的软概念具有更深刻的影响。正如一位首席执行官所说："愚弄老板很容易，但你却很难愚弄同事。"

彼得斯和沃特曼强调：这些发现表明，卓越的公司最重要的是"基础工作做得很出色"。它们不让技术代替思维,或让分析阻碍行动。它们努力在复杂的世界中保持简单。它们容忍一些混乱,以换取快速行动和定期革新。它们珍视自己的价值观,将其视为最重要的资产。

彼得斯和沃特曼(很不情愿)得出的一个结论是,几乎每家卓越公司都有一位强大的领导者在公司发展的早期对卓越文化的形成起到了重要作用。即使如此,他们坚信企业也可以通过变革来迈向卓越。

然而,彼得斯后来出版了一本书——《乱中取胜》(Thriving on Chaos),上面写着:"没有卓越的公司!"这是因为商业世界变化如此之快,以致没有哪家公司是安全的,甚至是那些先前被认定为卓越的公司,也有许多处于困境之中。所有公司都必须通过强调一组新的基本目标来继续直面组织中的革命需求。将目标定为创造世界一流质量和服务的新产品与成熟产品的新市场,极大地提高灵活性并提供持续的短周期创新,这些可以增强企业的响应能力。

为了帮助实现必要的变革,彼得斯提出了五个主要业务领域(客户响应、快速创新、通过授权增强灵活性、热爱变革和建立新系统)的四十五个具体处方。例如,"创造全面的客户响应"的十大处方之一是"成为国际主义者"。即使是小公司也必须尽早在国外寻找商机:销售、设计、制造。学会"热爱变革"的一个处方是"创造一种紧迫感",而"为一个颠倒的世界建立系统"的一个处方是"改造主要的控制工具"。

这些目标听起来可能是一项项艰巨的任务,但企业别无选择,只能为了生存而进行变革和创新。如果管理者对此表示怀疑,他们应该看看那些增长最快的竞争对手正在做什么,并且看看写在墙上的那些文字。

参考文献

PETERS, T. J., *Thriving on Chaos*: *A Handbook of Management Revolution*, Macmillan, 1988.

PETERS, T. J., *The Pursuit of WOW*, Macmillan, 1994.

PETERS, T. J., *The Tom Peters Seminar*, Vintage Books, 1994.

PETERS, T. J., *Re-imagine! Business Excellence in a Disruptive Age*, Dorling Kindersley, 2003.

PETERS, T. J. and WATERMAN, R. H., *In Search of Excellence: Lessons from America's Best-Run Companies*, Harper & Row, 1982.

WATERMAN, R. H, *Adhocracy: The Power to Change*, Norton, 1992.

威廉·大内

威廉·大内是一名任职于加利福尼亚大学洛杉矶分校管理研究生院的美籍日裔教授。他认为美国(概括来说,西方)企业面临的一个关键问题是管理者如何应对这样一个事实——"日本人比我们更懂得如何管理"。

大内与他的合作者们对日本企业在日本和美国的运营方式进行了详细调查。他提出了一种独特的日本组织文化(与日本社会的一般文化相关,且产生于这种文化)。相较于典型的西方组织文化,这种文化更有利于提高生产率。

他对这种工作文化的描述,在西方管理人员听来,可能是抽象的、柔和的甚至是软弱的,但这却是日本企业成功的关键。与西方企业相比,日本企业的组织文化建立在更多信任、更加微妙、更为亲密的工作关系之上。

对比西方国家的员工,日本员工和管理者对他们上司的信任度要高得多,这是提高生产率和实现增长的一个关键因素。例如,美国和日本的管理者都希望获得成功,但对日本人来说,这意味着要有更长远的眼光;对美国人来说,成功可能是在这个财务季度结束时一个合理的利润数字,即使这会给公司其他部门带来问题或损失。"那是他们的问题!"这可能是一个美国人的典型回应。为了最大化公司的整体盈利能力,日本管理者们愿意做出牺牲。他们相信未来会有获得认可和回报的机会。无论如何,他们的实得工资将会因公司的整体绩效(并非因他们所在部门的绩效)而提高。

关系的微妙性表现为:管理者了解员工的个性,并能将这些知识运用于组建工作效果最大化的员工团队,而不会受到专业或工会工作僵化的限制。而亲密感则表现为关怀、支持和自律般的无私,这些甚至使工作中的有效社会生活成为可能。在西方传统里,这一情况只会出现在家庭成员至多加上几个终身挚友组成的圈子里。而在日本,由于终身雇佣的传统,经济生活和社会生活融为一体。住在公司宿舍、参加公司运动队、在同一个公司委员会和工作小组工作的人——他们知道自己在今后的工作中也会继续这样——必然会在考虑彼此时变得更加亲密。例如,他们不能容忍自私和不诚实的行为,因为他们必须长期且深切地承受其后果。

日本组织最重要的特征是终身雇佣制,因为它是将生活和工作的许多方面结合在一起的准则。终身雇佣虽然是工人的愿望和雇主的目标,但在日本并不普遍。这种制度只适用于男性员工;对女性的主流期望是她们在结婚时退休。即使对男性来说,也不是所有的公司都能创造经济上的稳定性来支持这样的系统,但是所有的大公司和政府部门都在运行这种制度。每年,组织会直接通过校园招聘吸收一批新员工,尽管通常不会马上为他们所有人都安排具体的岗位。此后,晋升完全由内部决定,那些在一家公司有工作经验的人将不会被另一家公司考虑录用。一旦被录用,新员工将在公司一直工作到55岁这一强制退休年龄。这个相对较低的退休年龄为年轻人的晋升创造了机会。在退休前,雇员不会因任何非重大刑事罪行而被解雇;解雇是一种严厉的惩罚,因为这样的人不可能在类似的大公司中找到工作,而只能转向低工资的小公司。因此,应了解组织需要什么并适应它,这样的压力非常大。

但管理者们不会在55岁就停止工作。退休后,除了领取一次性的退休补贴,管理者们还会被安排到大公司的某一卫星式供应商企业去工作。那里的工作是大约十年的兼职,将帮助确保供应商在质量与时间上符合大公司的要求。这是一项重要的任务,因为公司对每一个特定的组件都完全依赖于一个供应商;这里没有双重供应来源的概念。

这种做法与西方截然不同,在西方,劳动力市场面向所有层次的工作和经验,同时,企业之间的变化完全可以被接受。这种劳动力市场对那些寻找快速晋升机会的管理人员有需求,与此相伴随的是一种相对快速的绩效评价。

日本的管理者(男性,极少例外为女性)享有终身就业的保障。他们是一个系统中的一部分,该系统拥有一套非常缓慢的绩效评价模式。在组织职业生涯的头十年里,这种系统中的管理者将会得到和其他所有同时期进公司的人一样的加薪和升职。这就阻止了短期博弈,因为管理者没有理由牺牲别人的利益来得到晋升,而且这种系统鼓励对合作采取开放的态度。日本的办公室采用典型的开放式布局,几个管理层级在同一个房间办公,这样也鼓励开放性,因为每个人都能看到谁在与谁交流、谁被倾听、谁有影响力,等等。

终身雇佣也允许员工走非专业化的职业道路。一名初级管理者将被派往公司的各个部门服务。这不是那种在开始从事某一专业之前的短期调任(就像一些西方国家的培训制那样),而是一条持续几十年的多样化职业发展道路。在西方,这很可能会束缚管理者的手脚,因为他们将无法掌握某一专业领域的足够经验来进入就业市场。通才会对一家公司及其众多领域的运作了如指掌,但在其他公司并不那么吃香。在日本,他们无须如此。

通才经验结合基于全公司(而非个人或部门)业绩的薪酬方式的一个重要影响是,组织结构可以灵活得多:不太强调谁具体负责某项行动,更为注重的是沟通和协商一致以做出决定。在决策中存在一种故意的模糊性,这种模糊性鼓励集体的责任。因为要尽可能地征询所有受影响的管理人员,因此做出重要的决策需要较长的时间。当共识是以这种方式实现时,它就会产生高度的承诺。这可以直观地表现为,在董事最后盖章之前,一份提议改变程序的文件上会印有20名或20名以上经理的批准印章。

这些集体价值观的表现贯穿了日本组织文化的方方面面。对日本人来说,每件大事的发生都是团队合作和集体努力的结果,这是生活中显而易见的事实。按照美国的标准,日本的成本和管理会计体系相对不发达。在日本公司中,利润中心、转移定价、共同服务成本的分解并分配到特定部门不那么重要。整体的成就,而不是各部分的相对成就,才是至高无上的。

一家在日本经营的美国公司发现,直到它取消了美国的做法——奖励提出建议的个人,代之以集体奖金,其建议机制才奏效。这些集体奖金由集体共同使用,用于家庭聚会或集体度假,凸显了文化中的整体关怀。

日本的组织模式在很多重要方面与美国模式非常不同,见表4-1的总结:

表 4-1　日本组织模式与美国组织模式比较

组织模式	日本	美国
雇佣制度	终身雇佣	短期雇佣
绩效考核与晋升	缓慢的评价和晋升	快速的评价和晋升
职业发展	非专业化的职业道路	专业化的职业道路
控制机制	隐性的控制机制	显性的控制机制
决策形式*	集体决策	个人决策
责任分担**	集体责任	个人责任
思维方式***	整体思维	分部思维

注：*、**、***为译者根据比较内容添加，原书中没有此内容。

美国（西方）组织无法变成日本组织，也不愿意变成日本组织，因为在其个人导向的文化中，很多对集体的强调是令人窒息的。但是，某些日本风格的元素能在西方合理地应用吗？大内认为答案是肯定的。他回忆，有一次他在描述这种风格时，一位管理人员向他反映："你有没有意识到 IBM 就是这样的呢？"其他被认为具有这些特征的组织包括宝洁、柯达、美国军队和许多规模较小的公司。

大内使用术语"Z 理论"来称呼这种调整后适用于西方企业的日本模式，这一术语和道格拉斯·麦格雷戈（见本书第 6 章）的 X 理论和 Y 理论相联系。通过汲取有关日本组织运作方式的洞见，Z 理论建立于麦格雷戈的 Y 理论之上并超越了该理论。因此，美国的 Z 理论组织拥有长期雇佣制度（虽然不一定是日本式的终身制），在培训员工方面进行广泛投资以使得员工发展公司专用的技能，以及具有相对缓慢的晋升期（以美国的标准——尽管不像日本那样需要满十年）。虽然这些组织有财务和运营分析，但它们在做决策时会使用大量的软信息，并相当注意某个选择是否契合公司文化。这种"契合"是非常重要的，其结果是它们的管理团队更加同质化，并采取更全面、更平等的视角。

另外，Z 理论组织发现，要进行变革是非常困难的，除非改变它们的文化,而这需要时间。它们不可避免地会经历专业精神的丧失,而且它们在招聘时会变得更加性别歧视和种族主义,因为它们试图雇用与组织价值观一致的人。即便如此,它们仍是实现长期成功的组织,也广受猎头公司的关注,因为这些猎头公司知道,Z理论组织会将非常高比例的年轻员工晋升为管理层。

在后来的研究中,大内和他的同事们研究了位于埃德蒙顿、西雅图和休斯敦的创新性学校系统,并将它们与位于纽约、洛杉矶和芝加哥的三个最大的传统学校系统进行了比较。他们发现,一贯表现最好的系统具有最为分散的管理结构。在这些表现最佳的学校系统中,每个学校的校长对学校的绩效负全责。最优秀的校长就像企业家一样,根据学生的需要制订教育计划,并回应家长的需求。

参考文献

OUCHI, W., *Theory Z: How American Business Can Meet the Japanese Challenge*, Addison-Wesley, 1981.

OUCHI, W., *Making Schools Work: A Revolutionary Plan to Get Your Children the Education They Need*, Simon and Schuster, 2003.

罗莎贝斯·莫斯·坎特

罗莎贝斯·莫斯·坎特是哈佛商学院工商管理教授兼众多组织的顾问。作为一名遵循韦伯(见本书第1章)传统的社会学家,她对美国的工作公社进行了历史研究。她曾获得古根海姆奖(Guggenheim Fellowship),并因一篇于1979年发表在《哈佛商业评论》上的文章《管理循环中的权力失败》(Power Failure in Management Circuits)获得麦肯锡奖(McKinsey Award)。她对一家美国大型现代制造公司的运营中与人相关的内容进行了细致的研究,据此写出了《企业男女》(*Men and Women of the Corporation*)这一著作,该书作为社会问题研究类最佳书籍获得了1977年赖特·米尔斯奖。

这项研究聚焦于一家公司(代号"Indsco")的三个关键角色:管理者、秘书和妻子。管理者基本都是男性,只有少数例外;秘书和妻子都是女性。坎特的研究分析了他们之间的关系。将妻子视作公司的一部分或许很奇怪,但事实上(虽然理论上不是这样)妻子就是这样被定义和对待的。而(相对罕见的)女性管理者的丈夫并没有被视作公司的一部分,而被认为独立于Indsco。

管理者需要应对不断提高的不确定性,尤其是当他们升至高层时。因为高度程序化主要适用于组织的较低层次,管理者必须被允许行使自由裁量权。因此,他们受到公司所有者和主要董事的信任。在Indsco,高层管理者会不可避免地选择信任与自己相似的人。管理者们花费大量时间在相互之间的交流上——只有三分之一到一半的时间是真正在开会。和那些与自己相似的人交流总是更舒适,并且大家都有一种明确的意愿去避开那些交流时令人感到不舒服的人。离经叛道、不墨守成规的人会被怀疑,甚至那些穿着与众不同的人也会因他们可能试图传递的信息而受到质疑。可预测性具有最高的价值。只要管理者始终如一并符合努力工作(必要时在办公室待得很晚或把工作带回家)和忠诚(致力于在公司有长期职业生涯)的基本价值观,即使有所争议也是可以接受的。

绩效的不确定性和对轻松沟通的需求是闭环式管理所面对的巨大压力。同质性是选择的首要标准，社会从众是行为的标准。女性无疑被归入不可理喻和难以预测的类别之中，并且除了极个别情况，她们都被排除在外。许多管理者在报告时表示，他们在与女性打交道时感到不舒服。一些典型的评论包括"花了更多时间""她们总是改变主意""我总是做出一些最终被证明是错误的假定"。一些管理者愿意承认，这实际上是在评论他们自己，但是这随后也成为他们喜欢与同类打交道的另一个例子。

秘书在公司里扮演着非常独特的角色。她被定义为"办公室妻子"。这是一个发人深省的类比，因为"妻子"一词指的是一种传统的而非官僚的（此处引自韦伯的说法，见本书第1章）关系。秘书的晋升阶梯（该角色的官僚主义成分）很短，大多数女性在30岁之前就进入了这个通道，然后就停滞不前了。她们前进的唯一途径是她老板的地位提升。这同时决定了秘书的正式级别和实际权力：在所有的级别上，她们的工作任务基本保持不变。

因此，秘书在组织中的生存依赖于她的老板。依韦伯之见，尽管这嵌入在正式的官僚体系之中，但它仍是一种世袭的传统模式。在官僚机构中，人们通常与那些地位和薪酬与自己相差不大的人一起工作；而一种极为非典型的情况是，老板与秘书的关系使得两个在薪水上存在很大差异的人紧密合作。这种关系产生了相当大的依赖性，秘书被期望对她的老板表现出忠诚和奉献。她被期望重视非物质的回报，比如声望、个人被需要和"被爱"的感觉，以及领取像年薪（月薪）一样固定的薪水（salary）而不是像周薪一样的临时浮动工资（wages）（即使那份固定薪水可能比很多临时浮动工资都低）。

对于管理者的妻子来说，尽管这位"被视作公司一部分"的妻子与 Indsco 没有正式的雇佣关系，但她的职业生涯发展仍然很清晰。这种职业生涯发展分为三个阶段，每个阶段都存在不同的问题。第一个阶段是技术阶段，与其丈夫的专业工作或早期管理工作相对应。在这个阶段，丈夫忙于一项对时间和精力都要求极高的工作，而妻子却不能参与其中。相反，丈夫很少参与家庭事务，而且妻子往往不让他参与家庭事务的决定。这种互斥现象是压力和怨恨的主要来源。

妻子职业生涯的第二个阶段是管理阶段,当丈夫晋升到中高管理层时,她(妻子)有履行社交和女主人职责的义务。在这个阶段,妻子的行为举止和社交能力对她丈夫的职业发展有相当大的影响。友谊不再是私事,而是具备了商业意义——例如,当一名管理者的地位远远高于另一名时,两名管理者及其妻子就不得不因此放弃他们深厚的友谊。八卦有着重大影响,因此每个妻子都面临这样的问题:她会在多大程度上允许自己的真实感受决定社交生活,又会在多大程度上允许公司的政治考量影响自己的人际关系。

第三个阶段是制度阶段,这时丈夫处于公司高层,或者处于一个必须代表公司面向外界的位置。夫妻双方面临的共同问题在于他们几乎所有的活动都具有公共性。被其他人定义为休闲的事物(打高尔夫球、听交响乐、开派对)都是他们工作的一部分,而且确实可以作为业务费用来抵税。在妻子作用特别突出的慈善和社区服务活动中,可能产生有用的业务。公司及其需求以及人际关系贯穿了夫妻的一生。然而,由于高层管理人员的大部分工作都是在个人诚实守信的基础上进行评估和被评估,因此,他们妻子面临的任务就是开展这些活动,并要显得这些活动是高度个人化的,而不是仪式化和做作的。妻子的工作是帮助她的丈夫塑造一个完全真实的男人形象。最出色的妻子也不得不压抑自己的私人信念,例如,一位妻子讲述了她从未在丈夫的职业生涯中向任何人吐露自己的私人观点,她为此倍感自豪。

从对 Indsco 的研究中,坎特发现了现代工业企业变革的三个重要的普遍需求:提高工作生活的质量(以防止对自己工作感到满意的人数持续下降);为女性和少数族裔创造平等的就业机会;为员工提供施展抱负的机会,以便他们更好地利用自己的才能为企业做出贡献。为了实现这些目标,企业需要改变组织结构。

增加上述机会的一个办法就是将管理的圈子向更广泛的人群(例如女性、行政人员)开放。评估这些人时应该基于他们从事这类工作的能力,而忽略那些使他们只能从事较低层次工作的限制性、隔离性的职业路径。因此，企业在评估、晋升、职业制度以及工作设计方面都需要做出改变。企业还需要找到方法来设计中间工作，作为通向管理层的职业桥梁。

此外，有必要采用涉及扁平化层级结构、分权和建立自主工作组的授权战略。数字平衡战略（number-balancing strategies）将致力于提高女性和其他少数族裔在更高职位上的比重。确保这些群体的多个成员，而非仅有一个代表，同时被雇用并随后被晋升，这对于对抗象征主义是重要的。如果要使平权政策（affirmative-action policies）有效，公司就需要采取以上所有这些变革战略。

但是坎特很清楚在大公司中实现变革的困难，这促使她对"变革大师"进行了研究。变革大师是指能够预见变革需要，并能够领导有效变革的企业家。她对十家大公司进行了深入研究，每家公司都以推行先进的人力资源政策著称，这些公司包括通用电气（General Electric）、通用汽车、霍尼韦尔（Honeywell）、宝丽来（Polaroid）和王安实验室（Wang Laboratories）①。

通过详细调查115项创新以及促进这些创新的因素，坎特发现了有能力并已实现创新的组织与具有反对变革、阻碍创新思维方式的组织之间的一个重要区别。创新型企业对问题采取"一体化"的方法。它们愿意将问题视作一个整体，并愿意在解决问题时超越公认的智慧、挑战既定的做法。创业型组织愿意在它们能力的边界上运作、处理它们暂时未知的事物（例如新投资、新市场、新产品）。它们并不以过去的标准而是以对未来的憧憬来衡量自己。

它们与采用"分割主义者"方法的公司形成了强烈对比。后一类公司把问题看得尽可能狭隘，将问题从背景中独立出来。像这样的公司可能会采用分割结构：公司的大量组成部分之间被严格相互隔离——生产部门与市场部门隔离、总部管理者与事业部管理者隔离、管理层与普通员工隔离、男人与女人隔离。一旦发现问题，它们就将其分解并交由相应的部门处理，而很少或根本没有把问题视作一个整体来考虑。作为一个分割主义管理者，你不会去考虑这个问题中别人的那部分；同时，如果别人开始担心你的那部分，那么你

---

① 后更名为王安电脑公司，于20世纪90年代走向衰亡。——译者注

会认为这是你个人的失败。因此,企业家精神受到了抑制,解决方案也不太可能具有创新性。它将遵循既定的固有结构(该分析可与伯恩斯关于有机式组织与机械式组织的区别相比较,见本书第2章)。

在描述创新蓬勃发展的一体化组织的案例时,坎特提出为了在许多非创新、落后、陷入困境的公司削弱很明显的分割主义,有必要考虑一系列重要因素。其目的是重新唤醒企业家精神,激发所有组织中潜在的企业家。这些方法包括鼓励公司形成以企业自身成就为荣的文化,减少管理层级,改善横向沟通以及提供更多关于公司计划的信息。分权是至关重要的,向组织低层级具有企业家精神的人授权也是如此,要赋予他们权力和资源来充分开发利用自己的想法——即使这意味着要跨越既定的领域和边界。

在后来的著作中,坎特详细阐述了组织为成功而变革的必要性。它们必须遵循四"f"原则:focused(专注)、fast(快速)、friendly(友好)、flexible(灵活)。**专注**意味着在更精简、更一体化的组织中发展内部协同。这包括在多元化程度较低的企业中鼓励进行协同努力,将一个部门的能力应用于解决另一个部门的问题上。它们还应**快速**地积极推广"新闻流",也就是创建加快公司内部新业务机会流动速度的官方渠道。因此,创新的机会远远超出了研发部门的范围,应该给予更多不同级别的人机会来领导新项目,鼓励"内部企业家精神"。**友好**的公司更容易与其他组织建立工作联盟。这就使它们能够在不扩大规模的情况下拓展它们的范围。这也为友好的公司提供了有助于创新的信息渠道、技术窗口、行动速度以及相互迁就。**灵活**的组织摒弃了官僚主义,减少了管理层级,灵活地利用一小部分固定的核心员工和大量的伙伴关系开展工作。

这一切基于以下三个原则构成了一种**后创业管理**(post-entrepreneurial management)新方法:

1. 最小化义务,最大化选择。保持较低的固定成本,并使用可变的手段来实现目标。

2. 通过影响力和联盟获得权力,而不是通过全面控制和全资拥有。

3. 通过鼓励人员、职能和产品的不断重组来产生创新性组合,保持事物的发展。

通过这种方式,高层管理人员能够激发员工的信心,而这种信心是组织迈入成功的上升周期所必需的。

参考文献

KANTER, R. M., *Men and Women of the Corporation*, Basic Books, 1977.

KANTER, R. M., "Power Failure in Management Circuits", *Harvard Business Review* (July- August 1979), 65–75; reprinted in D. S. Pugh (ed.), *Organization Theory*, 5th edn, Penguin, 2007.

KANTER, R. M., *The Change Masters: Corporate Entrepreneurs at Work*, Allen & Unwin, 1984.

KANTER, R. M., *When Giants Learn to Dance*, Simon & Schuster, 1989.

KANTER, R. M., *World Class*, Simon & Schuster, 1995.

KANTER, R. M., *Confidence*, Random House, 2004.

卡尔·E. 维克

卡尔·E. 维克倾向于将"管理"(managing)和"组织"(organizing)看作动词,而非静态的名词,这种生动的视角也符合他广泛的个人兴趣,他说自己的兴趣涵盖从爵士大乐队到铁路运输的广阔范围。从本质上来说,他就是一位富有想象力地运用自己的学科知识来加深对这一领域理解的美国心理学家。维克是密歇根大学组织行为和心理学方向的伦西斯·李克特(Rensis Likert)教授。

在维克看来,组织是"意义建构系统",它不断地创造和重建关于它自身以及围绕着它的看起来足够合理、稳定进而可以被管理的一切概念。组织成员不断地向彼此重申他们所看到的这个现实的真相,以及应该对此所做的事情的正确性。意义建构不仅是解释,还包括生成被解释的内容。人们对自己和正在发生的事情建立一种看法,同时解释自己最初的看法。正如维克经常说的那样:"当人们看到自己所说的,就知道自己所想的。"

所以说,意义建构是"事后诸葛亮"(hindsight)。它是一种不断编织意义的过程,这些意义来自信念,来自隐含的假设,来自过去的故事,来自决策和行动未曾言说的前提,来自对可做事情所可能带来的结果的观念,等等。一旦用文字表达,它就会被那些文字约束和框定,因为它们仅仅是近似于它们所指代的东西。因为词汇通常有多种含义,所以人们一直在使用双关语。此外,词汇倾向于表达离散的类别:它们不等同于对组织中不间断复杂生命流的描绘。

建构的意义也是由选择性知觉所塑造的,选择性知觉是指只注意某些事物而忽视其他事物。之前做出的承诺必须在回顾时被证明是合理的。存在一个将推理论证放在一起并就它们展开讨论的持续过程,最明显的表现就是会议这种具有意义建构价值的场所。然而,建构的意义也有其局限性。能够在会议的某一问题上花时间的人会用自己最容易理解的方式建构意义,这就导致其他人对正在发生的事情越来越不了解。因此,会议的出席问题会产生一种只有出席会议的人才可以控制的情况。

整个意义建构的过程让正在发生和已经发生的事情表面上秩序井然。"通用意义建构"——其中的个体虽有差异,但又充分一致——的发展维持了组织的意义。

组织意义建构至少有七个显著的特征。它们是:

1. **以身份建构为基础**(grounded in identity construction),因为意义建构者不断地重新定义他们的自我概念。

2. **回溯性**(retrospective),因为意义建构是一种对经验永无止境的重建过程。我们正处在探索家的位置上,直到探索以后才知道探索的是什么。

3. **生成有意义的环境**(enactive of sensible environments),因为人们为他们的世界赋予意义。通过这样做,他们创造或制定了他们所面对的那个环境的一部分。他们植入了自己的现实。因此,组织会影响对其施加约束的环境,并且组织变得越大,就越变得像它自己所设定的那样。一个将自己定义为某种产品的垄断供应者的制造商,将因这种设定而阻碍自己认识到创新的替代品对它的市场构成了威胁。例如,瑞士传统手表行业的大多数公司在设定它们的环境时没有包括廉价的数字手表,最终因此遭受了损失。

4. **社会性**(social),因为它与组织内外的其他人一起发生,并与之相关。

5. **不间断性**(ongoing),因为它永远不会停止,因此也永远不会开始。意义建构总是在进行的过程中。

6. **关注并依靠提炼后的线索**(focused on and by extracted cues),即从熟悉的参照点中产生。控制这些线索是一种权力的来源,因为控制了他人做出反应的对象就框定了他们将会采取的视角以及将要做的事情。

7. **由合理性而非准确性所驱动**(driven by plausibility rather than accuracy),因为"有意义的东西不一定可感知"。人们赞同他们认为合理而可信的东西,即使它不能被核实。它也可能有一定的准确性,但是,因为这个模棱两可、不断变化的世界总是在被精确描述之前发生改变,所以绝对的准确性是毫无可能的。因此,准确性要排在可接受性之后,在一个足以指导当前行动的方案之后。

维克利用一份公开的苏格兰针织品行业的研究报告来举例说明这些观点,这一行业涉及许多小制造商,它们都在一个生产羊绒衫的城镇内外。每个公司的管理者都认为自己的公司有以产品颜色和设计为标识的独特身份,这些公司都处于一个拥有集体高质量形象的行业内,这一形象将该行业与其他毛衣制造商区分开来。该行业声称,其商业战略集中于一个特定的高收入市场,而这种战略是根据销售经验事后发展出来的,并不是根据预见而事先计划的。公司雇用的销售代理销售经典款式的服装,因而从这个特定的市场反馈那些证实制造商之前看法的信息。因此,后者不断地重复制定它们的环境,通过公司内部和公司之间的社会交流来肯定这一点。整个就是一个不间断的过程,在此过程中,来自设计师、贸易展览、商店以及代理商的线索强化了感知情景的特定方式,从而维持了其合理性。

这是一个历史悠久的行业,手工业的传统塑造了这个行业的意义建构。在拥有专业人才的年轻组织中,意义建构拥有更自由的范围,尤其是在需要做出创新的非常规决策时。在这里,环境的制定和由此产生的自我实现的预言应该是最为明显的。然而,如果这些较新的组织遵循当前的时尚,建立起自我管理的团队,那么它们的意义建构将变得不再遵循那些通用的准则,而是更加分散。这时每个团队都会用自己的方式来建构意义。

通过对危机情境的考察,可以很好地说明由组织意义建构的生成本质(enacted nature)所产生的影响。这些危机情境是如此复杂,以致相关个体的生成无可避免地是片面的,他们的互动可能会极大地加剧危机。维克以印度博帕尔的联合碳化物农药厂的工业灾难为例,展示了从高级管理人员到操作员的所有相关人员的先入之见是如何决定采取何种行动的。他们对自己处境所生成的看法导致了灾难。维克讽刺地引用了操作手册。操作手册在告诉操作员如果泄漏无法停止就将气体倒入备用油箱后写道:"可能还有上面没有涉及的其他情况。基于特定情景决定适当的行动。"事实上,恰恰相反:

管理者和操作员的行为决定了灾难的情景。例如,在早期的安全违规被纠正后,高层管理者就认为工厂是安全的。这种先入之见使得他们采取方法来降低"安全工厂"的运营成本,而这些方法促成了这场灾难。此外,长期以来,操作员们一直误认为一个操作仪表功能失调,存在故障。因此,他们忽视了灾难情况下它的正确读数——这是一个盲点,而这对他们理解正在发生的事情有着非常重要的影响。这并不是为了责怪他们;因为我们通常要到真正参与到某件事情中、看到发生了什么并对此建构意义,才明白"适当的行动"应该是什么样的。

矛盾的是,如果意义建构构造了相对稳定的解释,这将使一个灵活的有机式组织(见本书第 2 章伯恩斯部分)稳步地变得不那么灵活,并且如果它继续处于不稳定的环境中,那么效率将稳步降低。这可能解释了为什么有机式组织会趋向于机械形式。

无论组织的形式是什么,它的一些元素会紧密耦合在一起,而其他元素的耦合则相对松散。维克从詹姆斯·G.马奇(见本书第 5 章)和其他人的研究成果中提炼出**松散耦合**(loose coupling)这一概念。这个概念意味着,如果一个组织中的某些部分或活动发生了变化,这个变化对其他部分或活动的影响将是有限的,或是显现得很慢,或两者兼而有之。松散耦合系统内部元素之间的相互影响较小。

松散耦合有助于适应。在松散耦合的组织中,可能会有不同的变化,组织有些方面的变化比其他方面更快或更多,因此,组织总体上会有一个灵活的响应。由于松散耦合的子系统**内部**(within)的纽带比子系统**之间**(between)的纽带更强(例如,在工作组或部门内部相对于工作组或部门之间),因此同时具有稳定性和灵活性。

无论组织形式如何,它都必须处理含糊不清、不确定、模棱两可和变化的信息。尽管组织及其管理者表面上看起来是基于数据的、具有客观性和问责性,但实际上,他们却是在猜测、主观和武断中挣扎。维克觉得,可以通过使用更多的动词和更少的名词来让语言更好地反映这种不断变化的模糊性。

事实上,他敦促人们"剔除名词":就像前面提到的那样,考虑动词性的管理(managing)而不是名词性的管理(management);同样地,考虑动词性的组织(organizing)而不是名词性的组织(organization)。

他为组织中的管理者和其他人另外提供了十条"建议":

1. 面对混乱不要惊慌。一定程度的混乱是必要的,这样混乱、模糊的信息才能被接受和处理,而不是被整齐划一地过滤掉。

2. 你永远不能一次做完一件事。无论你做什么,都会有很多结果,而不仅仅是你心中所想的那一个。只不过有些后果是马上发生的,而其他的会间接显示,时间也要晚得多。

3. 混乱的行动胜于有序的不作为。当有人问:"我该怎么办?"然后被告知"我不知道,做点什么都行",这可能是个好建议。因为意义从事件中追溯而来,无论是某个行动,还是任意一个行动,都将为意义建构提供一些东西。不作为更没有意义。

4. 最重要的决定往往是最不明显的。关于在文件和数据库中——实际上就是在记忆中——保留什么内容的决定为将来的行动奠定了基础。这样的决定可能并不引人注目,但它们支撑着过去,而未来正是从过去开始的。

5. 没有解决办法。因为没有简单的答案,也很少有对错之分,所以要学会随机应变,并且理性只需要维持在一个可容忍的水平。

6. 杜绝效用。现在的良好适应排除了未来的一些选项。在当下过多地关注效用会排除未来效用的来源。如此一来,资源和选项都将被耗尽。因此,即使牺牲一些目前的效率,也最好在系统中保留一些无序和可变性,以便未来可能会释放出新的行动方案。

7. 地图就是领土。当管理者将基于过去的经验所得出的因果关系地图(map)用于对未来的解读时,对他们来说,地图就变成了它所绘制的领土(territory)。尽管它是简化的,但对这样一张地图的工作投入已经比其他任何产品都要多,而且是能够得到的最佳行动指南。

8. 重新绘制组织结构图。不要被传统的形式来缚;对事物,要看其进展;

对人,要看他给你的感觉;对组织,要看其结构图。例如,在结构图中,在代表董事长的框里写上"迟疑",在代表总经理的框里写上"坚定自信"等,以此表明他们给你的印象。

9. 将组织视为演化系统。看看什么在演化,什么是你可以和应该改变的。同样,认识到什么不在演化,以及什么是你不能改变的。

10. 让自己变得复杂!考虑不同的原因、其他的解决方案、新的情况、更复杂的替代方案等,并在这样做的过程中获得乐趣。

维克尽最大的努力去遵循自己的第十条建议,并始终全力朝着新的看待组织及其管理者的方式前进。

参考文献

WEICK, K. E., *The Social Psychology of Organizing*, Addison-Wesley, 1969; 2nd edn, 1979.

WEICK, K. E., "Enacted sensemaking in crisis situations", *Journal of Management Studies*, 25 (1988), 305–317; reprinted in D. S. Pugh (ed.), *Organization Theory*, 5th edn, Penguin, 2007.

WEICK, K. E., *Sensemaking in Organizations*, Sage, 1995.

WEICK, K. E., *Making Sense of the Organization*, Blackwell, 2001.

5.

组织中的决策

管理的任务是设计这样一种环境,以使个人在决策实践中尽可能地接近理性(根据组织的目标进行判断)。

——赫伯特·A. 西蒙(Herbert A. Simon)

一个组织就是一个集合体,在这个集合体中,决策寻找问题,议题和情感寻找决策情境,解决方案寻找它们能够解决的问题,决策者寻找工作的机会。

——詹姆斯·G. 马奇(James G. March)

当行政长官凭感觉行事时,往往比试图听从理论家的建议时更有信心。

——查尔斯·E. 林德布洛姆(Charles E. Lindblom)

谈论参与型和专制型情境比谈论参与型和专制型管理者更有意义。

——维克托·H. 弗鲁姆(Victor H. Vroom)

一个组织可以被视为必须彼此玩耍的伙伴之间的一组游戏。

——米歇尔·克罗齐耶(Michel Crozier)

层级制会引起分歧,它会产生怨恨、敌意和反对……矛盾的是,参与使管理层通过放弃一些权力来增加控制。

——阿诺德·S. 坦南鲍姆（Arnold S. Tannenbaum）

虽然学者们已经考虑了组织运作的各个方面，但一直有一派观点认为，决策分析是理解组织管理过程的关键。

卡内基梅隆大学的西蒙及其同事开创了这种方法。对西蒙来说，管理就是决策。他曾经的同事马奇发展了这种方法来考虑决策过程的非理性，而林德布洛姆则着眼于与公共政策有关的决策，并发现了一种"渐进调试的科学"（science of mudding through）。

弗鲁姆提出了一种关于适当决策风格的理论，克罗齐耶考察了作为决策游戏的基础——权力的本质，而坦南鲍姆分析了控制决策的权力在组织不同层级的分布。

赫伯特·A.西蒙

赫伯特·西蒙(1916—2001)是一位杰出的美国政治和社会科学家,他以极具洞察力的贡献影响了众多领域的思想与实践。西蒙的职业生涯始于公共管理和运筹学,但连续在几所大学任职后,他的兴趣覆盖了管理的各个方面。在卡内基梅隆大学担任计算机科学与心理学教授期间,西蒙及其同事一直从事决策过程方面的基础研究,他们使用计算机模拟人类思维。1978年,西蒙获得诺贝尔经济学奖,自此,他的杰出贡献得到了大众的广泛认可。

西蒙认为,管理就是决策。他的主要兴趣是分析决策是如何做出的,以及如何可以更有效地做出决策。

他认为,一个完整的决策过程包含三个阶段:

1. 寻找需要决策的时机——情报活动(intelligence activity,采用该词在军事上的含义);

2. 创造、发展和分析可能的行动方案——设计活动(design activity);

3. 从备选方案中选择一个特定的行动方案——抉择活动(choice activity)。

一般而言,情报活动先于设计活动,设计活动先于抉择活动;但是三个阶段的顺序可能比这复杂得多。每个阶段本身就是一个复杂的决策过程。例如,设计阶段可能需要新的情报活动。而任何阶段中的问题又会产生一系列的子问题,这些子问题又有各自的情报、设计和抉择活动。然而,在组织决策过程中,我们总能分辨出这三个一般阶段。

执行决策也被认为是一种决策过程。因此,在做出政策决定之后,不得不执行这一决策的执行人员将面临一系列涉及决策的全新问题。执行政策意味着制定更详细的政策。因此,对于西蒙来说,所有的管理行为本质上都是决策。

管理者是在什么基础上做出决策的呢?经济学家的传统理论假设完全理性。他们的模型是关于应对复杂现实世界的"经济人"(economic man,当然这也包括女性)模型。他从所有可能的行动方案中选择理性决定的最佳行动方案，以使自己的收益最大化。但显然，这一模型与现实脱节。我们知道，人们的思维和行为中存在很大的非理性因素。之所以需要管理理论，正是因为人类理性存在实践上的局限性。这些对理性的限制不是静态的，而是取决于个人决策发生的组织环境。因此，去设计这样一种环境，以使个人在决策实践中尽可能地接近理性（根据组织的目标进行判断），就变成了管理的任务。

西蒙主张用"管理人"（administrative man）来取代"经济人"。经济人追求的是最大化（即选择最佳的备选方案），而管理人则追求"满意"——寻找令人满意或足够好的行动方案。在这个过程中，决策者满足于粗略地简化，仅仅考虑他们头脑能够涵盖的相对较少的有关因素。"大多数人的决策，无论是个人的还是组织的，都是发现并选择令人满意的备选方案；仅在少数情况下才会涉及发现并选择最佳的备选方案。"如果把决策比作大海捞针，大多数的决策不是找出最锋利的那枚针头，而是找出一枚足够锋利可用于缝纫的针头。因此，追求满意的管理人可以在不探求全部可行方案的情况下做出决策，并且使用相对简单的经验法则。在商业术语中，他们追求的不是"最大利润"而是"充足利润"，不是"最优价格"而是"公平价格"。这使得他们的世界更加简单。

那么，有哪些决策技术可用呢？在探讨这个问题时，西蒙将决策分为两种极端类型：**程序化**（programmed）决策和**非程序化**（non-programmed）决策。它们不是相互排斥的，而是构成一个连续统一体，一端是高度程序化的决策，另一端是高度非程序化的决策。程序化决策涉及的问题具有重复性和常规性，或者有一套既定的程序和流程来处理这些问题。这样一来，就无须每次决策时都重新思考这些问题。这样的例子包括处理客户订单的程序、确定员工疾病津贴的流程，以及执行任何常规的工作。

非程序化决策可以用新颖性和非结构化的程度来衡量，也可以看是否有现成的方法来处理这些问题。非程序化决策的出现可能是因为这类问题在过去从未发生过，或者是因为它特别难处理或特别重要。例如，推出新产品，大规模裁员，或者搬迁到新地址。由于组织事先并没有针对这些情况制定详细的策略,所以这些决策都是非程序化的(虽然可能包含程序化的子决策);组织将不得不依赖于其所拥有的任何可用于解决智能问题的一般能力。

人类有能力在许多新的或困难的情况下采取明智的行动,但他们的效率可能并不高。组织依靠非程序化决策来开发具有特殊用途的程序和方案,其成本可能很高,因此,组织应尽量将决策程序化。程序化决策的传统技术是习惯,包括知识和技能、文书惯例、标准化操作流程,以及组织结构和文化,也就是其共同期望系统、明确的信息渠道、既定的子目标等。处理非程序化决策的传统技术依赖于选拔与培训具有判断力、直觉和创造力的管理人员。这些技术类型已经延续了数千年(建造金字塔肯定使用了其中若干技术)。但西蒙认为,自第二次世界大战以来,一场彻底的决策技术革命已经开始,堪比制造行业中动力机械的发明。

这场革命的爆发源于数学分析、运筹学、电子数据处理、信息和计算机模拟等技术的应用。以上技术起初被用于完全程序化的操作(例如数学计算、会计核算),这些以前都被认为是文员的工作范围。但是,越来越多的判断要素(以前没有程序化,属于中层管理者的工作范围)现在可以被纳入程序化流程。关于库存控制和生产控制的决策一直处于这一发展的前沿。随着计算机技术的进步,越来越多的复杂决策将被程序化。即使是仅做一次的完全非程序化决策,也可以通过计算机技术建立一个决策情境的模型来实现。然后,可以模拟各种行动方案并评估其效果。西蒙认为,"'未来的自动化工厂'将在其旁边的自动化办公室所产生的程序化决策的基础上运作"。

参考文献

MARCH, J. G. AND SIMON, H. A., *Organizations*, Wiley, 1958.

SIMON, H. A., *The New Science of Management Decision*, Harper & Row, 1960.

SIMON, H. A., *The Shape of Automation*, Harper & Row, 1965.

SIMON, H. A., *Administrative Behavior*, 3rd edn, Free Press, 1976.

詹姆斯·G.马奇

詹姆斯·G.马奇是斯坦福大学国际管理学荣休教授,而他的思想广度体现在他与政治学系和社会学系的联系上。从他早期在卡内基梅隆大学的工作开始,他长期以来专注于组织的决策问题。在决策研究领域,著名的贡献者还包括西蒙(见本章前面的内容)和理查德·西尔特(Richard Cyert,1921—1998),他们都是马奇的前同事。

马奇给他生动的决策分析融入了独特的逻辑和诗意。他的作品在论证上是合乎逻辑的,在意象和表达上是诗意的。他认为决策可以用非理性的方式去理解,就像毕加索的一幅画或艾略特的一首诗一样。这远远不是一个稳步走向最终选择的由理性控制的过程。围绕决策的混乱和复杂性被低估了。许多事情同时发生,观点和目标正在改变,有关各方之间的联盟也在发生变化。哪些是必须做的事情尚不清楚,也不知道如何去做。在这个杂乱无章的世界里,人们并不理解正在发生什么,决策可能与那些据说是制定决策的过程没什么关系,组织"不知道它们在做什么"。

这是一个理性在认知、政治和组织上受到限制的世界。在认知上,注意力是关键的稀缺资源。个人不可能同时处理所有事情,也不可能同时无所不在。所以,他们关注某些决策的某些部分,而不是全部。他们关注什么取决于他们收到的替代性主张,因为关注一个决策意味着忽视其他决策。正如马奇所说,"每个入口都是其他地方的出口"。因此,时机至关重要,即在何时参与决策、提出哪些议题的时机。

马奇与他的前同事西蒙一同提出了"有限理性"(bounded rationality)这一概念。不仅注意力是稀缺的,心智能力也是有限的。决策者的头脑只能容纳有限的东西。它只能处理有限数量的信息和有限数量的备选方案(另见本章后面的查尔斯·E.林德布洛姆部分)。

既然如此,哪怕决策的意图是理性的,它的理性也会受到严重限制。在做出决策时,所知道的远比原则上所能知道的要少得多。

伴随着稀缺的注意力和有限的理性而来的是不稳定的偏好。人们会改变自己想要什么的想法。即使他们知道自己想要什么,他们也可能忽视自己的偏好,转而遵循其他建议或其他传统。或者,他们可能以模棱两可的方式陈述自己的偏好。他们的偏好也可能与其他人的偏好相冲突。

在这里,对理性的认知限制与政治限制相关联。马奇和他的另一位前同事西尔特认识到,一家企业,或者任一其他类型的组织,都是一个不断变化的多目标政治联盟。"公司的组成并不是给定的,而是通过谈判决定的;公司的目标并不是给定的,而是讨价还价的结果"。用他们的话来说,联盟包括管理者、普通员工、股东、供应商、客户、律师、税务人员和国家的其他代理人,以及组织所含的所有子单元或部门。每个部分对公司应该是什么样的以及它的目标应该是什么都有自己的偏好。因此,谈判和讨价还价,而不是超然的理性,是普遍存在的。

这就是理性的政治限制与组织限制相联系的地方。这些是**有组织的无政府状态**(organizd anarchies)所设定的限制。尽管并非所有组织一直都具备有组织的无政府状态的性质,但它们确实在某些时候具有这种性质,尤其当它们是公有的或者教育性质的组织时,例如综合性大学、独立院系。有组织的无政府状态具有三个一般属性。第一,由于偏好是不清晰的,因而组织是从它正在做的事情中发现其目标的,而不是事先明确地定义目标。第二,由于"技术不清晰","其成员无法理解组织自身的流程",它是通过试错的方式来开展工作的,事先不知道自己在做什么。第三,既然存在"流动参与",那么谁参与了不断变化的事情呢?以一所独立学院为例,其关于战略的声明更多地是回顾已开设的课程,而不是去陈述未来的发展目标;尝试诸如视频游戏等新的教学技术,但是并不知道这些教学技术是否有效,授权委员会也并不理解这些技术;这些委员会真正理解和批准什么取决于谁出席了会议。

鉴于这些认知、政治和组织的特征,决策过程必然会受到影响。不仅在那些容易出现有组织的无政府状态的组织中,甚至在商业公司中,这种决策过程具有四个特点，包括冲突的准解决、不确定性规避、问题性搜寻、组织学习。

冲突的准解决（quasi-resolution of conflict）是组织大多数时候的状态。组织的政治性质以及由此而来的决策过程中所固有的冲突并没有得到解决。相反，存在一些准解决机制，使它们能够共存。其中一个机制是"局部理性"（local rationality）。因为一个部门的每个子单元只处理很小范围的问题——销售部门解决"如何销售"、人事部门处理"如何招聘"，等等——每个单元至少可以声称在处理其"局部"问题时是理性的。当然，这些局部理性可能是相互矛盾的（例如，会计部门固守预算约束会破坏市场营销部门的广告战），因此，对于整个组织来说，它们可能不能加总至整体的理性。

第二个可以缓解这种冲突的机制是"可接受水平的决策规则"（acceptable level decision rules）。两项决策之间一致性的可接受水平足够低，就可以容忍分歧。在该规则下，所需的是一种能为不同利益集团所接受的结果，而不是一种总体上最优的结果。"对目标的时序性关注"也有助于解决冲突。由于目标之间的冲突没有得到解决，所以先关注一个目标，再依次关注另一个目标。例如，可以首先强调平稳生产；然后，通过设计变化将优先权转向满足客户，但这反过来会破坏生产。

不确定性规避（uncertainty avoidance）也贯穿于决策过程中。所有组织都必然面对不确定性。客户订单不确定，货币波动也不确定，未来税收也是如此，不一而足。因此，决策在对此处和此刻的信息做出响应时，常常忽略了长期预测的不确定性。紧迫的问题得到处理，长期的规划却未予以制定。人们通过与客户签订独家合同、与其他所有人遵守公认的定价和谈判惯例来避免市场不确定性。

出于同样的原因，**搜寻是问题驱动**（search is problemistic）和短视的。问题的发生促使人们寻找解决问题的方法，一旦找到了解决问题的一种方法，搜寻就会停止。有远见的定期搜寻，如市场信息的稳定积累，相对来说是不重要的。在面对任何特定销售危机的紧急情况时，这些信息都很可能被忽略。此外,搜寻是短视的。当一个问题出现时,人们会集中在旧的解决方案附近寻找解决方案。激进的方案被置之不理,直至寻找到一个更安全的答案,而它与之前的方案没有太大的不同(见本章下一节相关内容)。例如,当一所美国大学寻找一位新的院长来领导一所专业学院时,最终的结果是杰出的外部人士被淘汰,一个享有盛誉的内部人士被录用,究其原因是害怕外部人士可能会做出太多的改变。企业组织也经常选择吸收那些对现有机制干扰最小的管理人员和工人。

最后,决策过程是学习过程。在决策的过程中,**组织学习**(organizational learning)由此发生。决策者起初并不知道他们需要知道的一切。他们随时学习,学习的内容包括:什么在实践中是可行的,什么是不可行的,什么是被允许的,什么是不被允许的。通过反复试错,他们发现能够做的事情,并使他们的目标与之相适应。

也许这并不奇怪,所有这一切促使马奇,连同迈克尔·科恩(Michael Cohen)和约翰·奥尔森(Johan Olsen),提出了一个组织决策的**垃圾桶模型**(garbage-can model)。这一模型以其名称和命题而闻名。因为,当人们争取参与决策的权利但随后并不行使它,当人们索要信息但随后并不使用它,当人们为一项决策而争斗但之后却对它是否被执行毫无兴趣时,一定发生了一些奇怪的事情。

达成决议、做出决策的机会或需要可以被看作是"一个垃圾桶,在各种问题和解决方案产生时,参与者就把它们倒进垃圾桶"。每个垃圾桶周围可能有其他几个带有不同标签的垃圾桶。

在这一如此生动刻画的模型中,决策是**问题**、**解决方案**、**参与者和机会**之间相互作用的结果,所有这些都是相对独立的。问题可产生于组织的内部或外部。解决方案是独立于问题而存在的(人们偏好等待时机的到来,而计算机则等待它能回答的问题)。参与者进进出出。决策的机会则产生在组织被预期做出决策的任何时候(例如必须签署合同或资金必须被花掉时)。

决策是因决议、疏忽或逃避而做出的。如果是通过决议,那么经过深思熟虑的决策就能解决问题，尽管这可能需要时间。如果是被疏忽，那么这个决策会很快做出，它是在做出其他决策时顺便做出的。如果是出现逃避，那么最初的问题已经消失(飞走)了，只留下了一个现在可以轻易做出却什么也解决不了的决策。可能大多数决策都是因疏忽或逃避，而不是通过决议做出的。

一个决策是否出现，取决于垃圾桶输入的"时间临近性"。也就是说，当合适的问题、解决方案、参与者和机会凑巧碰到一起时，就会做出决策。在这种巧合中，恰好有时间和精力的参与者将解决方案附着于问题、将问题附着于决策。因此，由于其他巧合的因素，所做的决策与做出决策的表面过程可能或多或少是"脱耦的"。

从这个角度看，"一个组织就是一个集合体，在这个集合体中，决策寻找问题，议题和情感寻找决策情境，解决方案寻找它们能够解决的问题，决策者寻找工作的机会"。尽管这种情况在任何地方都可能发生，但在诸如大学这样有组织的无政府状态下，这种情况最为普遍。

马奇承认，这种描述可能有些夸张，但他认为这已足够真实体现出，理性的"思考的技术"应该用"愚蠢的技术"来补充。有时人们应该在思考之前采取行动，以便他们可以在这些行动过程中发现新的目标。他们应该在不知道将来需要什么的情况下，做出对未来有影响的决定。就表面上的理性而言，这是愚蠢的。但决策需要有愚蠢的空间。趣味性允许这一点。趣味性是对正常理性规则的故意(但暂时)中止，以便我们可以进行实验。我们需要与愚蠢的替代方案和不一致的可能性玩在一起。我们需要将目标视为需要改变的假设，将直觉视为真实，将虚伪视为过渡性的不一致，将记忆视为新奇的敌人，同时，不是将经验视作固定的历史，而是将它视为有关"过去发生了什么"的一种理论，而如果有助于我们学习，我们可以将这种理论加以改变。我们应该时不时地在我们的"垃圾桶"里愚蠢地玩耍。

参考文献

COHEN, M. D., MARCH, J. G. and OLSEN, J. P., " A Garbage Can Model of Organizational Choice," *Administrative Science Quarterly*, 17, (1972), 1–25.

CYERT, R. M. and MARCH, J. G., *A Behavioural Theory of the Firm*, Prentice Hall, 1963.

MARCH, J. G., *Decisions and Organizations*, Blackwell, 1988.

MARCH, J. G., *A Primer on Decision Making*, Free Press, 1994.

MARCH, J. G., *The Pursuit of Organizational Intelligence*, Blackwell, 1999.

MARCH, J. G. and OLSEN, J. P., *Ambiguity and Choice in Organizations*, 2nd edn, Oxford University Press, 1980.

查尔斯·E. 林德布洛姆

查尔斯·林德布洛姆是耶鲁大学政治学和经济学斯特林讲席教授,曾任耶鲁大学社会与政策研究中心主任。此外,他还担任过包括古根海姆学者和美国援助印度代表团的经济顾问在内的各种学术和政治职位。

林德布洛姆提出了应该如何决策以及实际如何决策的问题。他对实际如何决策的描述和解释主要在公共管理和政治制度的框架之下,但也适用于所有的组织形式。行政长官和管理者(实际上是所有必须面对实际决策的人)是如何进行决策的:是从根本上还是从分支上?

林德布洛姆假设了一个公共政策的例子。一位行政长官必须制定与通货膨胀相关的政策(类似的情况也很容易发生在一位营销总监制定公司的价格政策时)。如果要从根源上解决问题,无论所有可能的变量有多少,都应该尽量列出,例如充分就业、合理的商业利润、储蓄保护、稳定汇率等。然后,应该尝试计算每个变量的变化值相对于其他每个变量的变化的价值。完成后,行政长官可以尝试评估几乎无限个可能组合的备选结果。要做到这一点,不仅需要收集大量的信息,还需要重新考虑从完全中央计划到完全自由市场的理论基础。如果能把这些信息和替代方案完全收集起来,这将是不可思议的。

然而,行政长官可以满足于一个相对简单的目标,即一段时期的价格稳定。在这种情况下,大多数社会价值观可能被忽视,只有直接和即时相关的方面得到关注。人们只能比较有限数量的备选方案,而且大多数都是在以前的场合中人们所熟悉的,并且避免诉诸理论或根本性的质疑。这样,人们就可以做出一个在一段时间内获得部分成功的决策。

上述政策决策的第一种方法所追求的是**"理性演绎的理想型"**(rational deductive ideal)。这要求:明确并足够精准地陈述所有价值观,以对这些价值观按优先级进行排列;制定相应的原则,该原则将指出哪些信息是必要的,以便可能的备选政策之间能够进行两两比较；获得每个备选政策的完整信息；进行逻辑计算演绎，得出最佳选择。这是一种科学的理想型——完全演绎的系统——转换到了价值观和应用领域。从表面上看，它契合严谨和全面这样的良好理念。它所使用的当代技术是运筹学、系统分析和规划-方案-预算（planning-programming-budgeting，PPB）等。如果遵循上述方法，它将为决策提供一种**概要方法**（synoptic approach）。

然而，很难找到这种概要方法的例子。它的支持者无法指出它被应用在哪里。它更多是一种理想型，而不是实际完成的事情，因为它不能适应现实中决策的两个棘手特征——决策者和决策制定。

决策者需要一种将这些特征考虑在内的方法。他们所面临的情况是，价值观的绝对多样性和表述它们时的差异性使得无法穷尽列出所有的价值诉求。事实上，如果做出任何这种列清单的尝试，价值观和优先次序将在完成它的过程中发生变化。这个过程将是无止境的。在任何情况下，由于在决策中存在不同的派别利益，决策制定必须通过"双方派别调整"来推进，因此必须容纳（但不一定要调和）代表不同利益相关方的多种价值诉求，并且不能明确地将一种价值观优先置于另一种价值观之上。

决策者还需要一种适应自身有限解决问题能力的方法来推进行动（请参阅本章前面的西蒙部分）。在心智上，他们无法应对概要方法所预设的泛滥的信息与备选方案。正如林德布洛姆所说，"头脑逃避全面性"（the mind flees from comprehensiveness）。在实践中，他们的心智能力不可能被拓展到这种程度，因为通常情况下，信息是不完整和不充分的，如果只是因为一个决策就要找出所有需要知道的信息，则成本是无法承受的。此外，如果假定需要知道的信息是有限的并且是可以被发现的，则意味着事实和价值观被假定占据着不同的区域，而实际上它们是不可分割的。不同的事实会引起对不同价值观的关注，而价值观会重新解读事实。同样地，决策者需要处理的变量系统也不能因概要方法所要求的有限分析而被封闭起来，因为在流动和开放的系统中总会有进一步的互动。问题会以多种形式出现并扩展。

因此，分析师和决策者通常使用的决策策略并不是概要性的。林德布洛姆把他们实际上所做的称为**离散渐进主义策略**（the strategy of disjointed incrementalism），一种通过**连续的有限比较**（successive limited comparison）来进行的方式，这种方式与理性演绎主义所要求的概要方法相去甚远。

尽管离散渐进主义不可能是处理实际决策问题的唯一方法，但林德布洛姆认为它是最普遍的。它通过不连续或不协调的过程以微小增量进行改变（增量是指"一个重要变量的微小变化"，但是渐进与非渐进之间没有明显的界线，这是一个连续体上的程度问题）。它通过采取一系列不确定的、明显无序的小行动来避免当前的弊病，而不是朝着既定的目标前进。这使得问题的许多方面似乎得不到关注。

概括来说，离散渐进主义是渐进的、受限制的、手段导向的、重构的、连续的、补救性的和零散的。

分析师或决策者不是理性地彻底排除掉所有的可能性，而是通过只深入思考其中的界线（至此，如果发生改变，情况可能会有所不同）来简化问题。他们审视边际的、可理解的变化，并只考虑有限数量的备选方案。此外，通过只考虑每个备选方案的有限数量的后果，任务变得可管理了。那些更偏远或无法估量的可能性被忽略掉了，即使它们很重要，因为如果要把它们包括在内，可能根本无法做出决策。

传统的观点认为手段是根据目的而调整的，而相对以手段为导向的离散渐进主义策略则接受了相反的观点，即目的是根据手段而调整的。事实上，在双向关系中，以上两种方式都会起作用。因此，如果实现目标的手段的成本增加，则既可以寻求其他手段，也可以改变最终目标，使其在手段可实现的范围之内。就像政策可以与目标相适应一样，目标也可以与政策相适应。这与该策略的另一个特点相融合——积极的重构性反应（active reconstructive response）。信息被修改和重新解释，提案被重新设计，价值观被修改，所有这些改变都在持续进行。当问题被研究的时候，它们也被改变了。

该策略的系列程序体现在其政策的长链之中。对于那些或多或少具有永久性(尽管可能会缓慢变化)的问题,存在着一系列无休止的攻击。这些问题很少能得到解决,只能有所缓解。决策者并不是在寻找难以实现的解决方案,而是在一系列预期将继续的行动中寻找适当的行动。因此,该策略有一种补救性导向,它所识别的是要*摆脱*的情况或弊病,而不是要*追求*的目标。零星的改进优先于宏伟的目标。

最后,由于分析和评估在不同的时间,或在很多地方同时进行,离散渐进主义将会变得支离破碎。在政治领域,政府的政策可能被一些政府部门和机构、大学以及私营企业和机构在不同的时间进行研究(就像一家公司的政策可能会被它的多个部门、主要客户及银行家研究)。如果说概要方法试图理性地去协调这些努力,那么,离散渐进主义则接受了它们缺乏连贯性这一特点,以换取多样性所带来的优势。这种情况下,一方可能会发现另一方的遗漏之处。过度控制的方法可能会在看不见的情况下协调各种潜在有用的贡献。

通过以上几种方式,离散渐进主义把问题缩小到了一定规模。它限定了信息,限制了决策范围,缩小了视野,这样才能有所作为。现在忽略的事情可以在以后处理。该策略承认不同的价值观,但不鼓励有关各方采取不妥协的态度,因为它的重构性质需要避免规则或原则——这些规则或原则一旦确定,可能会引起不同方面的坚定立场。

结果就导向了林德布洛姆所称的"渐进调试的科学",即对无法实现的概要理想型的一种实际且精妙的调整。正如他所说的,当行政长官凭感觉行事时,往往比试图听从理论家的建议时更有信心。离散渐进主义不只是宣告了概要方法的失败,它本身是一种行之有效的策略,而它的缺陷某种意义上也是优点,让它能够得到务实的贯彻。

表面上,这个策略看起来很保守。因为它试图进行的是一些不会产生深远影响的微小改变。然而彻底的变革也可能是需要的。但是,林德布洛姆指出,从逻辑上讲,通过小而频繁的步骤进行的变革,其速度可以和通过更为剧烈但(因而)不太频繁的步骤进行的变革一样快。每个渐进的步骤可能相对容易,因为它不会带来严重的后果,并且它至少是可以采取的步骤,而全面概要性考虑的艰巨性可能会阻止决策者开始,导致根本没有实现任何行动。

在后来的研究中,林德布洛姆对现代资本主义市场体系的运作方式提出了批评。他认为,虽然现代资本主义市场体系是创造财富和鼓励创新的最佳系统,但它在管理民主或社会正义等社会进程方面效率不高,因为这些社会进程不能用金钱来衡量。因此,民主变成了"多头政治"(polyarchy)[相当于经济活动中的"寡头"(oligarchy)],民众的选择仅限于对立政党提供的两个简化的选项。因此,对复杂社会和政治问题的认真考虑仅限于社会顶层的精英群体。

参考文献

LINDBLOM, C. E., "The Science of Muddling Through", *Public Administration Review*, 19 (1959), 79–88.

LINDBLOM, C. E., *The Policy-Making Process*, Prentice-Hall, 1968.

LINDBLOM, C. E., *The Market System*, Yale University Press, 2001.

LINDBLOM, C. E., and BRAYBROOKE, D., *A Strategy of Decision*, Free Press, 1963.

LINDBLOM, C. E. and COHEN, D. K., *Usable Knowledge:Social Science and Social Problem Solving*, Yale University Press, 1979.

维克托·H. 弗鲁姆

维克托·H. 弗鲁姆多年来一直从事组织行为心理学分析的研究、教学和咨询。他出生于加拿大，曾就读于麦吉尔大学，后在多所美国高校任教，是耶鲁大学组织与管理塞尔讲席教授和心理学荣休教授。弗鲁姆很早就对人格在决策参与中的影响感兴趣，他以此为主题的博士论文为他赢得了1959年的福特基金会博士生论文大赛（Ford Foundation Doctoral Dissertation Competition）。此外，弗鲁姆还赢得了麦肯锡基金会研究设计竞赛（McKinsey Foundation Research Design Competition）和美国心理学会的 J. M. 卡特尔奖（J. M. Cattell Award）。

弗鲁姆的博士论文证实了先前的发现，即决策参与对工作态度和动机有积极影响。此外，这些效应的大小取决于参与者的某些性格特征。威权主义者和独立需求较弱的人不受参与机会的影响，而平等主义者和独立需求较强的人则通过参与培养出更积极的态度和对高绩效的更强动机。这项研究还明确指出，存在一些和参与有关的不同过程，它们可能受到的影响有所不同。

之后，弗鲁姆与 P. W. 耶顿（P. W. Yetton）和 A. G. 雅戈（A. G. Jago）合作，更深入地探索了管理决策的过程以及可能发生的下属参与的差异。在处理会影响一群下属的问题时，管理者可能采用的决策过程如下（如果问题只涉及一名下属，则会有一些变化）：

AI 你利用当时可以得到的信息，自己解决问题或做出决策。

AII 你从下属那里得到必要的信息，然后自己决定问题的解决方案。当你从下属那里获取信息时，你可能会也可能不会告诉他们问题是什么。你的下属在制定决策这件事上所扮演的角色显然是为你提供必要信息，而非生成或评估备选的方案。

CI 你将问题与每个相关下属单独分享，在下属没有聚合的情况下收集他们的想法和建议。然后你做出决策，这些决策可能有也可能没有受到你的下属的影响。

  CII 你将你的下属聚合为一个群体,和他们分享这个问题,同时以集体的形式获得他们的想法和建议。然后你做出决策,这些决策可能有也可能没有受到你的下属的影响。

  GII 你将你的下属聚合为一个群体,和他们分享这个问题。你们一起产生备选的方案并对这些方案进行评估,试图就解决方案达成一致意见(共识)。你的角色很像主席。你不会试图影响团队来采用你的解决方案,并且你愿意接受和实施任何得到整个团队支持的解决方案。

  流程 AI 和 AII 被称为**专制**(autocratic)过程,CI 和 CII 被称为**咨询**(consultative)过程,而 GII 被称为**群体**(a group)过程。(GI 适用于单个下属时的问题。)在确定这些过程后,弗鲁姆和耶顿的研究进一步回答以下两个基本问题:

  1. 管理者应该使用哪种决策过程来有效处理他们在工作中遇到的问题?这是一个规范性或处方性问题。管理者要回答这个问题,需要建立一个包含一系列步骤或程序的逻辑模型,通过这些步骤或程序,管理者可以理性地确定启动哪个过程是最有效的。

  2. 管理者在处理问题时使用的是哪种决策过程?哪些因素影响他们对过程的选择和下属的参与程度?这是一个描述性问题。这些问题的答案对于描述管理者在决策过程中离理性方法有多远很重要。然后我们可以问,什么样的培训或开发活动可以使管理者具有更有效的决策风格。

  在对第一个问题的回答中,弗鲁姆和他的合作者做出了一个独特的贡献。他们基于理性原则开发了一个有关决策过程的详细的规范性模型,这些理性原则与现有的"(决策)参与对组织效益的影响"方面的证据相一致。他们首先区分了影响决策有效性的三类结果:

  1. 决策的质量或合理性。显然,危害这一点的进程将是无效的。

  2. 下属对有效执行决策的接受或承诺。如果这种承诺是必要的,那么没有产生这种承诺的过程,即使给出了高质量的决策,也将是无效的。

3.做决策所需要的时间。如果决策过程同样有效,那么耗时较短的决策过程通常更可取。

这些结果为模型产生了一套规则,而这些规则可以应用于正在被考虑的任何特征的管理问题。随后模型将指出某个决策过程所适合的特定情况。模型可以用决策树的形式表示,如图5-1所示。在该决策模型中,问题(problems)的特征以疑问(questions)的形式来表示。管理者从左边开始,沿着由每一列问题的答案所确定的路径,移动到右边。在最后,模型显示了应该使用哪个决策过程,使得可以在最短的时间内形成一个可被接受的优质决策。

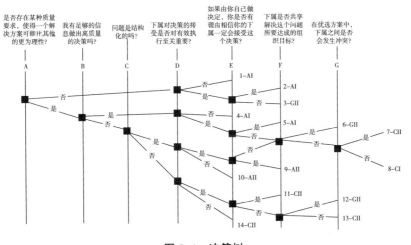

图5-1 决策树

资料来源:Vroom and Yetton(1973)。

从决策模型可以看出,所有的决策过程(专制、咨询、群体)都有其适用的情境;每种方法的使用频率取决于管理者所需要做出的决策的类型。规范性模型要求,为了实现理性和有效,管理者对所有决策类型都应做到得心应手。之后的研究中,弗鲁姆和雅戈细化了这个模型,以便更好地区分各种选项,从而使决策过程更具体和更有效地针对管理者的问题。他们还通过计算机程序制作了更精细的模型。

弗鲁姆和他的合作者用以回答他们的第二个问题——管理者实际上是如何行动的？——的研究是基于两种方法。第一种，许多管理者被要求回忆决策问题，以及他们是如何根据决策模型中的问题来解决这些难题的。第二种方法涉及许多管理者评估一组标准化的问题描述，然后给出他们的优选解决方案。

这些描述性研究中最引人注目的发现是，尽管管理者在使用各种决策过程方面确实存在平均差异，但与每个管理者使用的决策过程范围相比，这些差异很小。没有一名管理者表示他们将对所有决策使用相同的程序，大多数人在某些情况下使用了上面描述的所有五个决策过程。"谈论参与型和专制型情境比谈论参与型和专制型管理者更有意义。"

描述性研究还允许在管理者做了什么（或者说他们会做什么）和模型指定的理性行为之间进行比较。研究发现，平均而言，在五分之二的情况下，一个典型的管理者使用了与决策模型所要求的相同决策过程。在四分之一的案例中，他们使用了一个被称为"可行的"过程，因为它满足了模型在保护决策质量和可接受性方面的约束，但可能不是最省时的。只有大约三分之一的情况下，典型的管理者会启动一个可能会引发质量或可接受性方面风险的过程。此外，研究发现，实现可接受性所必需的约束条件比实现质量所必需的约束条件更经常被忽视。

弗鲁姆在他的规范性模型的基础上设计了一个领导力发展计划，使管理者能够根据模型分析他们自己的决策过程，并看到他们在哪里偏离了有效决策的理性约束。该模型对每一种问题情况提出的决策过程变化要比典型的管理者所表现出的变化大得多。使用该模型作为决策的基础将要求管理者根据问题同时变得更加专制和更具参与性（参见第 6 章弗雷德·E. 菲德勒在这个问题上的相反观点）。

参考文献

VROOM, V. H., *Some Personality Determinants of the Effects of Participation*, Prentice-Hall, 1960.

VROOM, V. H. "A New Look at Managerial Decision Making", *Organization Dynamics*, 5(1974), 66-80.

VROOM, V. H. and JAGO, A. G., *The New Leadership: Managing Participation in Organizations*, Prentice-Hall, 1988.

VROOM, V. H. and YETTON, P. W., *Leadership and Decision-Making*, University of Pittsburgh Press, 1973.

米歇尔·克罗齐耶

米歇尔·克罗齐耶鲜明的法国式组织观念,既源自他的法国血统和经历,也与他在美国的多段生活经历有关。远离法国的日子为他提供了一个认识自己国家和社会的新分析视角。1961—1993 年,他在受法国国家科学研究中心资助的组织社会学中心担任主任一职。他在法国从事了长期的研究工作,研究主题涉及广泛的组织、行政和社会性问题,其中他重点研究的是公共管理和国有产业。然而,他早期的社会学训练是在美国接受的,并且随后在斯坦福大学和哈佛大学度过了较长的时期。

虽然克罗齐耶的观点源于他在法国的研究,但涉及了世界各地的官僚机构。他认为这些机构不是庞大僵化的理性结构,而是一种体制。尽管这种体制制定了规则,进行了种种约束和控制,但是个人和群体仍然有调控空间,体制与体制中的参与者之间始终存在着相互作用。

这种观点以**权力游戏**(power game)这一独特概念为基础。它将一个组织视为一系列相互交织的权力游戏,一个游戏的"合奏"。这一观点并不只为呈现一张丰富多彩的图景。这种"权力游戏"对于组织中的人来说是非常真实的。事实上,与其说一个组织是刻意设计的直接成果,倒不如说它是一系列权力游戏的结果。游戏引导权力关系,并且能促成合作,从而调和了组织中人员的自由和组织施加给人员的约束。

游戏可以在各类合作伙伴之间进行,例如在上下级(如经理和工人)之间,又或者在部门和科室之间。玩家会逐渐演变出不同的策略,而这些策略支配着他们的所作所为。例如,上级领导可能采取"分而治之"的策略;下级可能采取防御性策略,以保护自己可以自由处事、不受上级或新规干涉;维修工程师等职业群体可能对技术现代化采取保守(或攻击)策略。克罗齐耶将此称为组织的**战略模型**(strategic model)。

玩家们在追求各自策略时可以走得很远,但不能走得太远。虽然每个人都可以自由地享受那些出于自身利益而理性设计的策略所带来的任何优势,但组织的存续是他们能够进行游戏的必要条件。这不是生死攸关的斗争,而是在体制中争夺地位的游戏;因此,人们接受游戏存在限制要求,这些限制要求就是游戏规则,如果游戏要继续下去,玩家就必须遵守这些规则。这些规则不是正式制定的,而是通过分析玩家反复出现的行为而得出的,就像可以从他们所做的事情中发现他们采取的策略一样。玩家们可能没有就这些规则完全达成共识,一些玩家甚至会设法改变规则,但这些规则却也得到了充分认可并得以持续存在。这使得新手玩家进入后可以学习这些规则,并吸收与之相关的规范和价值观,这些规范和价值观界定了哪些策略可以被接受,哪些策略不可以被接受。

玩家在游戏中是非常不平等的——其中一些人要比其他人更有权力——他们在不同游戏中的角色也有差异,因而在一场游戏中有实力的玩家在另一场游戏中可能处于弱势。然而,玩家们的策略指向一个共同的基本目标,那就是在遵守游戏规则的前提下,通过限制其他人的选择,同时保持或强化自己的选择,以获取任何可能的优势。其目的在于,在保留自己行动自由的同时,操纵其他人,使其进入一个行动受限的境地。所有人都试图捍卫和扩大自己的自由权力,减少自身的依赖性,而把其他人置于相反的境地。

在克罗齐耶所描述的众多案例中,最发人深省的一个案例是关于他所称的"行业垄断"——法国国有化的烟草行业——中的维修工人。在克罗齐耶研究期间,即20世纪50年代末60年代初,法国各地分散着大量相似的小型工厂。每个工厂的雇佣人数为350~400人,其中三分之一可能是直接生产工人。这些工人都是妇女,她们的工作包括操作生产香烟的半自动机器等。

工厂组织非常稳定,每个小工厂的工人都在一个受控的环境下工作。资金、原材料采购、经销和销售都由巴黎总部集中控制,因此,每个本地工厂都可以顺利从事其生产任务,不受问题阻碍,但只有一种情况例外:机器停机。

这些停机或是由于机器故障,或是由于烟叶的变化使得机器需要不断地进行调整。停机是唯一一个无法通过非人格化的官僚规则或来自巴黎的官僚行为来解决的主要障碍。如果机器停止运行,生产也会停止,工人也随之停止做该做的事。此时,还有谁能做点什么呢？答案是工厂的技术工程师手下的十几名男维修工人,因为只有他们知道如何安装和修理机器。巴黎的官僚、当地工厂的厂长,甚至连机器线上的生产工人都不知道如何修理机器。这些维修工人从同伴身上互相学习修理技巧,并把这些技巧牢记在心里,他们不向其他人解释他们做了什么。在他们看来,如果一名生产工人自己在机器上胡乱摆弄一通,或者,除了正常操作机器还去修理机器,那将是不可饶恕的罪过。因此,维修工人成功地使生产工人直接地,并让其他人间接地依赖自己。因为维修工人是唯一能够应付停机的人,其他人都受到维修工人的限制,而维修工人自己则保留了选择做什么的自由。

维修工人之所以能这样做,是因为他们很有权力;而他们之所以很有权力,是因为他们"控制了这个完全常规化的组织体系中的最后一个不确定因素"。机器停工是无法预料的,但是修理工作却掌握在维修工人的手中,这给了他们权力,因为对于依赖于他们决策的人而言,能够应对这种无法预料的不确定性的人就拥有了相对权力。从长远来看,权力和组织生命中所依赖的不确定性密切相关,权力游戏中不同群体的策略是为了控制"不确定性的最终战略源泉"。**不确定性解释了权力。**

维修工人拥有权力,是因为官僚制可以控制其他一切却无法控制难以预料的机器停工(而这恰恰是维修工人可以解决的问题)。机器停工这种情况必须在发生时即刻处理。这为维修工人提供了一个机会,这一点是明显的,因为这是每个工厂唯一一个不确定性的诱因。而在其他组织中,不确定性的来源可能不是那么明显,但在所有组织中,这些不确定性的来源变化不断,而处理这些不确定性的人的权力也起伏不定。维修工人只是其中一个例子,财务专家、生产控制专家等的权力兴衰也是如此。

那么,为什么强大的专家们不能无限期地享有权力呢？如果不确定性继续存在,他们又掌握技术诀窍,照理他们确实可以继续掌握权力,但这不太可能,因为他们的成功会使他们自食其果。组织固有的理性化使得人们不断试图将不确定的领域纳入正式控制的范围;专家本身就是理性化的施动者,这就削弱了他们自己的权力。他们在官僚程序和规章中所记录的技术诀窍越多,其处理不确定性的权力就越受到限制,继而他们的选择也将受到限制。因此,烟草厂的维修工人们努力保持自己的经验法则,防止其被官僚化。虽然在巴黎的总部存有正式制定的机器安装和维修指南,但维修工人却完全不理会这些指示;工厂本身也找不到这些指南的副本。因为**不确定性的理性化会消除权力**。

这一原则塑造了上下层级的策略,以及职业分组之间的策略。上下级之间的斗争涉及一种基本策略,通过这种策略,下级抵制那些侵犯其自主权的规则,同时要求制定限制上级的自主权的规则。

相反的策略可能会在一系列阻碍变革的官僚恶性循环中相互交织。行政人员试图扩大官僚管制,而那些受其约束的人则会对此进行抵制。烟草厂的厂长通常要求程序现代化,而技术工程师则抵制任何可能削弱其维修工人地位的措施。克罗齐耶认为,法国社会整体就是这样一个例子,因为它倾向于官僚主义的中央集权化和非人格化,这势必会引起相关受侵犯人士的保护性行动策略,而这些策略反过来又会导致更强的官僚化。在管理的每个分支中,每一层级都成为一个被保护层,使其不受上层和下层的侵犯。下级会尽量避免与上级沟通,从而拖延任何潜在的威胁性变化;上级则会基于不充分信息做出决策,这些决策或许并没有按照预期执行,但他们对于这些决策的结果也无从知晓。

这在官僚组织中产生了一种奇特的变革模式,在法国是这样,或许在其他地方也是如此。这种模式是一种长期的稳定与短期的危机和变革的交替。冲突直到爆发才会被扼杀。因此,危机是这种官僚机构难以摆脱的;但作为变革的手段,危机对它们而言又是必要的。在法国官僚机构中,一旦有人能够推动变革摆脱危机,个人权威就取代了规则。威权改革者们在官僚程序中等待着危机的到来,而这一时刻正是体制需要他们的时候。

然而,克罗齐耶也是乐观的;随着法国公共管理部门在培训和招聘方面的改革以及社会等级制度的变革,他相信,精英阶层会更为开放。他认为,现代世界的大型组织不一定不利于变革,因为变革从未变得更快过;而在那些拥有最大组织的社会中,变革总是最快的。然而,永远存在这样一种风险:官僚机构将导致多种形式的权力游戏,而这些游戏将阻碍所需的变革。

参考文献

CROZIER, M., *The Bureaucratic Phenomenon*, Tavistock Publications and University of Chicago Press, 1964.

CROZIER, M., "Comparing Structures and Comparing Games", in G. Hofstede and S. Kassim (eds), *European Contributions to Organization Theory*, Van Gorcum, 1976.

CROZIER, M. and FRIEDBERG, E., *Actors and Systems*, University of Chicago Press, 1980.

阿诺德·S.坦南鲍姆

阿诺德·S.坦南鲍姆并不是一开始就从事社会心理学研究。他获得的第一个学位是普渡大学电气工程专业的学士学位。后来在雪城大学攻读博士学位,并加入了美国一流的、历史最悠久的社会科学研究机构之一——社会研究所(the Institute for Social Research)。从那以后,他一直在这一机构从事研究、教学和咨询工作。他是社会研究所调查研究中心的荣休研究员,也是密歇根大学心理学系的荣休教授。

在1966年发表的一篇短文中,坦南鲍姆清楚地阐述了组织功能的观点,这一观点影响了他多年的研究。"层级制会引起分歧,它会产生怨恨、敌意和反对。参与降低了员工的不满,增强了员工对组织的认同感。"更重要的是:"矛盾的是,参与使管理层通过放弃一些权力来增加控制。"

在研究生涯的早期,坦南鲍姆发现,在工会中,更有效、更活跃的地方分支机构同时拥有更具影响力的官员和普通员工——乍一看,这是不可能的。这种不可能是指,如果把对一个组织的控制看作是一个给定的、可分割的量,那么,一个人拥有的多,另一个人就拥有的少;但是,如果组织的控制是有弹性的,这样每个人都可以拥有更多的控制,那么,这就并非不可能。正是这种可能性塑造了坦南鲍姆关于"组织可以是什么"方面的观点。

他的研究关注控制,因为组织是控制大量个人行为的一种手段。也就是说,如果要实现组织的目标,人们必须或多或少地按照组织的意愿一起工作;无论这一组织是一个工会、公司、福利机构、合作社,还是以色列集体农场、金融机构、经纪公司或美国女性选民联盟的一个分支机构——坦南鲍姆和他的同事及他们的追随者们研究过的所有组织。控制是一个人或一群人决定(即"有意地影响")另一个人或一群人的行为的过程;换句话说,使其他人去做他们想让这些人去做的事情。在一个组织中,这可能是通过命令或说服、威胁或承诺,通过书面交流或口头讨论,甚至间接地通过调整一个其他人必须跟上的机器的速度，或者通过给一个计算机编程来产生其他人必须处理的信息——或者通过可以产生这样效果的任何其他手段。

多年来，坦南鲍姆和他的同事们在研究中所使用的用以代表控制的方法是，询问组织的成员他们自身和其他人拥有多大的影响力。他们会被问到一个典型的问题："下面每一个群体对（组织内）发生的事情拥有多少发言权或影响力？"这里的群体是指层级梯队，如经理、主管和工人；分组可以根据需要而变化。这个简单的问题能够产生大量的信息，因为即使只有三个组——经理、主管和工人——每个组中的人都可以评估其他两个组和他们所在组的影响力，从而获得大量的交叉检验评分。如果使用了四个、五个或六个小组，则信息量变大。这个问题的问法也可以改变，例如更具体地询问对其他人的做法或对政策的影响。

组织的成员对这个问题的回答方式是，在每个组的五个类别中勾选一个，如表 5-1 所示。

表 5-1 分组回答设置

	很少或没有影响	有点影响	有较大影响	有很大的影响	有非常大的影响
经理	-	-	-	-	-
主管	-	-	-	-	-
工人	-	-	-	-	-

影响程度得分从 1 分到 5 分，勾选"很少或没有影响"项得 1 分，勾选"有点影响"项得 2 分，依次类推，勾选"有非常大的影响"项得 5 分。

以这种方式回答这样一个问题，可以反映出涉及其中的人们所实际感知到的影响力。另一类信息是通过再次提出同样的问题而获得的，但是这次的问题将"有多少"一词替换为"应该有多少"，而通过这一问题所获得的信息同样很丰富。由此可得到偏好或理想的影响力。

坦南鲍姆的研究及其解释的影响通过将结果绘制在所谓的控制图上而得到加强。根据控制图，可以绘制出各种不同的平均得分，但通常会将所有其他人和自己给每个组的影响评分相加并计算其平均得分。在上面的例子中,经理、主管和工人将分别被赋予一个五分制的平均分,并被绘制在一张控制图中,其中,三类群体按照层级沿水平轴均匀地排列。一个简化但并非不具代表性的假设性结果可能看起来类似图 5-2 所示。

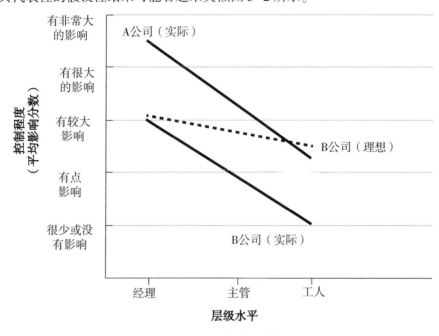

图 5-2　各层级群体控制程度

在纵轴(平均影响分数)上,通过连接代表每组(经理、工人、主管)平均得分的三个图点来绘制曲线。

控制图最直观的视觉冲击来自直线的斜率,这也是最明显的特征,即便不必然是最重要的特征。在图 5-2 中,两条实线代表了两个假想公司的实际控制权(相对于理想控制权)的分布。坦南鲍姆将这种从左到右的倾斜解释为一种层级分布,在这种分布中,从一个层级到下一个层级的控制权急剧下降。在实际的控制层级中,A 公司和 B 公司显示了工业公司的典型特征。坦南鲍姆发现,在西方工业化国家几乎所有的制造业组织中,所有员工——无论是领导还是下属——都会在调查中报告其组织呈现森严的层级制;他认为这种层级制具有分裂性,充满着怨恨和敌意。

这在大规模制造业组织中可能是不可避免的：即使是理想的斜率（描述"应该"问题时回应的图形）也不会从根本上挑战基本的控制层级。在制造业组织中，没有人提出上层应该比下层拥有更多控制权之外的其他任何建议——斜度不会变平，直线也不会向相反方向倾斜——但差异的**程度**是受到挑战的。理想的斜度通常不太陡。较低级别的员工经常觉得，他们应该对发生的事情有更多的发言权，正如 B 公司的理想斜率所示，他们希望采取比实际控制更民主的做法。

此外，不仅可以在某种程度上弱化大型工业组织中森严的层级制，还可以通过减轻层级制负面影响的方式对其进行管理。例如，与意大利工厂里典型的威权主义做法相比，美国的主管会更平等地对待下属，相对不拘礼节。

坦南鲍姆意识到，意大利工人可能更关心改变系统，而不是工作得更好的可能性。当然，一个国家的社会经济体系体现在影响层级制的组织形式之中。前南斯拉夫（有工人委员会）和以色列基布兹（有集体所有制和选举出来的管理者）的控制图中的直线斜度没有西方资本主义企业的那么陡峭。这并不是说前南斯拉夫和以色列的做法可以或者应该被复制到其他地方，因为前南斯拉夫的管理者可能是专制的，而基布兹系统只有在小规模单位中才可能实现。

适合组织目标的成员类型也会影响控制程度。在凭意愿加入的组织（如美国工会和美国女性选民联盟）中，普通员工的影响力远远大于工业界的带薪员工；类似的结果发生在由受过高水平教育的专业人员组成的巴西开发银行之中，这一结果表明，专业化也有同样的效果，因为这些成员的工作依赖于较少的直接控制，同时，他们的观点受到较多的关注。

然而，尽管控制图中直线的斜率是其最明显的特征，但在坦南鲍姆看来，它并没有描绘出一个组织的最重要特征。他说，组织的最重要特征是在其内部实施的**总控制**，如图 5-2 所示，它是由直线下的**区域**所构成的。图 5-2 中，A 公司和 B 公司具有相同的层级斜率，但是由于 A 公司的直线高于 B 公司的直线，A 公司直线下区域（即直线和底部横轴之间的区域）的面积更大。

换言之，A 公司所有群体的影响力分数都更高，因此每类群体都拥有更大的控制权。这是对一个貌似悖论的可视化表征，这里的悖论是指较低层级的员工（如工人）可以享有更大的控制权，但并不减损管理者的控制权。事实上，管理者也可能拥有更大的控制权。这是有可能的，因为影响力的总量——"影响力饼"的大小——可以扩大，因此，一个组织中的总影响力要大于另一个组织，因为控制并不是一个零和过程。

究其原因，领导者也是被领导者。领导者依靠下属来完成工作。那些持零和博弈观点的威权型领导者假定总控制力是一个固定值，并紧紧抓住他们认为自己应该享有的主要份额。他们看起来在支配着每个人，但他们对他人行为的实际影响可能非常有限。在这种情况下，下属也会采取零和博弈的观点，以保护自己的控制权不受侵犯。这可能会导致冲突和最少的合作。如果领导者假定总控制力是可扩大的，他们会很乐意与下属沟通，欢迎下属提出意见，并采纳他们的建议；换句话说，邀请下属影响自己。同时，下属参与到正在做的事情之中意味着领导者的影响力也在扩大，因为他们更有可能去做应该做的事情。

研究结果表明，日本的矿业和制造业公司比美国的同类组织拥有更大的控制权。罗马天主教会的"进步"教区（即那些其主教被认为是支持决策民主化的教区）比保守教区拥有更大的总控制力。与传统工厂相比，包含自我管理的社会技术团体的工厂（见本书第 6 章埃里克·崔斯特部分）也有更大的总控制力。

从士气和生产力角度来衡量的话，更高的组织效能可能更多地与总控制力的提高（而不是其层级分布的民主化）联系在一起，这是因为（总控制力的扩大使得）所有的关注点都受到更加充分的控制，并且是受到来自连锁影响的控制。这一点，无论是对美国的私营企业还是对以色列的集体农场，都同样适用。

坦南鲍姆的研究挑战了一个普遍的观点，即控制是且应该是单向的，是领导者对被领导者的控制。当被领导者拥有更大的控制权时，领导者也会有更强的控制。尽管降低层级的斜率是很重要的,但是,人们过于关注这种"权力的平等化",而对扩大总控制力的可能性关注过少。证据表明,人们更感兴趣的是自己能够行使更大的控制权,而不是其他人到底能拥有多少的控制权。

坦南鲍姆具有挑战性的视角的优势在于,它建立在一系列独特的持续性研究项目的基础之上,这些研究项目是在许多国家开展的,它们采用标准化的方法,并且一次又一次地证实了他的结论。

参考文献

TANNENBAUM, A. S., *Social Psychology of the Work Organization*, Wadsworth (California) and Tavistock, 1966.

TANNENBAUM, A. S., *Control in Organizations*, McGraw-Hill, 1968.

TANNENBAUM, A. S., "Controversies about Control and Democracy in Organizations", in R. N. Stern and S. McCarthy (eds), *The International Yearbook of Organizational Democracy*, Vol. 111, Wiley, 1986.

TANNENBAUM, A. S., KAVCIC, B., ROSNER, M., VIANELLO, M. and WIESER, G., *Hierarchy in Organizations*, Jossey-Bass, 1974.

6.
组织中的人

管理的成败取决于管理者是否被员工群体毫无保留地接受为权威和领导。

——埃尔顿·梅奥(Elton Mayo)

整个组织必须由多个重叠的小组结构组成,每个工作组都巧妙地运用小组决策过程。

——伦西斯·李克特(Rensis Likert)

在适当的条件下,普通人不仅会学着接受责任,而且会学习寻求责任。

——道格拉斯·麦格雷戈(Douglas McGregor)

对生产与人员管理的(9,9)取向的目的在于,在高度关注这两者的条件下,将工作的这两个方面整合起来。

——罗伯特·R. 布莱克(Robert R. Blake)和简·S. 莫顿(Jane S. Mouton)

成功的管理者必须是一位出色的诊断专家,并且必须重视探究精神。

——埃德加·H. 沙因(Edgar H. Schein)

任何组织,无论是宗教组织、政治组织还是工业组织,其首要职能都应是满足人类享受有意义生活的需要。

——弗雷德里克·赫茨伯格(Frederick Herzberg)

最接近全面优秀的领导者可能是那些凭直觉或通过培训就知道如何管理他的环境,从而使领导情境与其领导风格最匹配的人。

——弗雷德·E. 菲德勒(Fred E. Fiedler)

只有基于功能冗余(而不是部分冗余)的组织才具有灵活性和创新潜力,才有适应快速变化、复杂性和环境不确定性增加的可能。

——埃里克·崔斯特(Eric Trist)

随着社会的变化,其组织也必须改变;随着组织的变化,其薪酬体系也必须改变。

——爱德华·E. 劳勒(Edward E. Lawler)

组织是由相互依存的人构成的系统。虽然本书前几章中的作者或隐晦或明确地认识到这一点,但他们主要关注的是"正式系统"——它的目标、为实现这些目标应该具备的原则,以及它应该以何种方法运作。然后,人被视为是实现目标所需的基本资源之一。但人是一种相当特殊的资源。他们不仅为组织工作——他们就是组织。

组织成员的行为显然会影响组织的结构、运作,以及管理组织的原则。最重要的是,人不仅会影响实现目标的方法,还会影响他们所参与的组织的目标。本章的作者都是特别关注分析人的行为及其对组织各方面影响的社会科学家。他们研究了人类的态度、期望、价值体系、紧张关系和冲突,以及这些对生产力、适应性、凝聚力和士气的影响。他们认为组织是一个"自然系统"(一个有机体,其过程必须以自己的方式进行研究),而不是一个"正式系统"(一种旨在实现特定目标的机制)。

梅奥是人际关系运动之父,该运动突出了一种观点,即工人和管理者首先必须被理解为人类。李克特和麦格雷戈反对正式组织建立所依据的对人类行为的基本假设,并基于对人类动机更充分的理解提出了新的管理方法,而布莱克和莫顿则描述了一种对生产和人员同样高度关注的管理形式。

沙因关注的是理解和管理个人职业与组织文化之间的关系。赫茨伯格明确了人们对成长和发展的典型需求如何在工作中得到满足。

菲德勒分析了在不同情境下可带来有效性的适当领导风格。崔斯特和他在塔维斯托克人际关系研究所的同事证明了设计团体和组织时考虑到人、社会以及技术方面问题的效用。劳勒强调薪酬系统对组织成员的动机和绩效的影响。

埃尔顿·梅奥

埃尔顿·梅奥(1880—1949)是澳大利亚人。他大部分的职业生涯在哈佛大学度过,并最终成为哈佛大学工商管理研究院(现哈佛商学院)产业研究教授。在这一岗位上,他发起和指导过很多研究项目。其中最负盛名的是对位于芝加哥的西方电气公司进行的为期五年的霍桑研究。在他去世前不久,梅奥还曾担任英国政府产业问题方面的顾问。

梅奥常被称为人际关系运动和工业社会学的奠基人。他所指导的研究揭示了群体对个人工作行为的重要影响,这使得他可以据此就管理者应该如何行动做出推论。

和同时代的其他学者相似,梅奥起初的研究兴趣是疲劳、事故和劳动者离职,以及工作中的休息和工作条件对这些现象的影响。他的第一个研究项目是在费城一家纺纱厂中进行的。当时这家纺纱厂有一个部门的离职率高达250%,而其他部门的平均离职率仅有6%。梅奥引入的"休息暂停"措施改善了劳动生产率和工人的士气。在操作工们参与到对休息暂停的频率和时长的设定中以后,劳动生产率有了进一步提高,整个工厂的工人士气也得到提升。在梅奥参与改革的第一年末,该部门的离职率回落到该工厂其他部门的平均水平。起初,梅奥给出的解释是休息暂停措施打破了工作的单调局面,从而改善了工人的身心状态。然而,通过后续的研究,梅奥改变了自己的看法。

促成这一改变的主要研究是1927—1932年开展的霍桑实验。霍桑实验也为后续的很多研究打下了基础。在梅奥的研究团队进入之前,一些工程师调查了照明条件对工人及其工作的影响。工人们被分成两组,其中一组的照明条件不断改变,另一组则保持不变。结果,这两组工人的劳动产出并不存在显著差异。实际情况是,不论研究者如何调整照明条件,这两组工人的产出都有提高。

此时,梅奥带领的产业研究团队接手了这项研究。研究的第一阶段是著名的"继电器装配实验"。在接下来的五年,六名装配电话继电器的女性操作工被隔离观察,以确定工作条件的变化对其工作产出和士气的影响。她们的所有工作产出都被记录在案。起初,研究者引入了一项特殊的团队薪酬计划。而在此之前,这六名女性操作工和其他 100 名操作工享受同样的激励性薪酬。研究者在不同的时间点进行了共计十多项工作条件的调整,包括改变休息暂停的时长和间隔、缩短工作时间以及提供茶点。在真正调整这些工作条件之前,研究者花费了大量时间同参与实验的女性操作工进行讨论。在整个实验过程中,女性操作工和研究团队之间一直保持充分和坦诚的沟通。几乎毫无例外地,每一次工作条件的改变都导致了工作产出的提升。

实验的下一阶段是恢复到原有的工作条件。这些女性操作工重新回到每周 6 天 48 小时的工作状态,没有激励,没有休息暂停,没有茶点。然而,她们的工作产出达到了有记录以来的最高点。到了这一刻,一切变得很清楚了,就像梅奥所说的那样:"实验所施加的那些逐项调整……不能用来解释最主要的变化——不断提高的劳动产出。"他们最终给出的解释是,参加实验的女性操作工因为拥有更自由的工作环境、能够控制自己的工作节奏,其工作满意度得到大幅提升。这六名女性操作工实际上已经成为一个具有自我标准与期望的社会群体。通过将她们从常规的工作环境中剥离并加强她们之间的交往与合作,非正式工作行为、价值观、规范和社会关系得以建立,从而为这个群体带来了强凝聚力。

而且,研究者和女性操作工之间的沟通也十分有效,这意味着产出的标准正是她们认为研究者所想要的那个标准。管理者还对每名女性操作工表示出人文关怀,并表达对该团队产出的自豪。因此,工人和管理者都体会到了参与感,建立了一种全新的工作模式。梅奥将此归纳为,工作满意度很大程度上取决于工作群体的非正式社交模式。当工人们感知到自己被重视,并因此建立起合作和高产的行为规范时,物质层面的工作条件就没什么影响了。

然而,这些解释都是几年后得出的。在实际的实验过程中,工人们不断增加的产出被认为是一种奇迹。于是研究者对整个工厂的工作条件进行了调查。调查采用了访谈形式。研究者很快认识到,通过访谈几乎了解不到工厂的实际工作条件,但可以了解到很多工人的态度。这一阶段的主要发现是,工人与管理层之间的很多合作问题主要源于工人情绪所导致的态度,而非工作中的实际困难。梅奥认为,工人们往往受到"情绪逻辑"的驱动,而管理层遵循的是"成本和效率逻辑"。除非双方都能够理解这种差异并做好应对准备,否则冲突是无法避免的。

霍桑实验的第三阶段是观察一个工作小组在自然情况下,也就是非实验状态下,如何完成任务。来自后来为人们所熟知的"触排布线观察室"(bank wiring observation room)的一些男性工人被持续地观察,他们的工作产出被记录下来。研究者发现,工人们限制了自己的产出。工作小组有自己的产出标准,每一个工人都不会超过这个标准。工作小组成员对公司的金钱奖励计划漠不关心。工作小组内部高度团结,具有自己的社会结构和行为准则,而这些社会结构和行为准则与管理者所设定的员工社会结构和行为准则相冲突。实际上,这一行为准则包含了团结一致反对管理层的成分:不能干得太多,干得太多会打破公司设定的工作量(rate-busting);也不能干得太少,干得太少等于欺骗。工人们几乎不承认组织赋予的正式角色。这证实,非正式组织对工作产出有重要影响。

总的来说,霍桑研究的重要性在于发现非正式组织存在于几乎所有组织之中(这一点现在我们已经意识到了)。这项研究揭示了工作场所中稳定的社会关系对于个人的重要性。这一研究证实了梅奥的一个更具普遍意义的思考,即他所称的人类行为的"乌合之众假说"(rabble hypothesis)——每一个个体都只是追求狭隘的理性私利——是完全错误的。这项研究支持了梅奥的观点,即传统社会价值观的崩坏可以通过在产业活动中建立有利于自发合作的工作条件进行弥补。

梅奥认为,管理层的主要任务之一是通过组织建立这种自发合作来防止社会的进一步崩溃。随着人们对社区和家庭依附的消失,以及工作场所在人们生活中的重要性的增加,来源于传统机构(如社区和家庭)的支持现在必须由组织来提供。如果管理者能够认识到他们在提供集体归属感方面应该扮演的角色,人们之间的冲突、竞争和分歧就都可以避免。在霍桑研究结束之后,直到离世,梅奥都对如何建立自发合作非常感兴趣。这正是人际关系运动的基础——运用社会科学的洞见来确保人们对组织目标和活动的承诺。

霍桑研究和梅奥对管理实践者与管理研究者产生了巨大的影响。由此,人们更加充分认识并理解了工作中人的因素。其核心发现是,非正式小组是工人们实现抱负的渠道。梅奥的研究还突出了充分沟通系统的重要性,尤其是工人与管理者之间自下而上的沟通。用梅奥的话来说,这些研究表明"管理的成败取决于管理者是否被员工群体毫无保留地接受为权威和领导"。

参考文献

MAYO, E., *The Human Problems of an Industrial Civilization*, Macmillan, 1933.

MAYO, E., *The Social Problems of an Industrial Civilization*, Routledge & Kegan Paul, 1949.

ROETHLISBERGER, F. J. and DICKSON, W. J., *Management and the Worker*, Harvard University Press, 1949.

伦西斯·李克特和道格拉斯·麦格雷戈

伦西斯·李克特(1903—1981)是一位美国社会心理学家,他于1949年在密歇根大学创立了社会研究所,该所是研究组织中员工行为的重要机构之一。直到1969年退休前,他一直是该机构的负责人。退休后,他成立了一家咨询公司伦西斯·李克特服务社(Rensis Likert Associates),将自身对组织管理的想法付诸更为广泛的管理实践。他的著作是基于他和同事进行的大量研究而写成的。他的最后一本著作的合著者是他的研究合作者,也是他的妻子——简·吉布森·李克特(Jane Gibson Likert)。

道格拉斯·麦格雷戈(1906—1964)同样也是一位社会心理学家,他发表了若干关于该领域的研究论文。他曾经担任安蒂奥克学院(Antioch College)的院长(即首席执行官),对于这一时期作为高级管理者的经历给他关于组织运行的看法所产生的影响,他也做过阐述。从1954年开始直到去世,他一直是麻省理工学院的管理学教授。

李克特宣称"美国企业和政府中绩效最佳的管理者们正在为建立一个比当下更为显著有效的管理体系指明方向"。研究已经表明,效率低下的部门往往由"工作导向"的主管负责。也就是说,他们"倾向于注重让下属忙于以规定的方式、按照时间标准所确定的速度来走完一个具体的工作周期"。这种态度显然源于泰勒(见本书第4章)。泰勒强调把工作分解成各个组成部分,然后挑选和培训人员来从事各部分工作,并不断施加压力获得产出。在这些主管的心目中,他们是利用自己可支配的资源(包括人员)来完成工作。

研究发现,绩效最佳的主管会将注意力集中在下属问题中人的方面,以及建立设定高成就目标的有效工作团队。这些主管是"员工导向"的。他们把自己的工作看作是与人打交道,而不是与工作打交道;他们试图把员工作为独立个体来认识。他们认为自己的职能是帮助员工高效地完成工作。他们实行的是宽泛的而非细化的监督,更关心的是目标而不是方法。他们允许员工最大限度地参与决策。要想获得高绩效,主管不仅需要以员工为导向,还必须有高绩效目标,同时有能力运用决策过程来实现这些目标。

在总结这些发现时,李克特区分了四类管理系统:

- 第一类管理系统是剥削权威型。其表现包括:管理层利用员工的恐惧和对员工的威胁进行管理,沟通是自上而下的,上下级的心理距离很远,大多数决策是由组织高层做出的,等等。

- 第二类管理系统是温和权威型。在这类管理系统中,管理层利用奖励进行管理;下级服从于上级,向上流动的信息受限于上级想听到的内容;政策性的决策主要由高层做出,虽然在规定的框架内,决策也有可能被委托给下属做出;等等。

- 第三类管理系统是民主协商型。在这类管理系统中,管理层利用奖励进行管理,寻求偶尔的惩罚以及一些参与;沟通是双向的,但除了上级希望听到的,向上的沟通是有限且谨慎的;下级可以对其部门的活动产生适度的影响,因为高层会做出宽泛的政策性决策,而下属会进行更具体的决策。

- 第四类管理系统以参与式团队管理为特征。在这类管理系统中,管理层给予经济奖励,在设立高绩效目标、改进工作方法等活动中充分利用团队参与;沟通可以是向上或向下的,也可以与同级同事沟通,且都十分准确;下级和上级在心理上非常亲近。决策制定主要是以小组讨论形式在整个组织中开展的;通过将组织结构视为一系列重叠的小组,每个小组都通过同时属于多个小组的员工(称为"联结销")与组织的其他部分相连接,从而将决策整合到组织的正式结构之中。第四类管理系统带来了高生产率、更多的员工参与以及更和谐的劳资关系。

一般来说,高绩效的管理者通常通过第四类管理系统,将其组织单元中的员工打造成高效的工作团队,其成员具有合作的态度和高工作满意度。但是,也有例外。技术过硬的、工作导向的、严格的管理可以实现高生产率(特别是当有严密的控制技术体系做后盾时)。然而,受高压手段管理的下属,很可能对工作和管理产生消极的态度,产生过高的生产浪费,造成过高的废品率。他们也呈现更高的缺勤率,甚至出现以停工、管理申诉为标志的更严重的劳资冲突。

李克特认为,管理是一个相对的过程。为了达成高效率和更好的沟通,领导者必须考虑他们所领导的员工的特点,以此来调整他们的领导行为。适用于所有管理情境的领导准则是不存在的,只有一般原则,并且这些一般原则必须基于对管理者所互动的员工的期望、价值观和技能的理解来解读。对这些价值观和期望的敏感度是一项关键的领导技能,而组织必须创造氛围和条件,来鼓励所有管理者以符合员工价值观和期望的方式与他们进行沟通。

为了完成这项任务,管理层已经掌握了若干由社会科学家开发的相关因素的测量工具,用于测量如下变量:

- 成员对组织的忠诚度;
- 团队和个人的目标促进组织目标实现的程度;
- 组织成员的激励水平;
- 组织不同层级之间和不同子单元之间的信心与信任;
- 沟通过程的效率和充分性;
- 在得到他们觉得有用的帮助和获得他们希望得到的保证的基础上,上级准确了解下级的期望、反应、困难、问题和失败的程度。

这些以及其他的措施使组织能够随时了解作为组织运作基础的人的系统状态(称为"互动-影响系统"):它是在改进还是在恶化?为什么会出现这种状态?应该做什么来实现我们期待的改进?关于互动-影响系统的客观信息使领导和管理问题变得非人格化,突出了"事实的权威"。以这样的方式,"情境法则"(见本书第 4 章福列特部分)将决定我们需要采取哪些行动。现在我们可以对更广泛范围的人类行为进行测量并使它们变得客观,而在此之前,我们不得不仅仅依赖印象与判断。

麦格雷戈研究了管理行为背后对人类行为的假设。传统的管理理念(以法约尔为例,见本书第 4 章)建立在管理层必须对企业及其成员实施指挥和控制的基础之上,它暗示了某些关于人类动机的基本假设,麦格雷戈将其描

述为"X 理论":

普通人天生就不喜欢工作。只要有可能,普通人就会尽量逃避工作。因此,管理层需要强调生产率、激励计划和"公平日工作"(a fair day's work),谴责"产出限制"。由于这种厌恶工作的人性特点,大多数人必须受到强迫、控制、指挥和被用惩罚来威胁,使他们为实现组织目标付出足够的努力。普通人喜欢被指挥,倾向于逃避责任,野心相对较小,想要安全感胜于一切。

X 理论之所以能够持续存在相当长的时间(尽管它通常没有被如此直白地表述),毫无疑问是因为它解释了组织中的某些人类行为。然而,有许多容易观察到的事实和越来越多的研究成果(如李克特所描述的)不能基于这些假设来解释。麦格雷戈提出了"Y 理论",其基本原则是"整合",这一原则取代了指挥和控制。Y 理论关于动机有如下假设:

1. 工作中的体力和脑力消耗就像玩耍或休息一样自然。普通人并非天生讨厌工作:根据情境的差异,工作可能导致满足,也可能招致惩罚。

2. 外部控制不是获取普通人努力的唯一手段。普通人将为他们所承诺的目标进行自我指导与自我控制。

3. 为获得普通人的承诺而提供的最重要的奖励是满足其自我实现需要(可以与克里斯·阿吉里斯比较,详见本书第 7 章)。这可以是为实现组织目标所做出努力的直接产物。

4. 在适当的条件下,普通人不仅会学着接受责任,而且会学习寻求责任。

5. 有更多的人能够为解决组织问题做出创造性贡献。

6. 目前,普通人的潜力还没有得到充分发挥。

麦格雷戈分析了 Y 理论作为组织运行基础将会如何获得成功。他特别关注该理论对绩效评估、薪酬和晋升、员工参与和参谋-直线关系的影响。对于最后一个主题,他提出了一个重要的观点:只要参谋部门被用于服务高管层以达到控制直线部门的目的(这正是 X 理论的要求),参谋部门和直线部门之间就会存在紧张和冲突。然而根据 Y 理论,参谋人员的职责角色是为所有层级的管理人员提供专业的帮助。

李克特和麦格雷戈所共同提出的基本概念是,为了达成效率目标,现代组织必须将自己视为相互之间存在"支持关系"的互动群体。在理想情况下,组织内的所有成员都会觉得组织的目标对他们个人有重要的意义。他们将把有助于实现组织目标的工作视为有意义的、不可或缺的、有挑战性的。因此,为了有效地完成工作,下属需要获得领导者的支持。反过来,领导者认为他们的首要职能是提供这种支持,使他们的下属有效地完成工作。

在后续研究中,李克特夫妇通过界定"第四类系统总模型组织"(System 4T),拓展了其四类系统的划分框架。该组织是指除具有第四类管理系统特征外还具有其他一些特征的组织,这些特征包括:

- 由领导者制定并传递给下属的高水平绩效目标;
- 领导者在技术、管理和问题解决方面的高水平知识与技能;
- 领导者向下属提供计划、资源、设备、培训和其他帮助的能力。

此外,该类组织还具有分化与连接方面的最优结构,以及稳定的团队工作关系。

该类组织是目前处理冲突的最佳形式,因为它能够获得与群体需求相关的恰当数据(从而消除人与人之间的冲突),并参与团队决策,以解决分歧,实现整个组织的最大利益。只要两个团队中有一个团队的成员无法充分利用团队决策的技巧,更高级别的组织成员就必须进一步提供有关团队过程的培训。互动-影响系统将培养一种自我纠错的能力,因为领导者可以识别出那些没有有效地发挥联结销和问题解决功能的群体,并安排辅导和培训。纠错可以实现,是因为故障不是在事后数据(例如产量下降、成本上升、收益下降)中发现的,而是通过互动-影响系统在糟糕表现和冲突出现之前的早期阶段就已经发现了。

李克特的观点是,某组织的特征越接近上述组织的特征,其生产率和利润就越能得到改善,冲突也越会减少。李克特还提议了未来的第五类系统组织,在该类组织中,等级的权威将完全消失。个人的权威只能来自他们的联结销角色和他们所属的重叠小组所能发挥的影响。

参考文献

LIKERT, R., *New Patterns of Management*, McGraw-Hill, 1961.

LIKERT, R., *The Human Organization：Its Management and Value*, McGraw-Hill, 1967.

LIKERT, R., and LIKERT, J. G., *New Ways of Managing Conflict*, McGraw-Hill, 1976.

MCGREGOR, D., *The Human Side of Enterprise*, McGraw-Hill, 1960.

MCGREGOR, D., *Leadership and Motivation*, MIT Press, 1966.

MCGREGOR, D., *The Professional Manager*, McGraw-Hill, 1967.

罗伯特·R. 布莱克和简·S. 莫顿

罗伯特·R. 布莱克(1918—2004)与简·S. 莫顿(1930—1987)曾分别担任科学方法公司(现为方格国际有限责任公司)的主席和总裁,该组织主要为工业界提供行为科学方面的咨询服务。他们都是心理学家,且都在美国的大学接受过训练。布莱克在随后的企业界工作中首次设计并验证了"管理方格"(managerial grid)理论。

布莱克和莫顿的研究始于这样一个假设:管理者的任务是培养能够提高员工效率、激发和利用创造力、使员工对尝试与创新产生热情并从与他人的互动中学习的态度和行为。这种管理能力可以传授,也可以习得。他们的管理方格理论为理解和应用有效的管理提供了一个框架。

该理论为一种广泛应用的管理方法制定了指导方针。它在北美、欧洲和亚洲都取得了成功,被有效应用于生产、销售和研发等工作,以及工会、军队、政府和福利组织等机构。它与管理实践的关联性似乎超越了文化界限和组织形式。此外,从基层管理职位到高层管理职位,管理方格理论都得到了广泛的应用。

管理方格是由管理行为的两个基本要素组合而成:一是关注生产,二是关注员工。这里的"关注"并不意味着致力于具体的目标,也不意味着本身取得的成果。它指的是支配着管理者行为的一般管理方法,仅指他们在何种程度上关心生产和关心员工。

关注生产并不仅仅意味着关注工厂生产的实体产品。"生产"一词可以指提出好的研究想法的数量、处理账目的数量、实现的销售额、提供服务的质量或顶层政策决策的质量,等等。同样地,关注员工包括关注友情、个人对工作的承诺、某一个体的自我尊重、公平报酬等在内的一系列要素。

任何管理者的管理方式都会或多或少地体现这两个基本要素。一个管理者可能对生产表现出高度的关注,而对员工则表现出较低水平的关注,也可能完全相反,或者在对生产和员工的关注上都表现出中等水平。的确,上述几种管理方式都很常见,但同时,"这几种管理风格没有一种是令人满意的"这样的观点也是老生常谈。将关注生产和关注员工这两个基本要素作为坐标轴,可以绘制出一个网格,该网格不仅非常简单地揭示了在管理者日常行为中看到的许多典型组合,还揭示了"关注"的理想组合,如图 6-1 所示。

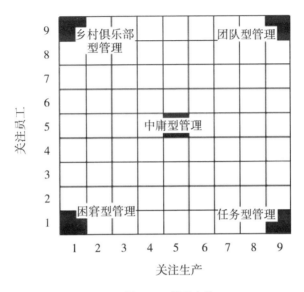

图 6-1　管理方格

资料来源:BLAKE and MOUTON,"The Managerial Grid", Advanced Management Office Executive, 1962, vol.1:9.

网格中的不同位置代表不同的典型行为模式。团队型管理(9,9)体现了同时对生产和对员工的高度关注。

图 6-1 中的网格表明,关注生产和关注员工在各个程度上的组合都是可能的,但是为了简单起见,只选择其中五种管理风格来进行说明。

(9,1)型管理风格,即任务型管理,主要集中在生产上。(9,1)型管理者是一个苛刻的监工,他期望员工能满足工作计划表,并且要求员工不多也不少地完成被告知的工作。任何出了问题的地方都会被归咎于某一员工犯的错,必须找到这个犯错的人并直截了当地对其进行责备。管理者做决策,下属执行。同时,管理者应该掌控一切,而意见不合很可能会被视为是仅次于不服从的事情。这种管理风格可以实现高产,至少在短期内如此,但它有许多不足之处。下属的所有创造力都集中在如何打败这个制度上,而不是如何改进它。不同意见被排除和压制,而未得到妥善处理。下属只做被要求做的事,不用更多,并且看起来明显是冷漠的。工会的发展以及工会与管理层之间的斗争,最终反映的是一种"我赢你输"的思想。这种管理风格在像美国这样竞争激烈的工业社会中非常盛行,许多人因教育程度不高而只能使用有限的技能,从而不得不忍受这种监管。

而(1,9)型管理风格,即乡村俱乐部型管理,单一强调对人的关心。它不会迫使人们去生产,因为"你可以把马牵到河边,但你不能强迫它喝水"。在这种管理下,人们受到鼓励和支持,同时,他们的错误会被忽视,因为他们被视为已经尽了最大的努力。这种管理风格的关键词是"和睦相处"和"非正式交谈",一起喝咖啡、讲个笑话以让事情进展顺利。一个不成文的规定是"休息时间不讨论工作"。但乡村俱乐部型管理也存在不足。人们尽量避免彼此之间的直接分歧或批评,生产问题也因此被掩盖了。即使工作进展不顺,也没人应该感到沮丧。此外,可能引起麻烦的新想法或可能带来负担的目标也会被允许悄悄溜走。在准垄断环境中,或者在成本加成的基础上运行时,(1,9)型管理风格更容易形成,而它的归宿可能是一个不具竞争力的部门被完全关闭。

既不关心生产也不关心员工所导致的结果是困窘型管理,即(1,1)型管理风格。很难想象一个完整的组织能在这样的管理下长久地生存下来,但是在个别管理者和主管身上,这种情况是十分常见的。这种管理风格的特点是逃避责任或个人承诺,让员工按自己认为合适的方式工作。这些领导者的工作会做得恰好到一种"如果出了什么问题,他们可以说'我告诉过他们该做什么了——这不是我的错'"的状态,不会再过多投入。他们尽量减少与其他人的接触,同时对遇到的问题概不负责。这种管理风格典型地揭示了某些人的沮丧情绪,这些人也许错过了升职的机会,也许被分流到边缘化的岗位,或者因为已经从事了多年例行性的乏味工作(正如本书第 7 章中克里斯·阿吉里斯所指出的那样)。

管理者们经常在乡村俱乐部型管理(1,9)和任务型管理(9,1)这两种风格之间变换。他们为了提升产量会变得相对严格,也就是趋向任务型管理,而当人际关系开始受到不良影响时,钟摆会再次摆向乡村俱乐部型管理。中庸型管理(5,5)位于网格中间,它以折中方法为典型,可能稍有差异。这种中庸之道的风格既使出足够的推力以令生产达到可接受的水平,也做出足够的妥协以保持可接受的士气。对关注生产和关注员工都全力以赴则过于理想化。这些管理者的目标是达到一种适度的"胡萝卜加大棒"的标准,公平但坚定,并对下属完成目标的能力抱有信心。因此,这种管理风格也会导致在问题处理上的折中妥协,即寻求平衡式的解决方案,而不是选择合适的解决方案。

不同于(5,5)型管理风格和其他所有管理风格,(9,9)型管理风格则同时表现出对生产和人员的高度关注,而且并不认为这两种关注是互不兼容的。(9,9)型管理者寻求围绕生产来整合人员。士气也是与任务相关的。不同于(5,5)型管理风格,(9,9)型管理风格试图发现最好的和最有效的解决方案,并以实现可达到的最高产量为目标,所有相关人员都能为这一目标做出贡献并从中获得成就感。人们通过工作和与他人合作来满足自己的需要,而不是通过乡村俱乐部型管理风格下的偶然社交。(9,9)型管理者认为,知道自己和他人在所做事情中的利害关系的员工不需要老板的指导和控制(正如李克特在本章前面部分所述)。管理者的职责是确保工作由与之有利害关系的人计划和组织,而不一定是亲自完成这项任务。目标应该对所有人都明确,即便要求很高,也应该是可实现的。同时,人们承认冲突会发生,但问题是直接和公开面对的,而不是作为私人纠纷。这就鼓励了创新。组织形式的持续改进和组织内部的发展都是(9,9)型管理风格的目标和可能的结果。

此外,布莱克和莫顿非常强烈地反对领导和决策的权变方法(见本章后面弗雷德·E.菲德勒的表述和本书第 5 章弗鲁姆的表述)。权变理论家认为,特定的领导风格适合于特定的情况。这就是说,在某些情况下,(9,1)型或(1,9)型也可能是最有效的管理风格。布莱克和莫顿质疑了这种非常静态的方法,因为这种方法似乎没有考虑到,例如,(9,1)型管理可能会对领导者的健康、事业或下属的发展产生不利的长期影响。

(9,9)型管理风格总是最好的,因为它建立在长期发展和信任的基础上。对一个领导者而言,如果他的下属期望或想要接受(9,1)型管理或(1,9)型管理,则他应该训练这些下属去理解并响应(9,9)型管理。这样一来,他们自己的发展也会得到改善。

采用(9,9)型管理风格应该出于多样的功能目的,但是其基本的原则应该得到坚定的保留。

在《高管成就》(*Executive Achievement*)一书中,布莱克和莫顿呈现了八个关于高管的案例研究,他们在研究中使用管理方格理论分析了所示领导力的局限性。许多限制高层管理有效性的习惯都是以不系统的甚至未经思考的方式历经多年而形成的。可以鼓励领导者更多地思考如何有效地行事,并获得自身对变革方式的洞察力。随后,他们就会因为发现(9,9)型管理带来的财务上的回报是如此可观,从而能够更好地准备向(9,9)型管理转变。

在向(9,9)型管理转变的过程中,为了取得最大的效益,整个组织必须分阶段地实施组织发展项目:第一阶段,采用脱产培训的方式,将管理方格作为一个理解组织行为的框架来学习;第二阶段,着重对实际运作的团队整体提供关于问题解决方法的在岗培训;第三阶段,开展与第二阶段同类型的应用活动,但针对的是那些必须相互合作与协调的公司部门之间的工作;第四阶段,为实现整个组织的最佳绩效而设定小组的目标;第五阶段,实施相应的变革;第六阶段,对变革引起的组织变化进行评估,以整合它们并为未来设定新的目标。研究发现,采用这种分阶段项目制的组织会更加成功,同时个体管理者也会获得更高的职业成就。

参考文献

BLAKE, R. R. and MOUTON, J. S., *The Versatile Manager: A Grid Profile*, Irwin-Dorsey, 1981.

BLAKE, R. R. and MOUTON, J. S., *The Managerial Grid* III, Gulf Publishing, 1985.

BLAKE, R. R. and MOUTON, J. S., *Executive Achievement: Making It at the Top*, McGraw-Hill, 1986.

埃德加·H.沙因

多年来,埃德加·H.沙因一直担任麻省理工学院斯隆管理学院的管理学教授,现为该校荣休教授。社会心理学家训练出身的他,早期在麻省理工学院是麦格雷戈(见本章前面的内容)的同事,在很大程度上受到麦格雷戈的个性及所做工作的影响。在这一传统的影响下,沙因成为一名在组织行为领域——特别是个人动机、职业动力和组织文化方面——富有影响力的研究者、顾问和作家。

和麦格雷戈一样,沙因在针对动机的分析中首先检验了管理者对被管理者所做出的潜在假设。沙因曾大致按照历史上出现的顺序提出了三种假设,并在此基础上加入了他认为更恰当的第四种假设。

1. **理性-经济模型**(the rational-economic model)。它是管理者的心理认知图景,管理者认为员工主要受到组织所操控的经济激励的驱动。员工本身是被动、懒惰、缺乏责任感的,因此必须被管理者控制。这是泰勒管理方式(详见本书第4章)的基本假定,麦格雷戈(见本章前面部分)将其描述为X理论。这种管理方式使行业的大规模生产变为可能,但是,当工会的力量变得强大,工作本身也变得愈加复杂,工作所需的不再仅仅是一双手而是一个人的时候,这种管理方式就会瓦解。

2. **社会模型**(the social model)。它的形成源于管理者意识到员工具有获得(身份)认同的需求,员工希望通过与他人特别是工作群体之间的关系建立认同感。与正式的激励系统和管理控制相比,群体的规范和压力对产出所发挥的作用要大得多。梅奥和霍桑研究的结果(见本章前面部分)对改变管理者的思想产生了重要影响,埃里克·崔斯特及其同事对矿业的研究(见本章后面部分)也发挥了同样的作用。对于这一理念的管理启示,李克特在"以员工为中心"的领导力和参与式群体管理(见本章前面部分)的相关内容中进行了详细阐述。

3. 自我实现模型(the self-actualizing model)。它是更进一步的发展,它强调了以下事实:组织通常会抹去员工所做的任何工作的意义。因此,员工以成熟的方式锻炼其能力和技艺的这种内在需求不能得到满足,随之而来的是异化和不满。临床心理学家亚伯拉罕·马斯洛(Abraham Maslow)的分析对于解释这一点非常有影响力。他认为,"自我实现"(实现一个人独特的心理潜能)是人类需求的最高形式,它超越了经济和社会方面的需求。这种方法对管理者的启示在麦格雷戈的Y理论(参见本章前面的内容)、克里斯·阿吉里斯的模式二(见本书第7章)以及弗雷德里克·赫兹伯格的工作丰富化(见本章后面部分)等相关内容中得以阐发。

4. 复杂性模型(the complex model)。它认为早期理论都是基于过于简化和概括的概念而提出的。而人的需求可划分为多种类别,并且人的需求也会根据个体的发展阶段以及生活状况的变化而变化。因此,动机会因人而异,因时而异,因具体情况而异。激励措施所产生的影响也会不同。以金钱为例,虽然金钱经常满足的是基本的经济需求,但也能满足一些人的自我实现需求。是什么激励百万富翁继续去创造他们的第二个或第五个一百万呢?员工还能够通过组织经验来学习新的动机,并对不同类型的管理策略做出回应。

对管理者最重要的启示是他们需要成为优秀的诊断师。他们应该足够灵活以调整自己的行为,从而用适当的方式满足特定下属在特定情境下的需求。管理者可能需要用到理性-经济模型、社会模型或者自我实现模型中的任意一种。他们可能会在某些工作设计中用到"科学管理",但是在其他工作设计中也允许员工在自我组织方面拥有充分的自主性。因此,他们会采用诸如劳伦斯和洛希(见本书第2章)、弗鲁姆(见本书第5章)以及弗雷德·E.菲德勒(见本章后面部分)等所提倡的权变式的管理方法。

根据沙因的说法,决定组织中个体动机的关键因素是"心理契约"。"心理契约"是在组织中的每一位成员与该成员心目中的组织代表者之间一直发挥作用的一系列不成文的期望。它既包括与经济有关的期望(如工资、工时间、工作保障等），也包括一些更为隐性的期望（如被尊重、获得某种程度的工作自主权、有机会学习和发展等）。尽管公开的谈判通常涉及的是薪酬和工作条件，但导致工人罢工和员工离职的某些最强烈的情感却常常与隐性期望得不到满足有关。

同样，组织对员工也有隐性的期望。组织期望员工忠诚、保守商业机密、竭尽全力为组织利益做贡献，等等。个体的工作承诺水平和工作热情程度取决于两个因素的匹配程度：其一，员工对组织将为他们提供什么以及他们应该为组织提供什么作为回报的期望；其二，组织对其将给予员工什么和从员工那里获得什么的期望。上述因素的匹配程度将决定个体的动机。由于两个因素间的匹配程度很容易发生改变，因此心理契约的内容需要不断地重新协商，特别是在个体职业生涯发展的过程之中。

沙因所持的"职业发展视角"识别出，个体与组织之间的持续匹配过程是理解组织的人力资源规划和个体职业规划的关键。这种匹配在个体职业生涯中的某些关键转折点尤其重要，例如刚加入一个组织、从技术岗转换到管理岗、职业发展从"上升"到"平稳"的转变，等等。

匹配过程中的一个关键要素是个体所拥有的职业锚（career anchor）的本质。职业锚是个体基于实际经验对自身才能、动机和态度的感知。每个个体都会形成自己的职业锚，特别是在组织职业生涯的早期阶段。它在个体的态度之中提供了一片增强信心的土壤，而这锚定了个体对职业与生活的解读。在对麻省理工学院管理专业毕业生的纵向追踪研究中，沙因发现了几种典型的职业锚，包括技术能力、管理能力、安全与自主权。职业锚在很大程度上影响了个体对自身、工作以及组织的认识。例如，一位以"技术能力"为职业锚的毕业生在其职业生涯中期仍然只关注技术任务。尽管他现在已经成为所在公司的董事和合伙人，他仍拒绝参与销售或一般管理方面的工作。另一位以"管理能力"为职业锚的毕业生，尽管老板对他的表现非常满意，但他仍离开了这家公司。他认为他实际上每天只花费了两小时在工作上，对此他并不满意。

了解职业发展的动力对于通过促进人力资源的规划与发展来改善个体需求与组织需求间的匹配这一过程非常重要。这样可以更有效地应对职业发展早期、中期和晚期各个阶段的危机。

组织运作方式的一个独特方面——塑造组织的整体绩效水平以及个体对组织的感受——是组织的文化。这是组织在学习应对外部适应与内部整合问题时所形成的基本假设的模式。组织将这些假设作为为实现成功而需要采用的正确的感知、思考、感受方式传授给新成员。这些假设涵盖了广泛的问题：如何穿着打扮、在什么程度上可以展开争论、在多大程度上服从老板的权威、奖励什么、惩罚什么，等等。不同的组织在回答上述这些问题时会表现出很大的差异。

领导者在维护和传播组织文化方面发挥着关键作用。他们会通过一系列有效的措施来实现这一目标，包括他们关注、衡量和控制什么，他们如何应对各种危机，以及他们招聘、晋升和开除什么样的人。这一切都传递出有关他们所管理的组织本质的重要信息。领导力的关键是对文化变革的管理。

两家公司合并后，为建立一个新的有效组织，几乎不可避免地会面临巨大的困难，这凸显出有必要理解文化差异的本质以及有意识地对文化变革进行管理。一个重大的风险是收购方不仅会将自身的结构和程序强加到合并后的公司，同时也会在不知不觉中强行注入自己的经营哲学、价值体系和管理风格。因此，当一家大型包装食品制造商收购了一系列成功的快餐店以后，他们将许多自己的生产控制程序强加到新的子公司，导致了成本的上升和餐馆经理的离职。而接替餐馆经理的母公司管理人员并不真正理解技术，因而无法有效地利用营销技巧。在付出了十年的努力后，他们仍无法实现子公司的盈利，最终不得不承受相当大的损失而将其转卖出去。

当组织实行多元化，发展新的生产线、新的领域或开拓新的市场时，也会遇到类似的问题。随后，管理者们经常会说文化的不相容是这些问题的根源，但不知何故，该因素在那时很少被真正考虑。一个原因是组织的文化具有弥漫性，以致组织的成员在即时情况下很难识别出组织文化的具体成分。

只有当他们遇到因他人的差异而产生的问题时,他们才会认识到自身的特点。沙因提出了一系列诊断程序,使管理人员(通常在外部顾问的帮助下)能够明确阐述所在组织的文化假设,从而洞察其与其他文化假设之间的相容性。

参考文献

SCHEIN, E. H., *Career Dynamics：Matching Individual and Organizational Needs*, Addison-Wesley, 1978.

SCHEIN, E. H., *Organizational Psychology*, 3rd edn, Prentice-Hall, 1980.

SCHEIN, E. H., *Organizational Culture and Leadership*, 3rd edn, Wiley, 2004.

弗雷德里克·赫茨伯格

弗雷德里克·赫茨伯格(1923—2000)是犹他大学的杰出管理学教授。在接受心理学的训练之后,他开始研究工业心理健康。他与同事和学生多年来开展的一个研究项目,关注工作场所中的人类动机及其对个体工作满意度和心理健康的影响。他质疑工商业机构中的现行方法是否适合人的整体需求和幸福。

赫茨伯格和他的同事对200名工程师和会计人员做了一项调查,这些人员代表了匹兹堡地区产业的典型人群。这些人被要求描述他们对工作特别满意的时候。研究者探究被调查者对工作感到满意的原因,要求他们描述让他们产生这种感受的事件的来龙去脉。接下来,研究者询问使得他们对工作感觉特别不满意的事件的来龙去脉。然后,研究者根据主题将被调查者的回答进行分类,从而确定导致工作满意和工作不满意的事件类型。

研究的主要发现是导致工作满意和工作不满意的事件截然不同。工作满意度的五个重要决定因素包括成就、认可、工作本身的吸引力、责任和晋升。然而,在工作不满意方面,被调查者却很少提及缺乏这五个因素。在分析工作不满意时,他们发现了一系列不同的因素:公司政策与管理、监督、薪水、人际关系和工作条件。基于发现的与工作满意和工作不满意相关的因素是如此截然不同,赫茨伯格得出结论:这两种感觉不是互为对立面,而是涉及两种不同的人类需求。

与工作不满意相关的一系列因素源于个体避免身体与社会剥夺这一压倒性需求。用《圣经》中的故事来进行类比,赫茨伯格把这些因素与人类的"亚当"本性联系在一起。当亚当被驱逐出伊甸园时,他很快面临着满足其动物性需求(对食物、温暖、免受痛苦、安全、保障、归属感等的需求)的任务。从那以后,人们不得不去关心满足这些需求以及那些由于社会条件的影响而加诸他们身上的其他需求。例如,我们已经了解到,在某些经济体中,要满足这些需求必须去赚钱，因此赚钱已成为一种特定的激励动力。

相反，与工作满意相关的因素源自人们实现完美潜能的需求。用《圣经》的话来说，这是人类的"亚伯拉罕"本性。亚伯拉罕是按照上帝的形象创造的。他有能力实现伟大的成就、发展和成长，有能力超越环境的限制，有能力实现自我。人的本性中也有这些方面，它们确实是典型的人性特征。人有理解的需求、取得成就的需求，也有通过这些成就来体验心理成长的需求，而这些需求是非常强大的驱动因素。

人类的"亚当"和"亚伯拉罕"本性都寻求在工作中得到满足，但它们的满足是在不同类型的一系列因素中实现的。"亚当"本性寻求避免不满意，基本上是在关注工作环境。它需要有效的公司政策、工作环境、保障、薪资等条件。如果这些条件不充分，工作不满意就会受到影响。因为它们本身是工作外在的因素，因此赫茨伯格将它们称为"工作保健"（job hygiene）或"维护"因素。正如缺乏卫生条件会引起疾病但具备卫生条件并不会导致健康，缺乏足够的"工作保健"因素会带来工作不满意，但是这些因素得到满足也不会带来工作满意。工作满意是通过"亚伯拉罕"本性提供的，这与工作本身的内容、成就、认可、责任和晋升等相关。它们被赫茨伯格称为激励因素或成长因素，这些因素的出现会带来工作满意。这些激励因素没有得到满足（如果工作保健因素得到满足）并不会导致工作不满意，但是也不会产生积极的激励。因此，赫茨伯格研究的基础是，工作满意和工作不满意不是相互对立的，因为它们涉及的是工作中满足人们不同需求的不同因素。因此，工作满意的对立面不是工作不满意，而是没有工作满意。同样地，工作不满意的对立面是没有工作不满意。

最初的研究发现——与工作满意相关的因素本质上和与工作不满意相关的因素不同——在之后的几项研究中也得到了验证。赫茨伯格整理了12项不同调查的信息，这些调查涉及来自一些国家的不同商业和其他类型组织的各种工作岗位上的1 600多名雇员，其研究结果表明，促进工作满意的因素绝大部分（81%）是与成长和发展相关的激励因素，而导致工作不满意的因素主要(69%)涉及保健因素或环境维护。

那么,如何利用这种"激励–保健"法来激励雇员,提高他们的工作满意度呢？首先,很明显,这不能通过保健因素来实现。当然,这些因素可以也应该得到改善,因为它们会降低工作不满意度。但是,健全的公司政策、工作条件、薪酬和监督越来越被看作是一种预期的权利,而不是对人们获得更高的成就和满足感的一种激励。为此,工作本身的奖励性质、认可、责任、成就和晋升机会是必需的。赫茨伯格认识到,这些词汇现在可能被用于形容工作,但它们通常被作为一种肤浅的方式来使用,或者被应用于没有太多有效行动的鼓舞人心的讲话。因此,他倡导基于工作设计的工业工程方法,但他是从和泰勒(见本书第4章)截然相反的角度来倡导的。激励–保健理论不是通过工作合理化和简化来提高效率,而是建议将工作丰富化以包含激励因素,从而有效利用人员并提高其工作满意度。

工作丰富化(job enrichment)的原则要求将工作发展成包含为雇员提供心理成长机会的新内容。仅仅将一项要求不高的工作增加到另一项工作之上(通常是工作扩展的情况)或从一项要求不高的工作转换到另一项要求不高的工作(如工作轮换)是不够的。这些仅仅是横向的工作增加。相比之下,工作丰富化需要纵向的工作增加,将成就、责任、认可、成长和学习的机会设计到工作之中。方法是寻找消除某些控制的方法,同时保留或增加个人对自己工作的责任；把一个完整的自然工作单元交给一个人；给予工作中的一位员工额外的权力；增加工作自由；直接向工人而不是主管提供报告；引入那些以前未开展过的新的、更困难的任务；等等。

赫茨伯格及其同事已经报告了许多实验及成果,这些实验中引入了上述变革,最终效果相当可观。例如,在一项针对一家大公司的"股东通信员"工作的研究中,以下建议曾被考虑但后来因它们仅仅涉及横向工作增加而被拒绝:可以为每天要回复的信件设置固定配额；允许员工自行拟定并打印这些信件；所有困难问题都可以交由少数员工来处理,以便其他人能够实现高产出；员工可以在不同的工作单元之间轮换,处理不同的问题,然后回到自己的工作单元。相反，它们引入了可以产生工作丰富化的变革：通信员直接负责信件的质量和准确性，这些信件直接以他们的名义发出（以前是由核对员来检查所有信件，然后由主管重新检查并签名，并且由主管负责其质量和准确性）；在每个工作单元内任命主题专家，为其他成员提供咨询（以前是由主管处理所有困难的、专业的问题）；对经验丰富的员工的信件审核从100%下降到10%；鼓励通信员以更个性化的方式回信，而不是依赖标准的表格。这些变革丰富了工作内容，同时提高了绩效和工作满意度。

在其他研究中，鼓励实验室技术人员（"实验管理者"）除了撰写监管科研人员的报告，还要编写个人的项目报告，并授权他们可以直接征用材料和设备；销售代表完全自行决定他们致电客户的频率，并获得大多数产品的价格约10%的自由支配权；授权工厂主管人员修改时间表，根据商定的人员配备目标雇用劳动力、任命他们的副手；等等。在每种情况下，工作绩效和满意度方面的结果都相当可观。

下属的工作变得越丰富，传统的在职监督就越多余。但这并没有降低主管工作的重要性：在所研究的公司中，他们发现，相比于以前，主管可以自由开发他们工作中那些具有更多管理成分的更为重要的方面。很快就可以清楚地看到，相比于检查受到约束的机械行事的人的每一个行动，监管拥有自我权威的人是一项具有更高要求、更高回报和更大乐趣的任务。对管理来说，挑战在于让组织召唤出激励因素，并通过公司政策、技术监督、工作条件等提供足够的保健支持，从而在工作中同时满足人类的"亚当"和"亚伯拉罕"本性。

参考文献

HERZBERG, F., *Work and the Nature of Man*, World Publishing Co., 1966.

HERZBERG, F., "One more time: How do you motivate employees?", *Harvard Business Review*, 46(1968), 53−62.

HERZBERG, F., *Managerial Choice*：*To Be Efficient and To Be Human*, Dow

Jones-Irwin, 1976.

HERZBERG, F., MAUSNER, B. and SNYDERMAN, B., *The Motivation to Work*, Wiley, 1959.

PAUL Jr, W. J., ROBERTSON, K. B. and HERZBERG, F., "Job enrichment pays off", *Harvard Business Review*, 47(1969), 61–78.

弗雷德·E.菲德勒

弗雷德·E.菲德勒是华盛顿大学心理学和管理学荣休教授。四十多年来,他一直关注一个有关有效领导本质的研究和咨询项目,该项目已在包括商业机构、政府机构、志愿者组织在内的许多组织中开展。

菲德勒对领导力的研究主要集中在工作群体层面,而不是工作群体所属的组织。在他的假设中,被任命为领导者的人具备完成这项工作所需的技术资格(例如,制造公司的产品开发主管将是一名工程师,只有合格的社会工作者才能成为社会工作部门的主管)。因此,他的疑问在于,究竟什么是导致有效群体工作的领导行为。有效性是以一种非常刻板的方式来定义的,即群体从事其赖以存在的首要任务的表现水平(例如,产出水平之于制造部门经理,学生的标准化成绩测试等级之于学校校长)。

菲德勒从领导者行为的视角,识别了两种主要的领导风格。一方面,**关系激励型领导者**(relationship-motivated leaders)能够从良好的人际关系中获得最大的满足感。他们的自尊在很大程度上建立于别人对他们的看法的基础上,他们敏于体察、善于关心群体成员的感受,他们鼓励下属参与并提出建议。

另一方面,**任务激励型领导者**(task-motivated leaders)强烈关注成功完成他们所承担的任何一项任务。他们纪律严明,对下属有着明确的命令,并提供标准化的工作程序;在他们自己执行命令时,他们同样觉得,在上级明确的指导方针和操作程序下工作最为舒服。如果没有相应的指导、程序或命令,他们也会设法创造出来。

菲德勒开发了一种非常独特的测量工具,用以区分以上两种领导风格或激励模式。他的问卷要求领导者回忆他们所有曾经共事过的人,并从中找出一个最难共事的人。然后,他们被要求对这个"最不愿共事者"(least preferred co-worker,LPC)的某些方面进行评分。

关系激励型领导者是那些尽管在和 LPC 共事的过程中遭遇困难,但仍会对这些特征给出高评分的人。因此,他们可能会认为自己所选的人是不值得信任和不体谅他人的,但他们承认,LPC 是令人愉悦的、让人觉得温暖和放松的。因为人际关系对他们很重要,所以这类领导者会做出如此细致的区分,并试图公正地看待他们所选的人。

任务激励型领导者根据员工对群体任务成功完成所做贡献的能力对员工进行评分,基于这一点,他们对 LPC 的评分将非常低(甚至出现全部负面的评价)。在该类领导者的眼中,LPC 不仅令人不快、不忠诚,而且让人紧张、无趣、不真诚、好争吵!

菲德勒在所有研究成果中都极其强调,这两种领导风格在适当的情境下都可以是有效的。因此,他采用了一种权变的视角来看待领导行为,摒弃了存在一种适合所有情境的最佳领导风格这一论断(有关最佳领导风格的观点,参见本章中李克特、麦格雷戈、布莱克和莫顿部分)。领导行为是否有效,取决于领导者所面临的任务的性质以及他们所处的情境。

用以描述领导者所处情境的基本概念是其能够行使权力与影响力的"有利"程度。领导者的权力越大,其影响力和控制力就越大;对他人善意的依赖越小,领导任务就越容易完成。菲德勒用以下三大维度来描述某种领导情境:

1. **领导者-成员关系**(leader-member relations)。与群体成员关系良好、受人喜欢和尊重的领导者,比人际关系差的领导者更有影响力。菲德勒认为,这是最为重要的单一维度。

2. **任务结构**(task structure)。相比模糊的、无结构的任务,具备具体的指导方针甚至已经程序化的任务能够赋予领导者更多的影响力。

3. **领导者的职位权力**(leader's position power)。能够奖惩下属的领导者(通过惩戒、定薪、聘用和解雇等方式)比不能奖惩下属的领导者拥有更多的权力,也因此处于更有控制力、更为有利的地位。

将每一个维度的得分划分为高或者低,然后进行排列组合,共得到领导情境的八个分类,该分类被列在图 6-2 的横轴之上。该轴是对领导者所处情境有利程度的刻画。

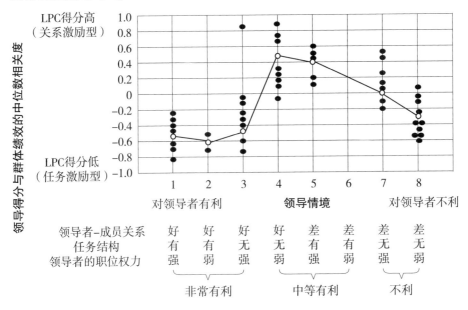

图 6-2　领导情境类型

资料来源：Fiedler(1967)。

对领导者最有利的情况是第一类领导情境。这类情境的一个例子可能是，一位建筑工程负责人要根据图纸建造一座桥梁，他亲自雇用了工人，并得到了他们的全力支持。工程的**技术**任务可能困难，但是，由于它是结构化、有详细说明的，而且领导者有良好的人际关系和强大的权力，所以**领导**任务是最容易的，领导者具有很大的控制力。

与此相反，图 6-2 中第八类领导情境可能描述的是一名家长，担任了家长-教师协会下一个委员会的主席，负责组织一次"让每个人都能玩得开心"的郊游。在这类情境里，**技术**任务比搭建桥梁容易得多，但是**领导**任务却要困难得多，因为它是非结构化的(你如何确定每个人都玩得开心？)，这名家长的职位权力很弱(无法命令委员会去执行指示)，其他家长可能会对任命感到不满(领导者-成员关系不佳)。

在这两类极端的情境之间，还有六类领导情境(第二类情境到第七类情境),这些情境中的一些维度对领导者有利,而其他维度则不利。

接下来的一个关键问题是,在每一类领导情境下需要什么样的领导风格(是关系激励型还是任务激励型)?菲德勒针对数百个工作群体样本进行了研究,这些工作群体覆盖了全部八类领导情境,相关研究成果呈现在图6-2中。这些群体包括轰炸机和坦克上的作业机组、董事会、篮球队和创造性问题解决小组。对于横轴上的每类领导情境,纵轴刻画了领导风格和群体绩效之间的关系。曲线上方的中位数相关度表明,关系激励型领导者(即 LPC 得分高的领导者)的绩效表现往往优于任务激励型领导者(即 LPC 得分低的领导者)。而曲线下方的中位数相关度表明,任务激励型领导者的绩效优于关系激励型领导者。

图 6-2 中所示的研究成果(该成果已经被许多后续研究复现)印证了有效领导的两个重要事实:

1. 任务激励型领导者往往在非常有利的情境(第一、二、三类领导情境)和非常不利的情境(第七、八类领导情境)中表现更好,换言之,这类领导情境的相关度低于纵轴的中线。而关系激励型领导者往往在中等有利的情境中表现得更好。我们可以明显地看出,这两种领导风格分别在某些情境下表现较好,而在其他情境下表现较差。因此,在不考虑领导情境时讨论领导的优劣是毫无意义的。

2. 领导者的绩效表现既取决于领导风格,也取决于领导情境的有利程度,两者同等重要。问题的关键是,领导风格必须与工作群体情境相匹配。这种匹配及其带来的优势可以通过尝试改变领导风格或尝试改变领导情境来获得。

菲德勒坚持认为,实现领导匹配的第一个变革选项(改变领导风格)是不现实的,试图做到这一点的领导力培训(例如增强开放性或以员工为中心)到目前为止效果不佳,因为领导风格的激励模式属于个体根深蒂固、不能被轻易改变的特征(如欲了解相反的观点,参见本书第 5 章弗鲁姆部分)。菲德勒认为,适当的培训——以及管理经验——带给领导者更多的是技术知识和管理技巧,这就赋予了领导者更大的影响力和控制力,从而使情境变得更加有利。但权变思维表明,在八类不同的领导情境中,对领导者更为有利的情境(例如通过改善领导者-成员关系,将第八类情境变更为第四类情境)需要匹配不同的领导风格。因此,虽然培训和经验将提高某一类领导者的绩效,即会有一个新的领导情境与其领导风格相匹配,但它会降低其他领导风格类型的绩效表现,因为其他风格类型已经与新的情境不相匹配。所以,领导力培训必须在掌握领导情境与风格相匹配的相关知识基础上开展,否则,多数情况下,培训必然不会取得很好的效果。

改变领导者的工作情境,使之迎合领导者的特定风格,是实现领导风格-情境匹配的更为合适的方法。因此,通过给予更明确的工作指示和更大的工作权限(从第四类情境变更为第一类情境),任务激励型领导者的处境会变得更为有利。降低情境的有利程度,以便通过更好的匹配来提高领导者的绩效,并不像最初看起来的那么不同寻常。管理者们经常被调到更具挑战性的工作岗位上,因为原来的工作对他们来说已经变得很无聊或没有新意。"挑战性"很可能意味着要和一些难缠的下属一起工作,工作权威也将被大大削弱。然而,关系激励型领导者如果从第一类情境变更到第六类情境,将会提高领导风格和情境的匹配度,从而提升领导者的绩效表现。

在后续研究中,领导者的认知能力被作为决定群体有效性的另一个重要影响因素进行探讨。当领导者的才能很高且存在支持性的工作环境时,任务激励型的领导风格表现更好。为了取得成功,那些在群体中智力水平相对较低的领导者必须实施关系激励型的领导风格,这样他们才能充分利用下属的资源。这些都是决定领导者定位的关键考量因素。通常来说,一个成功的组织能让所有领导者全面评价自身特征和所在群体的绩效表现,并能让领导者识别出自己在其中获得最佳绩效表现的相应情境。一个优秀的领导者能够创造出让他们的认知能力和领导风格最有可能取得成功的领导情境。

参考文献

FIEDLER, F. E., *A Theory of Leadership Effectiveness*, McGraw-Hill, 1967.

FIEDLER, F. E., "Situational Control and a Dynamic Theory of Leadership" in B. King et al. (eds), *Managerial Control and Organizational Democracy*, Wiley, 1978.

FIEDLER, F. E., and GARCIA, J. E., *New Approaches to Effective Leadership: Cognitive Resources and Organizational Performance*, Wiley, 1987.

FIEDLER, F. E., CHEMERS, M. M. and MAHAR, L., *Improving Leadership Effectiveness: The Leader Match Concept* (rev. edn), Wiley, 1977.

埃里克·崔斯特

埃里克·崔斯特(1909—1993)是一位社会心理学家,他曾长达二十多年在伦敦塔维斯托克人际关系研究所任高级成员,该研究所是将社会科学应用于社会和工业问题的一流中心。之后,崔斯特还担任宾夕法尼亚大学和约克大学的教授。在塔维斯托克人际关系研究所任职期间,他和一些同事(包括F.E.埃默里,A.K.莱斯以及E.J.米勒)针对团队和组织运作,开展了一个涵盖研究和咨询调查的项目。这种将研究和咨询相结合的方式被称为"行动研究"。崔斯特及其同事的工作是用系统的方法来理解组织行为。

在与K.W.班福思(一个前矿工)的合作中,崔斯特研究了机械化对英国煤矿开采的影响。随着采煤机和机械传送带的出现,采集煤炭的技术复杂性提升到了一个更高的水平。机械化使单一的长工作面采煤法取代一系列短工作面的采煤法成为可能;然而,这一技术变革对工作组织与工人在其中的地位产生了一系列社会和心理影响,而在引入这一变革之前,这些影响很少被考虑到。短工作面采煤法的组织模式建立在一个由熟练工人及其伙伴所组成的小型工匠小组的基础之上,由一个或多个体力劳动者协助。而长工作面采煤法的工作关系是围绕着如下基本模式进行组织的:由40~50人及爆破工加上"副手"(即监督员)组成一个采煤工作面小组。因此,在规模和结构上,(长工作面的)采矿基本单元呈现出小型的工厂部门的特点,而这破坏了传统的高度工作自主性和密切的工作关系,产生了一些有害的影响。

长工作面采煤法的大规模生产特点使以下安排成为必需:沿煤层掘进的大规模移动布局、基于轮班的基本任务专业化以及每次轮班都有不同支付方式的非常具体的工作角色安排。在这些情况下,要使40名在空间跨度为200码(约183米)的隧道且时间跨度为24小时三班倒的工人保持有效的沟通和良好的工作关系会引致相当多的问题。从生产工程的角度可以写一个等式,即200吨等于每200码内40名工人工作24小时,但是,当工作组织超越了传统的、独自完成所有工作任务的小型面对面群体的界限时,所引发的心理和社会问题就提出了相应的新要求。即以前的小型群体的社会整合受到了新技术的破坏,而且几乎没有实现任何新整合的尝试,由此便出现了许多社会压力的症状:用以互相帮助而形成的非正式小群体只会发生在工作面的一小部分员工之间,这样就不可避免地会留下一些孤立的个体;个体的防御性反应会促使员工在守时和工作报告方面使用小的欺骗手段;员工会为了分配到最好的工作场所而展开竞争;班组之间出现互相寻找替罪羊的情况,他们会互相指责对方的不足(在新系统中,随着员工自主性的下降,通常没有任何一个个体会被确定为存在过失,因此,将不在场的班组作为替罪羊是一种自保,即使这并不能解决任何问题);旷工成为员工补偿自身工作困难的方式。

这项关于技术变化影响的研究使得崔斯特提出一个新概念,即工作组织既不是一个技术系统也不是一个社会系统,而是一个相互依存的社会-技术系统。技术需求限制了工作组织可能的类型,但工作组织本身具有独立于技术的社会和心理属性。从这个角度来看,把社会关系看作是由技术决定的,或者把工作的完成方式看作是由工人的社会心理特征决定的,这样的观点都是毫无意义的。社会要求和技术要求是相互作用的,它们还必须具有经济有效性,这是(除相互作用外)二者相互依存的另一个方面。为其中任何一个方面取得最佳条件不一定能使整个系统获得最佳条件,因为如果其他方面不充分,就会产生干扰。目标应该是共同优化。

在对采矿业的进一步研究中,崔斯特发现,在同样的技术和经济限制下,可以运行不同的工作组织系统,它们会产生不同的社会和心理影响。因此,这就突显了管理层在很大程度上拥有组织选择的空间,使其能够考虑到社会和心理方面的问题。第三种作业形式也被开发了出来,称为"复合长工作面采煤法",这种方法不仅使采煤能够从新技术中受益,还能保留短工作面法的一些特点。在复合系统中,工人组成的小组负责整个任务,自主分配轮班和每班中的岗位,同时以团体奖金的形式支付报酬。因此,过度专业化的工作角色和跨班次的任务分离，以及随之而来的寻找替罪羊行为和缺乏团队凝聚力的问题，都得到了解决。例如，当一个子小组在规定时间之前完成了本班次内排定的工作，他们会继续进行下一项任务以帮助那些随后班次上的工人，这样的情况变得十分常见，因为这些随后班次上的工人是他们小组的成员。复合长工作面采煤法在技术上与传统长工作面采煤法类似，但前者能够提升生产率、降低成本、大大减少旷工和事故、提高工作满意度，因为它所形成的社会-技术系统更适应工人对工作自主性和亲密工作关系的社会与心理需要。

这种社会-技术系统方法同样被莱斯在一系列针对一家印度纺织公司的研究中应用于分析主管角色。他发现，仅仅给主管分配一系列职责（见本书第 4 章法约尔部分）或坚持一种特定的管理工人的方式，是不够的（见本章前文李克特部分）。主管的问题产生于需要控制和协调一个员工-任务关系的系统，特别是需要管理其中的"边界条件"，即将一个系统与它所在的更大的系统相联系的活动。为了有效地实现这一点，必须有一种容易确定的任务安排，以便最大化团队内部控制的自主性责任，从而使主管能够抽身出来担任边界管理的关键角色。

例如，在一个自动织布棚里，职业角色自手工织布以来并未发生变化，而棚里的活动被分解成若干部分任务，所需的工人数量由工作研究决定。从事不同职业角色的工人们会在不同数量的织机上工作：织布工们需要操作 24 台或 32 台织机，填浆工们则负责 48 台织机的填浆工作，织布拼接工需要负责 75 台织机，钳工负责 112 台织机，梭子手负责 224 台织机，等等。这导致值班经理必须定期与当班的其他 28 名工人就工作进行交流，钳工必须与 14 人互动，织布拼接工与 9 人互动，织布工与 7 人互动，等等。所有这些互动都建立在个体互动的基础上，只是在每个班次的整体层面进行汇聚，没有稳定的内部群体结构。莱斯对此进行了重组，创建了四个小组，每组由 6 名工人组成，包括一名组长，每个小组都有一个明确的小组任务，执行一组新的相互依存的工作角色。这些小组之间界限的划定是更为容易的，因此领导者在其管理中的任务就更容易完成。结果,效率发生了相当可观且持续的改进,损害也相应减少了。

这些研究和塔维斯托克人际关系研究所的其他研究使埃默里和崔斯特将企业概念化为一个"开放的社会-技术系统"。"开放",是因为它关注从环境中获取输入再输出到环境中,同时也关注这二者之间的转换过程。在他们看来,组织不是一个可以在静态平衡中获得稳定力的分解的封闭物理系统,而是有机体或组织在动态平衡中跨越边界与周围环境进行持续交换的开放系统,这个概念受到路德维希·冯·贝塔朗菲(Ludwig Von Bertalanffy)的启发。的确,他们认为,对于整个企业而言,管理的主要任务是通过对边界交换的管控使整个系统与其环境相联系,而不是通过对内部的管挖。如果管理是将环境视为给定的条件,并专注于以最有效的方式进行内部组织,那么这是在走一条危险的道路。当然,这并不意味着最高管理层不应介入内部问题,而是说高管对内部问题的介入必须以环境机遇和需求为导向。

问题在于,环境正在以越来越快的速度变化,并且变得越来越复杂。组织无法控制甚至没有认知的环境因素可能会相互作用而产生重大变化。埃默里和崔斯特根据复杂程度将环境从一个平静的、随机化的环境(对应经济学家所称的完全竞争)到一个"动荡的场域"进行分类。在所谓"动荡的场域"中,显著的变异开始出现,而这些变异不仅来自竞争性组织,也来自场域(例如市场)本身。

埃默里和崔斯特二人提供了一个组织的历史案例,这个组织没有意识到它的环境正在从一个相对平静的环境转变为一个相对动荡的环境。在很长一段时间里,这家英国食品罐头公司的主要产品——蔬菜罐头占有65%的市场份额。在这个基础上,公司投资了一个新的自动化工厂,这样做就吸纳了一种内在的刚性,即长期运营的必要性。但是,在建造工厂的同时,外在环境也发生了几次令组织无法控制的变化。冷冻食品的发展以及人们日益富裕带来的对冷冻食品的购买力提升为消费者提供了另一种选择。更大的直接竞争来自农作物的过剩,这些过剩农作物来源于美国冷冻食品生产商,它们会以非常低廉的价格出售不适宜冷冻的农作物,如进口水果被一些小型英国水果罐头公司买入采用,这是因为这些进口水果具有季节性,而这些小型英国水果罐头公司具有额外生产力,同时超市和连锁店也不断发展,它们希望以自己的名义销售更多的商品。因此,由于这些小型罐头制造商提供了极为廉价的产品(没有营销成本且原材料价格低廉),它们在三年内就能够通过超市自有品牌占领不断萎缩的市场中50%以上的份额。这个实例清晰说明了环境中的各种因素直接相互作用,使组织领域产生了剧烈的动荡。就该蔬菜罐头公司而言,在达到新的动态平衡之前,它需要对公司的宗旨、市场和产品组合进行大范围的重新界定。

埃默里和崔斯特认为像食品罐头商这样的企业倾向于设计的组织结构更适用于简单的环境,而不是它们实际面临的复杂而动荡的环境。现在它们所需要的是一个新的**设计原则**(design principle)。组织本质上需要系统理论和信息理论中所称的"冗余",这意味着可复制性、可替换性、可交换性,以及在面对变化和变革时减少错误所需的资源。传统的技术官僚制是建立在**部分冗余**(redundancy of parts)的基础上的。每个部分的工作都被分解,以使得每个最终的元素都尽量简单。相应地,一个理想的工作设计是:在一个工作内容非常狭窄的岗位上,不具备专业技能的员工很容易被替代,同时几乎不需花时间在培训上。但这种方法也需要可靠的控制系统——通常很繁杂,成本也很高。

基于**功能冗余**(redundancy of functions)的另一种组织设计适用于动荡的环境。在这种设计中,个人和组织都有广泛的活动体系以应对变化,并且是自我调节的。对个人而言,他们创造的是角色,而不仅仅是工作;对组织而言,它们形成了一个**多样性促进系统**(variety-increasing system),而不是减少变异的传统控制系统。为了实现这一设计,必须不断发展有关改善工作生活质量的恰当的新价值观,具体方法是尽量减少决定工人行为的技术方面的因素,以便通过所有有关方面的参与来满足社会和心理方面的需要。自治工作小组、(包括组织之间以及组织内部的)合作而不是竞争以及减少对层级的强调是在现代动荡环境中有效运作的一些要求。表 6-1 列出了新旧设计的主要特点。

表 6-1 新旧设计的主要特点

旧设计	新设计
技术强制性	联合优化
人是机器的延伸	人与机器互补
人是可消耗的零件	人是一种需要开发的资源
任务分解最大化，简单且狭窄的技能	任务组合最优化，多元且广泛的技能
外部控制（管理者、专业人员、程序）	内部控制（自我调节的子系统）
高耸的组织结构，独裁式风格	扁平的组织结构，参与式风格
竞争，比赛策略	协作，共同掌权
仅关注组织的目标	除组织的目标外，还关注成员和社会的目标
疏远	承诺
不愿承受风险	创新

资料来源：Trist（1981）。

在更广泛的"宏观社会"层面，新设计同样应用了社会-技术系统方法来实现动荡环境中的有效运作和工作生活质量的改善。例如，塔维斯托克团队与挪威社会心理学家 E. 索尔斯鲁德（E. Thorsrud）和 P. G. 赫布斯特（P. G Herbst）合作，共同研究了挪威航运业。

精密的散货船可以采用许多不同的技术设计。最后所选的方案应最能满足小型船上社区的社会和心理需要，这些船上社区必须在相当长的一段时间内在与外界隔绝的条件下每天 24 小时生活在一起，同时需要有效地完成其工作任务。他们建立了一个共用的食堂和娱乐室，同时整合了甲板和机舱船员，并削弱了官员和船员之间的地位差异，甚至通过开发开放式的职业生涯路径和建立"全员官员"制度的方式来消除地位差异。此外，为将来在岸上工作而进行的培训也始于海上。

如果没有这些工作生活质量的改善，则几乎没有挪威人会选择出海以维持对挪威经济至关重要的挪威商船。没有受过良好教育的外国临时船员无法操控技术先进的船只，此外船员酗酒的情况非常严重。这些问题是任何一家公司都无法独立有效解决的；为了维持所需的宏观社会系统，该行业的所有企业、若干航海工会和若干海事监管组织都必须参与其中。

崔斯特和塔维斯托克团队的研究工作始终如一地将系统思维应用于大量不同类型的场景——初始工作系统、整体组织系统和宏观社会领域。在实践过程中，他们阐明了组织及其运作的动态性质、边界管理的至关重要性，以及一种能够适应环境变化的组织设计新方法的必要性。

参考文献

EMERY, F. E. and THORSRUD, E., *Democracy at Work*, Martinus Nijhoff (Leiden), 1976.

EMERY, F. E. and TRIST, E. L., "Socio-Technical Systems", in C. W. Churchman and M. Verhulst (eds), *Management Science, Models and Techniques*, vol. 2, Pergamon, 1946; reprinted in F. E. Emery (ed.), *Systems Thinking*, Penguin, 1969.

EMERY, F. E. and TRIST, E. L., "The Causal Texture of Organizational Environments", *Human Relations*, 18 (1965), 21-32; reprinted in F. E. Emery (ed.), *Systems Thinking*, Penguin, 1969.

HERBST, P. G., *Alternatives to Hierarchies*, Martinus Nijhoff (Leiden), 1976.

RICE, A. K., *Productivity and Social Organization*, Tavistock, 1958.

TRIST, E. L., "The Socio-Technical Perspective", in A. van de Ven and W. F. Joyce (eds), *Perspectives on Organization Design and Behaviour*, Wiley Interscience, 1981.

TRIST, E. L. and BAMFORTH, K. W., "Some Social and Psychological Consequences of the Longwall Method of Coal Getting", *Human Relations*, 4, 3-38, 1951.

爱德华·E.劳勒

爱德华·E.劳勒是南加州大学杰出商学教授,也是有效组织研究中心(Center for Effective Organizations)的主任。作为一位组织心理学家,他曾开展一系列项目和行动研究,研究内容主要与管理效能、工作生活质量以及创新的组织设计和管理方法有关。因其对薪酬与奖励体系在组织效能和组织变革中所发挥作用的心理学分析的持续性研究兴趣,劳勒于1972年被美国薪酬协会(American Compensation Association)授予了杰出科研奖。

基于大量自身和他人的研究结果,劳勒认识到薪酬对于那些实现组织效能的行为具有重要影响,这引起了他对恰当的薪酬激励体系的兴趣。一项研究调查比较了四种促进生产力的方法,结果发现奖金引起的生产力平均增幅最高(30%),目标管理(参见本书第4章德鲁克部分)和工作丰富化(参见本章前面的赫茨伯格部分)这两种方法所引致的生产力平均增幅都在20%以下,而员工参与仅能引起0.5%的生产力平均增幅。因此,劳勒认为,任何一种变革(包括员工参与)要想发挥有效作用,都必须与薪酬体系的适当变革联系起来。

这是因为薪酬对于组织中的个体是至关重要的。它不仅可以满足个体的物质需求并给予其安全感,还被认为是受到尊重的标志,而这一点对大多数人来说非常重要。此外,它还给个体提供了参与自主导向的、独立于工作组织的活动的机会。

既然薪酬作为组织效能的决定因素和个体满意度的主要来源,其重要性不言而喻,那么为什么它常常是组织的一个难题呢?研究表明,在许多组织中,50%及以上的员工对自己的薪酬都不满意。一个基于美国大样本的调查研究显示,对自己的薪酬和额外补贴感到满意的人群比重从1973年的48%下降至1977年的34%。

许多研究的结论都可以解释这一现象。薪酬满意度是个体实际得到的薪酬与认为自己应得的薪酬之间的函数关系。个体对应得薪酬的认识主要基于两大因素。

第一个因素是个体就技能、经验、年龄和职责大小等方面对自身贡献的评估。通常情况下，个体对自身的评价高于他人对自己做出的评价（调查显示，实际绩效处于平均水平的男性员工认为自己的绩效位列同一等级的前20%！）。此外，人们往往认为自身优势较大的那些方面（例如正式受教育程度、组织忠诚度）应该被赋予最大的权重，而自身的劣势所在（例如资历、任务难度等）则没那么重要。

第二个因素是与组织内外处于相同职位的其他人的薪酬进行比较。通常情况下，个体缺乏有关其他人薪酬的正确信息，因为这是一个敏感话题，组织会对薪酬调研、绩效、考核及个人薪酬的有关数据做保密处理。总的来说，个体倾向于高估做相似工作的其他人的薪酬。

因此，导致工作动机下降、旷工、劳动力流失以及招聘困难等问题的薪酬不满意现象为何会存在就不足为奇了。那么如何应对这些问题呢？由于不满意是从相对性和比较中产生的，增加所有人的薪酬显然不会改善现状。劳勒坚持认为，在工资总额不变的条件下，通过重新设计薪酬福利体系来提高个体满意度和组织效能是可以实现的。

至于特定企业应该选择什么样的合理薪酬方案，这受到一些关键组织特征的影响：

1. 组织氛围

使用李克特和麦格雷戈所做的区分（参见本章之前的部分）不难看出，具有参与氛围的组织（第四类系统，Y 理论）可以采用参与的方式来披露信息、设定目标、产生信任以促成变革。在这样的组织中，全面薪酬体系（all-salary payment system）可能会被公认为是恰当的，因为组织对监管有充分的信任和信心，相信任何人都不可能通过偷懒、旷工等方式占便宜。相反，具有威权氛围的组织（第一类系统，X 理论）则更适合采取硬性指标，例如基于生产和销售的数量来制定薪酬，因为这些数据可以被细致监控，所以对信任度和开放性的要求要低得多。

2. 技术

伍德沃德(参见本书第1章)对单件生产、批量生产和连续生产方式做了区分,他认为不同的生产方式会影响薪酬体系的构建。针对个体的绩效评估可能更适合于单件和批量生产方式,在连续生产方式中,针对全厂的绩效考核则是必要的。在非工业的专业服务机构(例如医院、学校),将薪酬与绩效挂钩可能会导致官僚行为的增多。对于这些机构,制定共同目标(joint goal setting)更合适。

3. 组织规模和组织结构

小型企业可以使用全公司绩效指标,因而强调共同努力;而在大型组织中,员工个体必然会认为全公司绩效指标与自己无关(除非其居于组织高层)。分权化的组织可以将薪酬方案与子单位的绩效相联系,但必须将决策权真正下放给子单位(例如工厂),以影响其绩效表现,否则其精力都将用于对抗控制体系,而不是提高组织效能。

薪酬方案只有符合组织特征才能发挥作用。表6-2列出了不同类型的组织所适用的绩效薪酬方案。

表6-2　不同类型的组织所适用的绩效薪酬方案

			集权	基于个体的方案;客观指标
威权型	批量和单件生产	大型	分权	对工人实施基于个体的方案,对管理者可能以利润中心为基础采用团队方案;均采用客观指标
		小型	集权	基于个体的方案;客观指标
			分权	对工人实施基于个体的方案,对管理者可能以利润中心为基础采用团队方案;均采用客观指标

(续表)

	连续生产	大型	集权	没有特别适合的方案;对管理者可能根据公司整体绩效来制订奖金方案
			分权	基于客观的子单位绩效指标来制订团队方案
		小型	集权	基于组织整体绩效的奖金方案
			分权	基于客观的子单位绩效指标来制订团队方案
	专业服务	大型	集权	没有适合的
			分权	没有适合的
		小型	集权	没有适合的
			分权	没有适合的
民主型	批量和单件生产	大型	集权	基于客观指标和软性指标(例如参与制定目标)的个体方案
			分权	与集权组织相同;但对管理者使用其所管理的子单位的数据
		小型	集权	部分考虑组织整体绩效;基于客观指标和软性指标(例如参与制定目标)的个体方案
			分权	与集权组织相同,但子单位绩效也可以作为指标用于制订个人和团队方案
	连续生产	大型	集权	基于客观和主观指标的全组织方案;基于软性指标对个体进行评估
			分权	基于工厂绩效、客观与主观指标的团队方案
		小型	集权	基于公司绩效的全组织方案
			分权	基于子单位绩效的团队方案
	专业服务	大型	集权	设计基于个体的方案;来员工的高度参与;共同制定和评估目标
			分权	与集权组织相同,但部分考虑子单位的绩效
		小型	集权	部分考虑组织整体的绩效;设计基于个体的方案;来自员工的高度参与;共同制定和评估目标
			分权	与集权组织相同,但部分考虑子单位的绩效

资料来源:Lawler(1971)。

组织特征和薪酬体系特征之间必须以下面两种方式之一来实现匹配：其一，基于现有组织特征选择合适的薪酬体系；其二，调整组织以适应现有薪酬制度。由于薪酬对个体如此重要，其作用又如此明显，并且对整个系统都有影响，因此，对其他方面进行变革的同时也要相应地改革薪酬体系，才能确保其他变革的有效性。比如，如果组织公开宣布向参与式管理转变，同时持续实施传统威权式的薪酬体系，那么这种声明就会被认为是不真诚的，或者只是管理上的小把戏。相反，一个适当的薪酬体系可以向所有人发出信号，组织正在发生着真正的变化。

工作组织中正在发生的许多变化都会对新薪酬体系产生影响。例如，劳动力正在变得多样化，员工的文化背景越来越多元，高级职位中女性和少数族裔群体的占比也在逐渐提高。人们的受教育程度和知识水平越来越高，大众对于传统威权式管理的接受度正在下降，并且希望在工作中发挥更大影响力。组织的性质在改变：服务型组织不断增加，生产型组织不断减少；大型组织的规模不断扩大且越来越多元，与此同时大量的小型商业公司也在不断形成。此外，组织所处的环境也在变化之中。经济增长放缓、经济衰退以及所有这些经济的不景气因素势必会加剧人们对于社会平等的关注，这使得建立能够发挥激励作用并保障员工满意度的薪酬体系变得更加迫切。

劳勒指出了几种应对这些变化的方法。其中最重要的是"**薪酬体系个性化**"（individualization of compensation systems）这一概念。在组织所有单元都应用相同的薪酬方案，对每个员工采用相同的基准给予同样的福利，已经无法适应劳动力和组织性质的多样化特征。包含更加灵活的工时制度、薪酬-绩效关系，注重工资-额外补贴之间的平衡的个性化契约成为组织的迫切需求。这种方式虽然在高层管理者的薪酬方案中已经普及，但它必须下沉到组织的各个层面，使员工在满足个人的薪酬需求上拥有更大的选择权。诸如将员工笼统地划分为小时工和受薪雇员等传统做法将受到越来越多的质疑。

对于一些新的发展趋势，虽然现在还难以将它们放在一起，但也值得关注。基于绩效的薪酬体系（在适用于组织特征的前提下）在将薪酬和绩效挂钩以激励员工这方面变得越来越重要。但该体系的实施需要与现代诉求保持一致，即有关薪酬的决策必须是通过公开且可辩护的程序做出的，而不能依赖于缺乏申诉渠道的、秘密的、自上而下的个体决策过程。此外，更加平等的薪酬体系减少了等级数量、设置了薪酬差异上限，这符合许多人对更加开放的参与型组织的期望，但与绩效很可能没有太大的直接关系。随着社会的变化，其组织也必须改变；随着组织的变化，其薪酬体系也必须改变。

劳勒在后期与克里斯托弗·沃利（Christopher Worley）一同对能思考并实现持续变革的组织进行了研究，例如宝洁、强生和丰田。他们发现这些组织有以下共同特征：将薪酬与经营绩效挂钩，因而与所有员工共享财务信息；鼓励员工与客户等组织外主体建立联系；向员工强调定期更换工作任务是必要的，不要担心彻底取消原来的工作任务；选拔那些接纳和寻求变革的员工。

参考文献

LAWLER, E. E., *Pay and Organizational Effectiveness：A Psychological View*, McGraw-Hill, 1971.

LAWLER, E. E., *Pay and Organization Development*, Addison-Wesley, 1981.

LAWLER, E. E., *Rewarding Excellence：Pay Strategies for The New Economy*, Jossey-Bass, 2000.

LAWLER, E. E., and WORLEY, C. G., *Built to Change：How to Achieve Sustained Organizational Effectiveness*, Jossey-Bass, 2006.

7.
组织变革与学习

我们认为,官僚化和其他形式的组织变化是使组织更相似但并不一定更有效的过程所造成的结果。

——保罗·J. 迪马吉奥(Paul J. DiMaggio)和
沃尔特·W. 鲍威尔(Walter W. Powell)

战略变革的真正问题最终仍是一个管理过程和行动的问题;发出有关新领域的信号以寻求关注,并将这些信号锚定在需要关注和决策的问题之中;此外,以一种叠加的模式调动能量与激情,从而确保发现和所确定的新问题领域最终获得足够的合法性和权力,进而能够采取适合情境的行动。

——安德鲁·佩蒂格鲁(Andrew Pettigrew)

组织的防御性惯例是反对学习和过度保护的。

——克里斯·阿吉里斯(Chris Argyris)

今天的问题来自昨天的"解决方案"。

——彼得·圣吉(Peter Senge)

快速决策者比缓慢决策者使用更多而不是更少的信息。

——凯瑟琳·M. 艾森哈特（Kathleen M. Eisenhardt）

想象力，是一种发展组织和管理新思维方式的邀请，也是一种重新想象我们自己和我们所做事情的形象的邀请。

——加雷斯·摩根（Gareth Morgan）

组织确实会发生变化，不管是变得更好还是更坏，组织领域的学者已经研究了变革发生的方式。有些学者聚焦于组织的环境和环境中的因素，这些因素似乎既会促使特定变革的发生，又会对其施加约束。另一些学者则强调，帮助组织提高效益的恰当变革只有通过组织管理者的巨大努力才能实现。他们必须理解变革的必要性，并有意识地努力实现它。此外，现代组织正处于需要不断发展的阶段。它们不仅需要变革，还必须获得学习能力。

迪马吉奥和鲍威尔认为，组织之间变得越来越相似，因为来自国家机关、其他机构和职业标准的压力要求管理者遵循公认的惯例。相反，佩蒂格鲁强调了每个组织的情境、内容和过程等这些相互作用因素的特定复杂性，管理者必须努力应对这些因素以执行有效的战略变革。阿吉里斯指出了"防御性惯例"的力量，作为变革的心理障碍，它限制了一个组织充分发挥其成员潜力的能力。他提出了克服这些障碍的方法，以使组织更愿意进行变革，并能够参与新的学习。圣吉关注确立一个"学习型组织"（即通过系统方法能够持续学习的组织）的特征。

艾森哈特主张处于瞬息万变环境中的企业应制定一项变革战略——"边缘竞争"战略。摩根认为，将一系列不同的图像应用于组织，对理解组织有很大的帮助。这种"想象力"是更好地设想可能的变革的关键。

保罗·J.迪马吉奥和沃尔特·W.鲍威尔

保罗·J.迪马吉奥和沃尔特·W.鲍威尔分别是美国普林斯顿大学和斯坦福大学的社会学教授,是使用"制度理论"这一特定方法来研究和理解组织的主要倡导者。

制度理论始于韦伯对于官僚制运作功能的观点(见本书第1章)。韦伯认为,由于法理型的官僚制组织结构是最有效率的组织形式,它已经成为现代社会的主流。这一组织结构建立在如何组织以达到预期目标的理性考量基础之上。它拥有一套权威的层级、一批对特定领域负责的专家以及一系列规则,它们共同控制了组织的各种活动。它使用部门文件来记录组织过去的活动,并获取与目标相关的由专业确定的最佳可用知识。因此,这种组织形式能够明确地、可预测地、持续且快速地开展活动。正因其高效性,官僚制被政府部门用于管理工作人员和公民,并给予他们法律下平等的保护。官僚制也被应用于需要高效运作的资本主义商业企业中。

本书第1章提到的学者,如钱德勒、明茨伯格等,致力于描述和解释组织结构的不同类型。但迪马吉奥和鲍威尔指出,官僚制在20世纪不断蔓延,已经逐渐成为一种普遍的组织形式。因此,他们提出的问题并非为何存在不同的组织结构,而是为什么组织形式与实践会有高度的同质性。在任何一个组织场域中,同类型组织(如在同一行业的商业公司,或者政府部门、医院等)可能在成立之初呈现出较大程度的多样性,然而,一旦一个组织场域形成,一种不可抗拒的力量就会迫使这些组织趋同于官僚制这一组织形式。

但与韦伯不同,迪马吉奥和鲍威尔质疑这种趋同性是源于官僚制的高效性,即其高效性使得所有组织都努力向这一形式靠拢。相反,他们认为这种趋同性是制度压力的结果,即来自环境要求组织场域中管理者之间变得更为相像的制度压力,而不管这是否会带来更高的效率。同一组织场域内组织间相同的结构与运作方式的出现被称为**制度同构性**(institutional isomorphism)。

这是一个约束过程，它迫使群体内的一个单元变得与那些面临同一组环境条件的其他单元相似。这一过程非常重要，因为组织必须响应的主要因素之一是其所处环境中的其他组织。正是通过这些组织，管理者才了解到如何运营组织并获得其所采取行为的合法性。合法的行为符合普遍的观点，这些行为不必非要有效。

通过制度同构性产生遵从的机制有三种：强制性同构（源于政治上的影响力）、模仿性同构（源于对不确定性的回应）、规范性同构（源于管理者与专家的专业化过程）。以上每一种机制都描述了组织环境中的制度观念逐渐正当化、被接受的过程。

强制性同构（coercive isomorphism）是环境中其他重要组织施加的正式和非正式的压力所导致的结果。这种压力的来源具有很多种类：可能来自法律效力，例如污染控制方面的法规、反歧视法等；可能源于外部机构，例如政府代理机构在向慈善机构提供支持前会要求这些慈善机构履行会计上的程序，一些重要的客户会向供应商要求特殊的交付系统；也可能源于内部权威机构，例如一家公司的总部会要求子公司提供同样的控制信息。这些压力本身可能是有说服力的，也是非常真实的存在，正如学校课程标准或新产品标准被公开推荐一样。

强制性压力所导致的遵从可能只是表面的。诚然，在某些情况下的确存在一些普遍的串通，即组织虽然做了一些事但并没有做出实质性的改变。例如，健康与安全法规也许能够确保所有组织都会任命一名安全专员，但也可能整个行业仍然会忽视健康与安全问题。这些制度压力产生了强制性力量，造成了结构和程序上的趋同。

模仿性同构（mimetic isomorphism）基于模仿行为。所有的组织都面临着不确定性，它们不得不处理那些原因不明、方案不清的问题。这就导致了马奇（见本书第 5 章）所提出的问题性搜寻，即试图采取短期的、短视的行为来解决特别紧急的问题。这种搜寻的普遍结果是去复制相似情形下已被报道的成功做法，因为这将带来行为的合法性。例如，随着新的管理实践被应用于一个大家普遍认为成功的组织中,正如咨询公司所鼓吹的那样,这些管理实践就可能被认为是合法的,随后被很多组织套用。

因此,一些管理技术(例如工作丰富化、零基预算法)和新的管理哲学(例如"卓越"或人力资源管理)得以迅速传播。这种模仿的一个戏剧性实例是质量圈(quality circles),这一概念一直被美国管理界忽视,直到这一实践被证明在日本盛行且有效之后,西方企业随后迅速将其合法化并接受了这一概念。这种模仿可能以较低的成本实现快速、可行的解决方案。但是,组织通常会在这种好处并不明显时采取该策略,这是因为与其他组织的做法相同会降低管理层的不确定感,同时在组织形象方面获益。例如,鲍威尔对一个公共电视台进行了调研,这家电视台听取咨询公司的建议,从职能制结构转变为事业部结构(见本书第1章钱德勒部分)。电视台的高管对这样的做法是否有助于提升效率存有疑问,例如,各事业部之间不得不提供一些重复的服务。但他们还是采取了这一变革,因为高管们想要给人一种"电视台越来越具有商业头脑"的印象。这再次说明,这些模仿的压力促进了组织的遵从行为。

导致组织趋同的第三种压力来自**规范性同构**(normative isomorphism)。这主要是由于组织的管理者与专家的持续专业化。他们希望证明自己是非常专业的、跟得上优异标准的,无论是在信息技术、会计要求还是在营销手段方面。由于接受了相似的培训,专业人员在许多方面与其他组织的同类专业人员的相似程度比他们与同一组织中管理人员的相似程度更高。因此,他们会鼓吹合法化实践的共同规范,促进所有组织的趋同。

促进规范性同构的一个重要途径是组织高层人员的选拔。"过滤"效应往往会发生。这种过滤可能是通过只从小范围的培训机构(如美国常春藤联盟商学院和法国高等商学院)招募精英的做法实现的。另一种筛选方法是,只从小范围的几个专业领域中提拔人才到高层,比如,金融或者法律。职业生涯本身可能在入行和发展的关键点上被控制。这些筛选过程创造了一个拥有非常相似的背景、培训与经验的高级职位人员库。

这些相似之处已经在美国公立学校系统的管理者和《财富》世界500强

公司的董事会成员中得到了体现。另一些担任高级职位的人则不同,他们设法避开了这种筛选,比如黑人高级官员、女性董事和犹太海军军官。他们可能会承受相当大的压力,只能通过与他人保持完全一致来获得正当性。与前面的结论类似,这种被践行的规范也将导致组织趋同。

迪马吉奥和鲍威尔认为,这些制度同构性的压力是如此之大,以致即使没有证据表明这些变化提高了组织的有效性,这些过程也可以继续下去。事实上,如果组织确实变得更为有效,往往是因为其从与所在领域其他组织的相似性中获益了。这种相似性可以使它们更容易与其他组织进行交易,吸引专业人员,并被认为是合法的、受人尊敬的,这对于公共部门获得财政支持至关重要。但是,这些因素都不能保证这些组织会比那些与众不同的组织更加高效。

迪马吉奥和鲍威尔及其同事进行了一项全球性的调查,考察了21世纪初企业所发生的变化。20世纪,汽车工厂以其标准化的装配线成为高效率工作的典范。进入21世纪,计算机提供了一个理想的模式,这引起了人们对各种网络和流的重视。变化正在发生,这已经成为人们的共识。商业企业的结构正变得更加扁平化、更加依赖团队工作,组织层级得以减少。这在当前的模仿过程(如标杆学习)、规范过程(如咨询公司为企业的管理提供标准化的方案包)和强制过程(例如东欧地区国家主导的所有权网络)中都有所反映。

参考文献

DIMAGGIO, P. J. (ed.), *The Twenty First Century Firm*, Princeton University Press, 2001.

DIMAGGIO, P. J. and POWELL, W. W., "The Iron Cage Revisited: Institutional Isomorphism and Collective Rationality in Organizational Fields", *American Sociological Review*, 48(1983), 147–160; reprinted in W. W. Powell and P. J. DiMaggio (eds), *The New Institutionalism in Organizational Analysis*, University of Chicago Press, 1991; also reprinted in D. S. Pugh (ed.), *Organization Theory*, 5th edn, Penguin, 2007.

POWELL, W. W. and DIMAGGIO, P. J. (eds), *The New Institutionalism in Organizational Analysis*, University of Chicago Press, 1991.

安德鲁·佩蒂格鲁

安德鲁·佩蒂格鲁曾任英国巴斯大学管理学院院长。此前,他多年任职于华威大学商学院,在该学院创立了企业战略与变革中心并担任主任,是一名杰出的组织行为学教授。该中心一直是英国战略变革研究的领导者。在关于理解变革过程的研究中,他采用了一种历史研究方法,扎根于对组织在产业环境中所处情境的详细研究。

佩蒂格鲁认为,战略变革是一个复杂的、依赖于情境的持续过程。如图7-1所示,我们必须从三个基本方面来理解它:环境(内部和外部)、内容(例如目标和假设)和过程(例如规划/实施)。既然管理决策是一个政治过程,变革就不可避免地充满了组织政治。在重大决策中,决策群体中的掌权者可以决定结果。

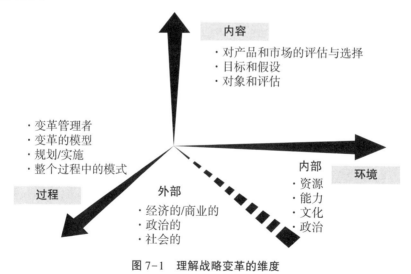

图7-1 理解战略变革的维度

资料来源:Pettigrew and Whipp(1991)。

组织中权力的基础可能不同,《组织决策中的政治》(*The Politics of Organizational Decision-Making*)一书中记录了一项关于一家英国连锁店购买一个新的计算机系统的决策是如何被做出的详细研究。在这个决策过程中,技术经理非常有权力。其权力的一个重要来源是他理解并且控制了那些提交给董事会的选项的信息。这是一个共同权力基础的例子:在当时新颖的技术方面形成了一种高度的专业性,而这削弱了非专业人员的权力。不过,其他的权力基础也是存在的,而这些权力基础到底是什么,都必须在每一个案例中通过研究管理过程所处的环境来考察。在将这些权力基础与决策结果联系起来时,很难做出简单的概括(参见本书第1章希克森部分)。

佩蒂格鲁在对ICI(当时的英国工业集团)多个部门的变革研究中,延续了这种对战略变革过程的关注。他把变革视为一个四阶段的序列,每个阶段都存在各自的问题。

1. **引发关注**。这涉及问题的感知,从而使得变革的观念合法化,并将其提上公司议程。这是一个既耗时又敏感的过程。在这个过程中,最高管理层扮演着关键角色。ICI的领导如 Lord Beeching 和 Sir John Harvey-Jones 所做的贡献之一就是不断指出ICI所面临的需要变革的关键问题。

2. **承认和理解问题**。为变革营造必要的舆论氛围是一个漫长的过程,需要多次迭代,而在这一过程中会遇到障碍和不可预测的活动区域。由于重大变革总会影响权力结构、职业道路和奖励制度,因而在施行时不能太直截了当。在ICI的两个部门中,管理培训与发展被用于增强经理实施业务变革的能力。

3. **计划和行动**。在这个阶段,建立组织所期望的未来状态是非常重要的,围绕这一未来状态,可以进行计划并创造承诺。在ICI的一个部门,它涉及在"裁员和重组是为了盈利"这样的宽泛哲学理念下传递出清晰、简单的信息,并保持这些信息不被稀释。

4. **确保变革可持续**。在这个阶段,管理层需要确保奖励、信息流以及权力与权威模式支持新形势。鉴于变革往往是由关键人物发起的,这就面临一种风险,即只有这些人还在他们的岗位上,变革才会持续下去。因此,组织的一项关键任务是通过发展和任命合适的继任者来确保变革的连续性。

佩蒂格鲁还考察了 ICI 不同部门各种各样的组织发展团队的贡献。组织发展团队是否获得成功并持续存在，在不同部门之间存在很大的差异。一个令人遗憾的教训是，不要对这些组织发展专家期望过高。正如一位表示支持的高级经理所说："使用组织发展首先是一种信仰。"

在晚年与他的同事理查德·惠普（Richard Whipp，1954—2005）开展的一项进一步研究中，佩蒂格鲁识别了管理战略变革的五大关键问题。每一个问题本身都是复杂的，还必须与其他四个问题相联系。这些问题是：

- 环境评估；
- 领导变革；
- 衔接战略层面的变革和运营层面的变革；
- 将人力资源视为资产和负债；
- 制定一个内在连贯的方法。

通过对英国汽车行业、图书出版行业、商业银行业和保险行业中试图管理战略变革的公司的详细研究，他们考察了以上五大关键问题。被研究的公司包括捷豹（Jaguar）、标致-塔尔伯特（Peugeot Talbot）、朗文（Longman）、克莱沃特-本森（Kleinwort Benson）、希尔·塞缪尔（Hill Samuel）以及保诚（the Prudential），等等。每个问题都有许多因素和机制需要研究，而且在不同的行业和公司中，这些因素和机制都是不同的。

在处理第一个问题，即**环境评估**（assessing the environment）时，公司不能简单地将其视为一项可留给合适的专家来解决的技术工作。理解环境，必须被视为一项多职能部门的活动，所有的高层管理人员都应将其视作一个持续学习的过程而参与其中。这是因为，对行业中的关键企业而言，它们在处理这个问题时会带有很强的主观因素，它们对这个问题的理解以及因此导致的活动实际上决定了环境将变得如何（见本书第 4 章维克部分）。因此，朗文的员工对环境本质的理解导致了相关行为的发生，这些行为改变了图书贸易的形态、帮助朗文重新定义了市场的基本特征。同样地，20 世纪 70 年代，保诚对保险业竞争行为的基础的认识变化——从精算风险转向产品多样化——

使它能够将自己重新定义为"审慎的公司"（prudential corporation）。因此，最好的办法是进行必要的结构改革，以便在不断变化的市场中有效运作。

第二个问题是**领导变革**（leading change），这也是一个复杂的、需要具体情况具体分析的问题，最好通过一系列渐进的并有许多管理者参与其中的步骤来解决。这需要在公司内部营造一种接受变革的氛围，此外，还要构建实施变革的能力。这与领导变革的"英雄领袖"概念恰恰相反，后者是不恰当的。因此，汽车公司标致-塔尔伯特的重建需要在高级管理人员之间建立新的、开放的工作关系，重构与母公司的关系，重塑那些受早前企业大收缩冲击的员工的信心，并通过改善沟通和结构来逐步细化新的示范方案。这种从残存到重生的转变不可能由一个人或通过一个单一方案来完成。而是需要在数年之中，无论是公司的高层还是基层，都涌现出新的领导人。

接下来的一个关键问题就是**衔接战略层面的变革和运营层面的变革**（linking of strategic and operational change）。这是困难的，因为随着时间的推移，战略意图的实施不可避免地会改变这些战略意图，而且在实施过程中已经完成的工作可能会压制最初的战略。事实上，被认为是战略的东西通常只是事后给所做的事情加上标签："（因为）那样做成功了，所以那就是我们的战略。"我们必须注意确保运营方面不破坏总的战略。设定可执行的目标必须成为各个层级的变革管理者的责任。他们必须有重新思考的沟通机制以及新的奖励系统的支持。一个主要问题是，战略层面和运营层面的变革过程都必须在同一时间跨度内发生，而且，当变革管理者竭力推动变革并遭遇反对时，这些变革过程会不可避免地变得"政治化"。

这一问题在一项针对两家商业银行的对比研究中凸显出来。20世纪70年代，克莱沃特-本森开始感知到把握环境趋势、确定战略发展的必要性，并在高级职员中培育他们对战略变革的承诺。这些能力使公司能够采取广泛的战略定位（扩大国际银行业务），并努力在整个组织内扩大战略的影响。它能够从失败中吸取教训（例如，缓慢的内部审议导致未能成功收购一家远东的证券经纪商），做出与战略相关的补偿性改变。到20世纪80年代英国股票市场放松管制时,公司能够采取相对迅速的行动,例如,收购从事"利率互换"和"欧洲债券"等新业务的专业公司。

相反,希尔·塞缪尔在20世纪70年代并没有构建起一个全新的企业战略:会涌现出什么样的战略,是各种运营活动交织在一起之后的结果,而这些运营活动正在不断增多且变得更加多样化。因此,它没有发展出制定和执行战略的能力。到20世纪80年代早期,将战略变革和运营变革衔接起来对于它而言是极其困难的。实施新想法的行动与本组织所具备的变革能力之间的差距非常大,新的首席执行官必须亲自去打通二者的关系。在一段时间内,公司取得了一些成功,但战略和运营层面的衔接仍相对不成熟。高级管理层从未解决过关于定位的分歧,而当董事会提出将公司出售给一家瑞士银行时,首席执行官辞职了。尽管这项交易落空了,但该公司随后还是被英国TSB银行收购了。

将人力资源视为资产和负债(human resources as both assets and liabilities)并采取适当行动是至关重要的。组织成员必须为组织内的学习提供知识基础,但当既定的概念和技能不再适用时,也有必要进行"忘却"(unlearning)。摆脱过时的技术和态度并不容易。例如,捷豹在20世纪80年代正面临着成为一家盈利的、高质量汽车制造商的挑战,它不得不启动一项重大的人力资源管理计划。它必须摆脱传统英国汽车行业在人事管理中聚焦于冲突的劳资关系视角。新的人力资源管理方法包括招聘员工、培训员工和培养全体员工对公司使命的承诺。这些均通过采用新的专业化措施予以落实,例如人力和薪酬计划以及内部沟通服务。捷豹还制订了利润分享、员工持股和学习开发新技能的方案。这些措施加起来就是一套非常苛刻的变革,需要大量的资源。

最后一个问题与**内在连贯性**(coherence)有关,也就是说,在重塑组织的同时保持组织完整的能力。这个过程的战略思维需要四个要素:

1. 一致性。确保试图解决现有问题的尝试不存在内部矛盾。例如,在标致–塔尔伯特成立之初,尽管它尚未掌握所需的特殊生产技术,它当时的所有者克莱斯勒汽车公司还是试图让它成为一家量产汽车制造商。

2. 协调。它指战略应该很好地适应环境。如果本组织对其竞争地位存在根深蒂固的片面看法,组织会成为这种片面看法的牺牲品。这种情况不应出现。但希尔·塞缪尔正是这方面的反面例子。

3. 竞争优势。它指所追求的战略应该是在市场上获得比较优势。例如,朗文的增长战略包括以市场为导向的决定,即在教育类出版的既定优势基础上向专业类和商业类出版领域拓展。

4. 从所需资源的角度看战略的可行性。这正是诸如捷豹等组织在急于变革和增长时必须注意到的一个问题。

后来,佩蒂格鲁和伊夫林·芬顿(Evelyn Fenton)一起开创了一个欧洲研究小组网络,研究创新型组织及其创新行为对运营成功的影响。他们进行了一项问卷调查和十八项个案研究。创新被定义为开发组织设计新特性的变革,这些新特性要么是以前没有结合起来的,要么对于该产业部门来说是完全新颖的。芬顿和佩蒂格鲁的研究对象是两家创新型专业服务组织:一家是工程咨询公司 Ove Arup Partnership,另一家是管理咨询公司 Coopers and Lybrand's Pharmaceutical Network。

虽然二者都是网络组织,但是它们的许多管理过程是不同的。在 Ove Arup Partnership,因网络中群体整合的不平衡而形成了许多小团体,这特别影响到运营团队人员的选择。他们需要通过强调一种共同的文化和创建"知识中心"来强化"嵌入性",这种"知识中心"可以在团队的构建中超越个人的偏好。在 Coopers and Lybrand's Pharmaceutical Network,其在增长和收入方面的成功伴随着任务复杂性的增加,这要求组织建立正式的协调机制来取代非正式的、临时性的安排。

这些研究的基本结论是变革所涉及的所有因素之间存在相互关联性。他们表示无法提供战略变革管理中"应该做"和"不该做"事项的一般检查清单,强调只有全面了解每个案例的情况才能确定变革的行动过程。

参考文献

PETTIGREW, A., *The Politics of Organizational Decision-Making*, Tavistock, 1973.

PETTIGREW, A., *The Awakening Giant: Continuity and Change in ICI*, Blackwell, 1985.

PETTIGREW, A., "Context and Action in the Transformation of the Firm", *Journal of Management Studies*, 24 (1987), 649–670; reprinted in D. S. Pugh (ed.), *Organization Theory*, 5th edn, Penguin, 2007.

PETTIGREW, A., and FENTON, E. M. (eds.), *The Innovating Organization*, Sage, 2000.

PETTIGREW, A. and WHIPP, R., *Managing Change for Competitive Success*, Blackwell, 1991.

克里斯·阿吉里斯

克里斯·阿吉里斯是一名心理学家,多年来一直担任哈佛大学教育学和组织行为学的詹姆斯·布莱恩特·科南特(James Bryant Conant)讲座教授,现为该校的荣休教授。阿吉里斯的职业生涯始于耶鲁大学,该校用他的姓名设立了一个讲席教职,即克里斯·阿吉里斯组织社会心理学讲席,以表示对他在该领域所做重要贡献的认可。

阿吉里斯致力于研究工作环境如何影响个体的发展。他认为,每个人都具有一定的潜力,如果潜力得到充分开发,将不仅使个人受益,也有益于工作群体和受雇的组织。不幸的是,商业机构和其他组织通常采取的运作方式无法实现这些益处。

这是因为典型的组织管理方式和人际交往能力的缺乏阻碍了人们在观念上的成熟。员工也经常在工作中表现出短视、逃避责任、对机会兴趣寥寥。

他们开发出"防御性惯例"来维持现有的工作方式,并排斥一切改变,甚至拒绝那些可以改善现状的变化。在有限的日常任务中,他们只期待每天工作的结束,而无法预见到整个企业在未来几年内的成功或失败。在他们的上司看来,这些员工只关心自己眼前的任务以及那些相对琐碎的工作困难,这是不可理喻的。员工已开始接受一种被动和依赖性的工作态度,缺乏主动性。

在这种缺乏回应的局面下,即使是面对较低级别的管理者或专业人士,高管们也可能变得更加专制、更爱发号施令。管理者们现有的浓厚的"金字塔式价值观"得以巩固。管理控制的增加剥夺了员工参与关乎自身工作生活重大决策的机会,导致了员工心理上的挫败感。不是员工自己,而是这种控制系统(比如工作研究、成本会计)来规定、检查和评估员工的绩效质量和数量。下属对于发生了什么说得越来越少,因为每个人都更加注重为下一个业务流程重构调查或为令人紧张的预算分配委员会会议做准备,所以防御性惯例成为常态。

这是人们在组织生活中所遇到的一些问题。阿吉里斯与唐纳德·A. 舍恩（Donald A. Schon）一起探索了一些由组织本身的运作所产生的内在矛盾，这些矛盾具有悖论式的要求：既要保持稳定，也要实现动态或变化。因此，通常组织成员可能被告知：要积极主动，但勿违反规则；考虑事情要超越当下，但只对当前的绩效进行奖惩；将组织视为一个整体，但不要介入他人的职责范围；要与他人合作，但在需要的时候也与他们竞争。

主要的问题并不是存在这些矛盾，而是在管理人际关系的能力通常较差的情况下，这些矛盾不能被当作问题来提出与讨论。尽管很多管理者会谈论沟通的开放性以及组织的参与式方法（他们所谓的"赞同的理论"），但他们实际所做的可能大不相同。许多管理者的思维中根植着非常强烈的防御性惯例，这使得他们去抵制那些可导致人际关系变化的开放性。

阿吉里斯和舍恩证实，许多管理者的行动准则（被称为"应用中的理论"）可以概括为以下四种，这被称为"模式一"：①单方面制定目标并努力实现它；②控制任务使其尽量不依赖于他人，以实现收益最大化和损失最小化；③尽量避免在公开场合产生或表露消极的情绪，保持自己想法和感受的神秘性；④保持理性与客观，抑制他人的情感表达，从而让自己和他人免于面对那些对他们来说通常带有情感成分的重要问题。

那些贯彻"模式一"的管理者们对他们所处的环境拥有一个单向的看法，在这种情况下，他们力图获取完全的控制权。他们的目的是保护自己并控制他人。由此，他们就会制造不信任和僵化，而这正好验证了"模式一"的观点，即应该尽量避免公开谈论问题。所谓学习，也只能是学习如何服从（即"单环"学习），这种学习过程具有自我封闭性。

阿吉里斯和舍恩提出了"模式二"，这种模式使得组织学习成为可能。其准则包括：①基于有效的信息采取行动，并且对于获取有效信息保持开放性；②所有有能力、有关联的人员都参与其中，他们在自由和知情的决策之后才采取行动；③通过监督实施过程和做好变革准备产生对决策的内部承诺。在

"模式二"情景中运作的管理者不是防御性的,因此,他们可以参与到"双环"学习之中。他们期盼来自其他有能力的人的贡献;他们会直面自己的基本假设并进行公开检验,这就使得他们可以变革自我。

问题随后就变成了:如果(按照定义)遵照"模式一"行动的管理者因采用防御性惯例来抵制变革而没有意识到这一事实,那么应该如何帮助他们来发展"模式二"中的那些有效学习呢?阿吉里斯提出了一种培训项目,即当管理者的脆弱感减轻时,通过这一培训项目将这些矛盾公开化。此时,管理者会在人际关系顾问的帮助下处理决策者的言行和员工实际感受之间的巨大差距。随后,他们可以研究那些他们习惯性使用的会阻碍开放与创新的防御性惯例,同时在工作中践行"模式二"的方法。

阿吉里斯用这种方法进行了一项长达五年的案例研究,这被记录在他的著作《行动的知识》(*Knowledge for Action*)中。它既是一个咨询项目,也是一个研究项目,即所谓的"行动研究"。阿吉里斯与一家咨询公司的股东和董事们一起工作,帮助开发他们的"模式二"技能。他的讲座被证实在很多情况(不是全部情况)下帮助组织员工克服了防御性惯例。毫无疑问,一些管理者比其他人更加胜任于"模式二"行为。通常,在变革项目中,我们会发现高层管理者在其"赞同的理论"中高度认可变革的必要性,但他们"应用中的理论"却仍保持不变。然而,出乎意料的是,在阿吉里斯的这项案例研究中,高层管理者是进步最大的。他们站在了使公司更有能力进行组织学习的最前沿。

参考文献

ARGYRIS, C., *Organization and Innovation*, Irwin, 1965.

ARGYRIS, C., *Strategy*, *Change and Defensive Routine*, Pitman, 1985.

ARGYRIS, C., *Personality and Organizations*, Garland, 1987.

ARGYRIS, C., *Knowledge for Action*:*A Guide to Overcoming Barriers to Change*, Jossey-Bass, 1993.

ARGYRIS, C., *Flawed Advice and the Management Trap: How Managers Can Know When They're Getting Good Advice and When They're Not*, Oxford University Press, 2000.

ARGYRIS, C., and SCHON, D., *Organizational Learning: A Theory of Action Perspective*, Addison-Wesley, 1978.

彼得·圣吉

系统理论学家彼得·圣吉是麻省理工学院斯隆管理学院的高级讲师和系统思考与组织学习项目主任。他认为,在当今复杂的世界中,组织只有学会如何应对持续变化才能获得成功。也就是说,企业必须成为**学习型组织**(learning organizations)。他所关注的是描述这种学习型组织的艺术与实践。

但是对组织来说,学习并不容易,因为它们会受到各种学习障碍的困扰,例如:

1. 个人对本职工作的过度承诺。这种相对局限的视野导致人们只关注自己的角色,而对由所有岗位互动所产生的结果不承担一点责任。

2. 责备总是指向外部,远离当事团队;敌人来自外部。可能总将错误归责于其他部门(例如营销部和生产部互相指责)、政府管制或来自他国的不公平竞争,但是总将错误归咎于外部因素会阻碍组织学习,并且也难以反映事件全貌。

3. 掌控主动权的错觉。积极主动(而不是被动反应)对管理者来说很有吸引力,但是,这可能只是意味着以同样的方式来对抗外部的敌人,仅仅是表现得更咄咄逼人而已。如果没有进行反映内部必要变革的分析,那么这可能只是伪装的主动反应。

4. 聚焦于即时事件去解释。这使得我们无法看到事件背后的更长期的变化模式,也阻碍了我们试图去理解那些更宏大的模式背后的缘由。

5. 没有意识到缓慢、渐进的过程会比即时事件带来更大的威胁。据说,将一只青蛙放在沸水中,它会立即跳出来;但若将其放入温水中逐渐加热至沸腾,青蛙则会留在水中并被煮沸,因为它的感官系统只适应突然的变化,而非缓慢的变化。圣吉提出,这就类似于20世纪60年代中期到80年代中期美国汽车业面对来自日本和德国同行业竞争时所做出的反应。在这二十多年中,一直到日本、德国在汽车行业中的市场份额之和从0上升至38%,美国汽车制造商才开始严肃对待此事。

6."学习只可来自经验"的谬见。我们确实从经验中学习,但在复杂的系统中,我们不再能直接体验到许多重要决策产生的后果。关于研发投资或战略定位的决策可能在十年或更长时间内才会产生巨大影响。因此,我们不可能只在试错中学习。

7.高管团队意见统一、团结一致的迷思。这种迷思会抑制内部分歧、鼓励折中妥协,以维持一个和谐团队的表象。如果分歧确实浮出水面,它会以极端的语言形式来表达,涉及的人就会发现其中的错误并互相指责。因此,正如阿吉里斯(本章前面的内容)所示,真正的"双环"学习并没有发生。

为了应对这些巨大的学习障碍,圣吉提出了五项修炼,即组织需要实践这五项修炼来成为学习型组织。

第一项修炼涉及**自我超越**(personal mastery)。个人要想实现自我超越的最高水平,主要在于超越自己,而非超越他人。人们需要很好地了解自己以及自己希望实现的目标。这是自我学习,也是组织学习的基础,因为没有哪个组织的学习能力能够强于其成员的学习能力。但很少有组织鼓励这种自我修炼,这导致组织中大量能量与学习潜力尚未得到开发。

第二项修炼需要不断挑战和审视组织成员在所有活动过程中所存在的根深蒂固的**隐性心智模式**(tacit mental models)。这些心智模式包括对客户行为的刻板印象、公认的产品开发方案以及对不连续变化可能性的忽视等,对这些心智模式的持续审查可以使思维更加开放,能够接受更广泛的新想法。英荷壳牌石油公司将其在20世纪八九十年代变幻莫测的世界石油业务中所取得的巨大成功归功于自身挑战公司管理者心智模式的能力。

第三项修炼是为组织及其成员就他们所希望创造的未来**建立一个共同的愿景**(building of a shared vision)。共同愿景已成为所有成功组织的关键,这就是彼得斯和沃特曼所说的卓越组织的"价值驱动"本质(见本书第4章)。它一定不能是通常所谓的虚伪的"愿景陈述",而应当是组织所有成员都想要实现的真实愿景,比如,福特、国际商业机器公司(IBM)、宝丽来和苹果电脑等公司所展现出来的愿景。

第四项修炼是**对团队学习的承诺**(commitment to team learning)：在团队内部就合作进行公开对话，而不是争权夺势。只有这样，团队的智慧才能超越其成员的智慧，而非将智慧大幅减少。

有一种修炼将前四项修炼联合起来并以一种可理解的方式整合，这就是**系统思考**(systems thinking)的修炼。这是第五项修炼，这一称谓也成为圣吉著作的标题。它是组织学习的基础。以一种系统的方式去思考是很有必要的，这种系统的方式与我们通常关注即时事件的方式大相径庭。

系统思考的法则有很多。第一条法则是"今天的问题来自昨天的'解决方案'"。问题总是来自那些只将问题转移到系统的另一部分的"解决方案"。例如，以大幅降低库存量的方式来解决高库存问题的同时，可能会诱发无法及时发货问题，进而导致销售人员需要花费大量时间来安抚被延迟配送客户的愤怒情绪；警方扣押大量毒品可能会导致与毒品有关的犯罪案件增加，这是因为可获得的毒品减少会使得毒品价格上涨，瘾君子为了维持毒品供应则可能不顾一切地实施犯罪，导致犯罪率上升。因此，第五项修炼的其他法则包括"你逼得越紧，系统的反弹越大""简单的出路通常会原路返回"和"治疗方案可能比疾病更糟糕"。

对复杂系统的运作方式有更成熟的理解是必需的，管理者需要通过培训来鼓励系统思考。第五项修炼的另一条法则是"行为在变得更糟之前会变得更好"。对病症进行治疗可能会带来暂时的缓解，但代价是之后会出现更大的问题。复杂系统的行为特征与我们思考它们的方式之间存在一种根本性的不匹配。这是因为，对于重要问题，"原因与结果在时间和空间上联系并不紧密"。当下决策的结果可能在一段时间之后或者在组织的其他部分才会显现出来。因此，在某一特定年份削减培训部门预算的决策看似是一种明智的经济行为；但在接下来的一年中，该决策可能导致由于准备不充分，新计算机计费系统的运行效率大大降低。

第五项修炼系统思考的基本贡献就是见树又见林的艺术。管理人员通常不会花时间从树林中退后去看这片树林,即使他们选择退后一步,或许也只是看到了很多树木!圣吉通过分析人民快运航空公司(People's Express Airlines)的悲惨遭遇,说明了系统思考的必要性。这是一家位于美国东部,低成本、高质量的创新型航空服务公司。该航空公司成立于1980年,并立即获得了成功,在五年内成长为美国第五大航空公司。但它在1986年被另一家航空公司收购,在那一年的前六个月它损失了约1.33亿美元。

是哪里出了问题呢?对此有很多解释,包括:管理层过于"以人为本",缺乏与收购相关的充分策略,其他航空公司引入的创新性的座位预订系统允许价格竞争,等等。但以上所有推测都是片面的。合理的分析需要考虑五组因素(机队、人力资源、竞争、财务和政策杠杆)的相互作用,这些因素产生了四十多个变量,这些变量必须在全系统范围内加以考虑。对此,麻省理工学院采用仿真分析,通过调整许多变量,评估了这些变量对整个系统的影响。通过仿真实验得出,所需的是一个具备自我分析能力的组织,比如,它能够理解"你不能依靠人力资源管理的全新理念来实现创新并在短短几年内就成为航空业的主要竞争者"这样的问题。企业极易因成长得太快而无法学会理解和管理所处的急剧变化,从而无法系统地思考和行动。

因此,基于计算机的仿真技术对组织学习能力的培养具有重要贡献,该技术也被称为"微观世界"。这些仿真可以让我们以一种"玩"的方式来对组织所处的位置以及变化的可能性形成一个复杂、系统的理解。这促使第五项修炼的另一条法则得以实现:"你可以保有蛋糕,也可以把它吃掉——但不能一下子把它吃掉。"

参考文献

SENGE, P. N., *The Fifth Discipline: The Art and Practice of the Learning Organization*, Century Business, 1992.

SENGE, P. N., "Mental Models", *Planning Review*, 20 (1992), 4–10, 44; reprinted in D. S. Pugh (ed.), *Organization Theory*, 5th edn, Penguin, 2007.

凯瑟琳·M. 艾森哈特

凯瑟琳·M. 艾森哈特取得机械工程学士学位后,进入斯坦福大学学习,并在那里的商学院获得了博士学位。她毕业后留在斯坦福大学任教,是工学院的战略与组织学教授。她还担任高科技行业公司的顾问。她与多名同事一起对组织中的管理者如何寻求适当的战略并尝试有效地执行它们进行了持续研究。她专注于瞬息万变的行业中公司的战略,提出:这些组织要想获得成功,就必须产生"不间断的竞争优势流"。

艾森哈特与同事杰伊·博什瓦(Jay Bourgeois)一起研究了在快速发展的微型计算机行业的公司中高管的战略决策。这些是关键的决策,例如"我们是否应该开发新产品?如果是,那么应该开发哪个产品?"或者"我们是否应该建立战略联盟?如果是,要与谁建立战略联盟?"不同类型的公司做出以上决策所需的时间不同。一种公司在不到 4 个月的时间内就做出了这样的战略决策,它们被称为"快公司"。另一种公司则要花至少 6 个月的时间,通常要花 12 个月以上的时间来做出类似的决策,它们被称为"慢公司"。这些差异挑战了一些公认的关于有效决策的观点。

艾森哈特和她的同事发现,快公司比慢公司更多地使用实时信息。他们还发现,同时考虑的替代方案越多,决策过程的速度就越快。在快公司中,首席执行官通常会有一位经验丰富且受人尊敬的年长经理作为固定的重要亲信或顾问。

在慢公司中,管理者对"政治"的使用(例如隐瞒相关信息、控制议程、在幕后进行游说和建立联盟)是最多的,有权势的首席执行官通过控制所有决策而占据支配地位。"应该做出哪种决定"这样的真实冲突在所有公司中都存在,但它本身不足以引发这种政治行为。快公司通过更多地使用积极的冲突解决方案来避免政治,也就是说,识别冲突并加以处理,而不是让冲突持续存在。

真诚的冲突——针对实质性问题而不是人格的冲突——的确很有价值,它可以使管理者在压力大的情况下提高效率。快公司通常使用的流程是以"有条件的共识"为特征。首先,管理团队试图通过所有人的参与来达成共识。他们侧重于事实,增加要考虑的替代方案,建立共同的目标,并在讨论中运用幽默感。如果达成共识,那么很好;如果未达成,则首席执行官在考虑各方意见后做出选择,而所有人都接受这一选择。

也许最重要的发现是,在这个行业中,**更快**的决策制定与**更好**的绩效相关联。

艾森哈特与麦肯锡公司的管理咨询师肖娜·布朗(Shona Brown)一起,将这些研究和相关的咨询经验发展成一个框架,以了解在瞬息万变的快速发展行业中企业的战略决策。在制定和执行战略的时候,形势不会保持不变。决策者有必要对变化做出反应,但最好提前通过预见市场并预先做好员工和风险伙伴安排以及准备好资源来预测变化。更好的方法是通过采取其他公司必须回应的行动来引领变革,比如进入新市场、提高行业标准、重新定义客户期望。

正如布朗和艾森哈特认为的那样,对于这类公司的管理者来说,存在三个测试问题:**如何竞争**、**如何变革**,以及**如何保持变革**?她们的答案概括为,**在混沌边缘保持平衡**、**在时间边缘保持平衡**并**控制变革的节奏**。这些是她们称为"边缘竞争"战略的特征。

这种边缘竞争战略在混沌边缘——介于混乱和有序结构之间——平衡业务。该战略的运作足够连贯,足以组织变革,但组织化程度又不至于阻碍变革。它也在时间边缘平衡业务,具有多个时间跨度:汲取过去的经验,积极关注当前,并持续展望未来。最后,它可以维持业务变化节奏,不断推出新的产品、服务、品牌或市场。

通过在混沌边缘保持平衡而进行竞争需要**即兴创作**(improvisation)和**共同适应**(coadaptation),以避免陷入混乱。然而,混沌边缘是系统可以最有效地进行变革的地方。如果系统的结构过多,则组织会因过于僵化而无法行动;如果系统的结构过少,组织则会因组织化程度不够而没有效率。

即兴创作面临的挑战是要在足够的组织化（以有效地进行预算、日程安排和执行）与足够的灵活性（以促进创新）之间取得平衡。不断发展的摇滚乐队或成功的爵士乐队提供了生动的示范。这些乐队在演奏时会不断地即兴发挥，但需要一些最低限度和半直觉性的规则，例如谁先演奏、允许哪些和弦以及谁跟随谁，以避免混乱。最重要的是当下，也就是即兴演奏和协同配合的那一刻。在需要协同配合的即兴演奏方面，企业比人们想象的更像摇滚乐队和爵士乐队。

布朗和艾森哈特描述了一家计算机公司的情况，她们将其命名为"Royal"，当时该公司结构失去了平衡并且滑向了**过少的结构**。管理层决定增加一些新的、敢于打破规则的部门，旨在引入新的思想和业务，通过将这些新部门添加到其悠久的官僚组织之中，推动公司进入当代市场。然而，由于职责不明确且重叠，思想无法有效地转化为行动。在 Royal 中，新硬件部门和现有的图形部门都认为自己负责产品，因此，尽管它们处于各自领域的最前沿，但它们的技术并不能充分兼容。部门之间的争论阻碍了生产进度。公司缺乏确保协调的权威和程序（参见本书第 2 章伯恩斯部分）。不明确的责任、无效的规则和虽然大量但不相关的沟通，都是结构太少的征兆。

布朗和艾森哈特在另一家名为"Nautilus"的计算机公司中发现了**过多的结构**——失衡的另一面。这里，所有事情都有相应的规则和程序，员工也有遵守这些规则和程序的自豪感。公司有详细的计划和组织结构图，以及最低限度的耗时又多余的沟通。结果是，尽管公司的消费品能够被快速高效地生产出来，但这些产品在这样一个快速变化的市场中却往往是落伍的，因为其他公司先有了这些创意。

在结构过少和过多之间的边缘很难实现即兴的平衡，但这方面有一个成功的例子，那就是运动鞋市场中的美国耐克公司。它以创新的设计和品牌推广不断超越竞争对手，并进军运动配件（太阳镜、泳镜等）、设备（曲棍球棒、冰鞋等）和服装市场。与此同时，它也有效地生产出了具有价格竞争力的产品，并按计划在全球范围内分销。耐克被认为拥有业内最好的物流系统。

共同适应的挑战是在组织内不同业务之间的协同优势和每个业务在各自市场中的独立性之间取得平衡。由于不相容业务之间的过度合作,英国石油公司涉足矿物开采的项目失败了。表面看来,两者都是基于高风险的勘探、技术复杂的开采以及与政府之间的敏感关系,石油和矿产业务之间的合作似乎可以带来经济效益。但事实并非如此。矿产业务的销售收入和利润在狭窄得多的市场中波动,并且对这两个业务的管理不能产生有利的联结。

布朗和艾森哈特研究的一家美国大型软件公司的特点则是**缺乏合作**。在这个充满年轻人的朝气蓬勃的企业中,公司政策是雇用优秀的人,然后让他们"做自己的事"。这为敬业、勤奋的员工充分发挥该行业所需的创造力提供了完整的空间。但是,内部跨业务协作的潜在好处被忽略了。几乎没有人意识到共享程序(包括软件代码和图形)的可能性。共享不过是事后的想法。没有人关心这些。

迪士尼几乎已经实现了在混沌边缘的共同适应的有效平衡。从零售到有线电视,再到著名的动画电影,它在一系列业务中都取得了成功。诸如波卡洪塔斯(Pocahontas)和狮子王(the Lion King)等角色将迪士尼的品牌形象从电影带到音乐、视频和其他销售中。但是迪士尼小心地不做得太过。公司拥有独立的电影制片厂,避免与其他部门的明显联系,这可以使其业务与众不同。

通过在时间边缘取得平衡来进行竞争,需要调整**再生**(借鉴过去)与**尝试**(探索未来)。再生可确保充分实现从过去投资中仍可获得的优势,并且在继续前进时不忽视过去的经验教训。再生的目的必须是利用过去并探索新事物,而不是低估任何一个。组织要在过去和未来之间的时间边缘上保持平衡,而在边缘上竞争就必须充分利用两者。

大力进军新业务并不是前进的唯一途径。试图抛弃过去的问题并在边缘上竞争的管理者尤其容易高估新业务的吸引力,而低估其风险。他们忽略了可以从经验中学到的东西,并且对未知事物押注过多。尽管有些企业成功地实现了这一飞跃,但更明智的方法是将过去的经验与新的经验相结合,从过去的经验中选择与未来相关的事物。一种方法是将经验丰富的人员与负责新业务的人员融合在一起。新人员的加入可以使旧产品焕发活力。切忌让所有最好的人都参与新的业务。多元化既要振兴成熟的业务，又要赢得新的机会。

鉴于此，再生还是要迈向未来的。例如，麦当劳一直在努力摆脱成功的过去，以应对更新的快餐食品（如炸玉米饼和比萨饼）、更健康的食品以及更多样的汉堡包所带来的挑战。公司发现很难设计出一种新颖的产品，既不会模糊其强大的市场形象，又能利用其在经营场所和技术方面的实力。然而，再生需要将新颖性与经验相结合，以渐进的方式发展，而不是冒着大跃进的风险。

日本任天堂公司证明了这一点。在它失去了在视频游戏领域的领先地位后，它又带来了更先进的微处理器电子设备和操纵杆控制，使游戏的速度和视觉表现达到了新的水平。然而，为了保持用户忠诚度，它并没有改变其先前成功的游戏英雄超级马里奥。成功的再生借鉴了过去，并增加了新的东西。

通过控制变革节奏进行竞争是边缘竞争战略的第三个要素。变革不应该只是随机发生，也不应该仅仅是对事件的回应，其节奏应得到控制。领先的半导体公司英特尔取得成功的原因之一在于，它是一家比一般公司更具时间节奏的公司。它持续推出了一系列新产品、对现有产品的创新以及全新的制造设施。它具有自己的变革节奏，与市场的节奏同步。同样，英国航空公司（British Airways）尝试至少每五年更新一次服务品牌，而3M公司的目标是面世少于四年的产品的销售量占其总销售量的三分之一。

时间步调意味着变革是因为时间的流逝，而不是因为事件的发生。新产品、新服务、新市场需要根据日程表推进。变革的动力是从持续不断的事物内部建立起来的，它具有一定程度的模式或规则性。它可能与商业节奏同步，例如季节性需求、客户时尚或贸易展览。因此，变革变得熟悉，是预料之中的。各个级别的人员都习惯于从一种产品、服务或市场过渡到另一种产品、服务或市场。尽管这种持续的时间变化节奏可能会带来压力，但它的替代选项是对竞争对手进步的焦虑，这可能会带来更大的压力。

事件步调是一种偶然的选择，是与时间步调形成鲜明对比的替代选项。

它是因对事件的响应而发生的变革,例如对竞争对手推出的新产品或技术变化等事件的反应。由于它是被动的、不规律的,令人出乎意料,因而给员工强加了一种突如其来的、快速且令人不安的剧变;而时间步调的目标是保持一种虽然紧迫但是习惯性的变革节奏,直至变成常态的工作方式。

在短期内,边缘竞争并不总是完全连贯的,甚至效率也不高。它可能使得管理者经历"跌入错误的市场—犯错—反弹—进入正确的市场"的过程。尽管实施这种战略存在风险,但变革的决心比短期获利更为重要,因为随之而来的是长期的获利。

例如,微软在20世纪90年代所遵循的战略,看起来并不像是精心策划的一系列举措。微软获得的一系列竞争优势以一种不太连贯的方式出现,这一战略是自然发生的而不是计划出来的。公司变革的想法通常来自底层,转向网络互联即是如此。一些变革失败了,其专有微软网络的失败即是一例。对此公司没有做出大的改变,而是采取渐进的步骤,例如在 Word 中添加网页功能,在 Windows 95 中添加网络浏览器。除了内部开发,公司还实施一些收购以及寻求建立战略合作伙伴关系,以保持公司的竞争力。

艾森哈特认为,企业的战略必须不断变化,以便在边缘上竞争。因此,高层管理人员工作的核心是观察市场、产品和组织结构,以便能够识别出指向未来之路的模式。

参考文献

BROWN, S. A. and EISENHARDT, K. M.*Competing on the Edge*:*Strategy as Structured Chaos*, Harvard Business School Press, 1998.

EISENHARDT, K. M., "Making Fast Strategic Decisions in High Velocity Environments", *Academy of Management Journal*,(1989), 32(3), 543-576; reprinted in D. S. Pugh (ed.) *Organization Theory*, 5th edn, Penguin, 2007.

EISENHARDT, K. M. and SULL, D. N., "Strategy as Simple Rules", *Harvard Business Review*,(2001), 79, 106-116.

加雷斯·摩根

加雷斯·摩根出生于威尔士,后在加拿大生活和工作。他是加拿大约克大学的杰出研究教授,在此之前,他任教于英国兰卡斯特大学。他著有许多分析组织与管理的书籍和文章,并在很多组织中担任顾问和研讨会负责人。

组织中的每个人心中都有一幅对本组织的隐性图像,即关于组织是什么样子的心理意象。摩根认为,不仅不同的人对组织的看法不同,而且同一个人也存在多种不同的看待组织的方法。如果使用组织的多重图像,则可以获得对组织更多的理解,因为组织中同时存在许多事物,多重图像可以更全面地反映正在发生的事情。它们可以揭示以前不明显的管理和设计组织的新方法。

摩根提出了八种可能的组织图像:机器、有机体、大脑、文化、政治体系、心灵监狱、处于变迁与转换之中的系统以及统治工具。每种图像的名称都是一个隐喻,把组织比作某种特定的东西。通过这样的方式,摩根打开了一种全新的思考组织的方式。

如果将组织想成是一台**机器**,那么其重点在于对谁做什么、谁对谁拥有权威进行有序的安排。这是一种机械的思维,涉及清晰的等级、权威和责任、纪律、稳定和公平的人事待遇。它受到了经典管理理论家的推崇,如法约尔和泰勒(见本书第4章),也被社会学家进行剖析,如韦伯和伯恩斯(分别见本书第1章和第2章)。以这种形式看待并建立组织的优势在于,凡是机器能正常工作的地方,这样的组织也能正常运转;也就是说,它适用于那些工作任务简单且重复性高的地方,如快餐连锁店或者会计师事务所。这种组织的局限性在于,它使工作变得非人性化。

然而,如果组织被看作是一个活的**有机体**——生物学意义上的隐喻,那么它就会较少地关注秩序,而更多地关注适应性。组织通过改变工作任务和权威线而得以重新调整,从而能够不断响应环境的变化。彼得斯和坎特(两者的观点都可参见本书第4章)都对这一观点大加赞扬。这是伯恩斯所描述的有机式组织类型,也是明茨伯格(见本书第 1 章)所描述的组织类型之一。它的优点在于促进了一个开放、灵活的组织系统,使人的能力得到了充分发挥,特别适用于竞争激烈和动荡的环境,如航空航天和微电子工业。它的局限性在于忽略了自身内在的潜在冲突,以及正如汉南和弗里曼(参考本书第 2 章)等组织生态学家所指出的那样,一个组织的适应性不是无限的,组织总会变得陈旧并消亡。

将组织比作**大脑**并不是指组织有中央计划团队或一个研究部门。这一比喻假定智慧遍布于整个组织。大脑就像一个全息图,其中任一部分都可以复制整体并代表它。因此,在组织的各个部分,不仅要学习,而且要学习更好地学习。"双环"学习(参考本章阿吉里斯部分)比"单环"学习(只纠正错误)更进一步,前者进入另一个反馈循环,这一循环质疑了最初导致错误的操作规范和工作方式。这样的组织将接受不确定性和自我批评,比西蒙和马奇(见本书第 5 章)假设的"有限理性"看得更远。如果一个组织有森严的结构,那么,很遗憾,这些优势可能不会实现。这种森严的组织结构中蕴含着完全相反的假设。它将设立多个专门的部门,每个部门都秉持自己专门的信息,既不能向其他部门学习,也不能质疑自己的工作方式。

摩根提出的第四种图像是从**文化**的角度来看组织。这种图像不仅引起了人们对整体的企业文化的关注,也引起了人们对各个部门和群体的亚文化及其所隶属的社会文化的关注。共享同一种文化的人以相似的方式理解情境和事件,用能引起共鸣的比喻、符号和仪式来维持他们的共同观点。一个明显的例子是,即使一个空的房间也象征着一定的期望,要么是有序的椅子和记事本,要么是随意摆放的椅子。这种文化的视角揭示了超越表面理性的广泛的组织生活,并表明了变革的可能性。甚至一个组织与其所处环境之间的关系也可以被重新解读和思考,并因此而被改变,就像铁路公司考虑的不再是乘客、医院考虑的不再是病人,而是开始都将他们作为顾客来看待。

第五种图像将组织视为一种**政治体系**。一个组织可以是专制的,也可以是民主的,或者介于两者之间。组织中存在部门的利益、管理者的利益和下属的利益、个人职业的利益等。所有的利益都有潜在的冲突,都有投机取巧的可能。他们既利用了韦伯(参考本书第 1 章)提出的正当权力,也利用了菲佛和萨兰基科(参考本书第 2 章)以及希克森(参考本书第 1 章)描述的通过控制资源和技术所获得的权力。这种图像的优点在于帮助人们接受组织政治的现实,并且有利于知晓谁的利益正得到满足。

组织赋予其成员生活的目的和结构。正如摩根所说,我们的角色变成了我们的现实。危险就在这里。因为个体可能会相信他们比实际更有控制力。在这一点上,他们欺骗了自己,因为他们可能被囚禁在**心灵监狱**(psychic prison)中,将自身的存在和力量归于组织,并允许自身的思维受到组织的限制。正如精神分析学证明的那样,他们的思考可能确实是潜意识中的力量所造成的结果。这种心灵监狱图像的优势在于,它揭示了人们是如何在某种精神现实中被困住的,并向人们暗示摆脱它的可能性。管理者们可以看到,组织是由他们亲自创建的,从而对他们正在做的事情产生一种全新的看法。

第七种图像把组织看作是**处于变迁与转换之中的系统**,即把组织看作是和宇宙中其他一切事物一样的存在。有各种各样的概念来描述变革是如何发生的。它可以被看作是通过单向的因果关系或者相互的因果关系来实现的,后者更优,在这种关系中,"原因"自动循环往复作用;也可以通过"自生创造"产生,即组织通过改变自身所处的环境来改变自身;还可以通过辩证的变革来实现,即任何现象都会产生它的对立面,正如雇主的力量导致了工会的形成。这种图像警告人们不要把组织看作是在与环境作斗争。相反,组织必须在与环境里其他组织的相互依存中生存。

最后,摩根描绘了一幅将组织比作**统治**工具的图像。他指出,在埃及建造金字塔既是技术和努力的胜利,也是多数人为了少数人的荣耀而付出劳动和生命的牺牲。组织取得了很多成就,但是在达成这些成就的过程中,一些人可能会因事故、疾病和压力而致残。组织可能会突然抛弃为其服务多年的员工,可能污染当地的环境。这一图像的优势在于,它承认,多数人对少数人的统治是几乎存在于每一个组织中的层级制的内在特征。

摩根向我们展示，一家公共关系行业的小公司所面临的问题可以如何用一系列隐喻来阐释。该公司由两名高级合伙人（两人共同持有80%的股权）和两名初级合伙人创立。该公司以客户为中心，创始人具备全方位的能力来为客户提供创造性的服务，因此在成立不久就取得了成功。公司鼓励新员工在入职时全面发展他们的通用技能和专业技能。虽然这花费了很多的时间和财务成本，但确实给公司带来了很大的灵活性，也提升了员工的工作兴趣。员工都有很强的责任感，他们努力工作，并且工作很长时间。公司在几年内就发展到150名员工。

公司主要的冲突开始于高级合伙人认为，组织对他们的要求太高以致他们无法兼顾家庭责任，建议将组织调整为更正式的组织结构。他们的建议包括对工作进行定义、制定项目之间人员变动的程序、对员工何时离开办公室有更大的控制，总的来说，"更加系统化"。初级合伙人反对这种提议，他们认为公司之前的成功正是因为目前的"创造性破坏"，没有必要做出改变。他们提出从高级合伙人那里承担更多的工作量，以换取公司更多的股权。但高级合伙人并未准备好以这种方式放弃控制权。在这种情况下，尽管存在合伙人之间必须协商一致开展工作这样的惯例，高级合伙人仍然进行了变革。这些变革似乎被接受了，但不到一年，初级合伙人就离开了，并以最初的"创造性破坏"风格创立了自己的公司。原本的公司继续经营，但不像以前那么成功，因为现在一些客户认为它的工作"还不错，但不激动人心"。

上述提及的几种隐喻有助于我们理解组织的这些发展。**机器**的隐喻指向日益增加的官僚化，并询问：鉴于企业的规模和依赖性，什么是适当的制度水平？**有机体**的隐喻会关注组织与其所处环境之间可能存在的不协调，并询问：组织是否具有一定程度的"创造性破坏"，使其在利基市场中获得成功？**大脑**的隐喻会注意到企业失去了其全息图特征，并询问：组织在多大程度上受制于"单环"学习？**文化**的隐喻会引发这样的问题：原有文化的价值观改变了多少？在新的形势下，是否有办法重新塑造某些特征？

用**政治体系**这个隐喻可以说明合伙人之间的巨大权力差异，这使得高级合伙人能够在真正的冲突出现时强制推行自己的决策。那么,当他们行使这种权力时,组织的运作会受到什么限制?**心灵监狱**的隐喻主要关注塑造人际关系的心理因素,包括高级合伙人(可能是无意识的)对支配地位的需求,以及初级合伙人(同样可能是无意识的)对反抗的需求。

使用一系列隐喻的一个重要好处是,它们提供了相互竞争的解释。从一个隐喻提出的变革提案可能受到另一个隐喻的考验。例如,如果企业的变革是由所有者对控制权的无意识的需求引起的,那么仅仅解决企业文化或学习能力的问题并不能解决潜在的问题(参考本章前面的阿吉里斯)。

摩根说,管理者可以通过**想象**来应用这些思想。这是一个有关"重新想象我们自己和我们所做事情的邀请"。在一本以此命名的书中,摩根解释了他的用意,并阐述了他在咨询工作中如何使用图像"在陷入困境时创造新的动力"。这是一本充满了生动的漫画和图像的书,包含了从酸奶罐到狮子的各种图像。其中有一个把组织"想象"成吊兰的图像。这种植物会长出很长的茎,而每根茎的末端都有一个微型的茎。如果管理者将他们的组织看作吊兰,他们就会萌发以前没有考虑过的想法。一个例子是,通过设立分支机构而不是扩大中央机构的规模来实现扩张。但是,这些新的子公司应该得到怎样的财务支持呢?如果组织已经形成了一个分散的形式,这种图像隐喻就会促使管理者去思考中央机构是否已经做得够多,或者是否做得过多了。是否有一些分支机构正在萎缩并成为中央机构的负担?如此等等。不同的图像隐喻引发不同的问题,从而揭示了可能被忽视的问题或机会。

参考文献

BURRELL, G. and MORGAN, G., *Sociological Paradigms and Organizational Analysis*, Heinemann, 1979.

MORGAN, G., *Images of Organization*, Sage, 1986.

MORGAN, G., *Imaginization:The Art of Creative Management*, Sage, 1993.

8.
社会中的组织

当人们说组织的时候说的就是寡头。

——罗伯特·米歇尔斯(Robert Michels)

正在发生的……是转向社会支配地位,转向权力和特权,转向由管理者社会群体或阶层做统治阶级的趋势。

——詹姆斯·伯纳姆(James Burnham)

我们确实需要知道如何与组织合作,但我们比以往任何时候都更需要知道该如何抵制它。

——威廉·H. 怀特(William H. Whyte)

一个组织常常因扼杀了它创立之初原本所要彰显的东西而消亡。

——肯尼思·E. 博尔丁(Kenneth E. Boulding)

自由的危险在于让信仰服从于工业体系的需要。

——约翰·肯尼思·加尔布雷思(John Kenneth Galbraith)

小即是美。

——E. 弗里茨·舒马赫（E. Fritz Schumacher）

组织并不在真空中生存或运作。它是一种特定社会中的机构。它们必须满足自己以外的其他机构制定的需求和标准。来自市场经济、政治决策和法律规制的压力都会影响组织的运作。然而，大规模组织是我们这个时代的主导机构之一，而它又必然对社会其他方面施加强大的影响。许多学者已经开始讨论这个主题，并试图展示现代组织的本质在多大程度上改变了社会。

米歇尔斯认为，大型现代组织不可避免地在高层产生强大的寡头统治，并产生了深远的社会影响。伯纳姆研究了社会力量平衡是如何从财富所有者转向财富管理者的。怀特也认为，管理者是社会中一个越来越强硬的群体；令他担忧的是，这些管理者的特色正被雇用他们的组织塑造。博尔丁强调了组织利益与社会更广泛利益之间的频繁冲突。

加尔布雷思强调了经济的市场调节机制存在的不足，并指出政府随后的频繁干预是一种"反制力量"。舒马赫警告说，不要相信当我们以不可持续的速度耗尽地球的资源时生产问题就已经解决了。

罗伯特·米歇尔斯

罗伯特·米歇尔斯(1876—1936)是一位德国社会学家和政治学家,其著作主要发表于20世纪初。与很多其他参与到社会科学早期发展的人一样,他在政治上和科学上都具有献身精神。他原本是一名社会主义者。然而在晚年,他发展出了自己的理论,并发生了政治立场的转向。他的政治生活渗透了他的社会理论,而他的社会理论也影响了他的政治生活。

那么,是什么让米歇尔斯在政治上从左派变成了右派呢?这源于他发现了组织内部结构和运行中的矛盾:民主制与官僚制之间的矛盾。对米歇尔斯来说,组织运行的本质原理是"寡头统治铁律"。这条铁律意味着,不论组织是何时产生的,最终都会不可避免地被少数人控制,并被他们用于维护自己的利益,而不是其他组织成员的利益。米歇尔斯主要关注的是哪些组织特征导致组织的内部民主变得不可能、目标被替代成为一种必然。

为了更好地理解米歇尔斯如何形成了这种对组织的悲观看法,有必要将他放置到他所处的时代背景,去考察他最为关注的组织类型。在19世纪下半叶和20世纪早期,观察和描述社会的人目睹了大规模组织的兴起。这种趋势不仅体现在产业领域,也体现在政治和政府领域。随着越来越多的个人获得选举权,政党诞生了。而福利国家的诞生和政府活动的增加,带来了公务员队伍的扩张。米歇尔斯分析了日益扩大的组织规模和官僚体制的发展之间的相互作用。

他特别关注的是政党和国家。当时,第一批群众性政党开始出现,他们公开宣布将比以往任何时候都更广泛地向群众开放政治,进而影响国家。这些政党,尤其像德国社会民主党这样的左派政党,在组织结构上是民主化的。但在米歇尔斯看来,这些政党的民主制迅速变成了一种正式体制、规章手册和章程,但实际运作却是另一种情况——精英通过官僚化的组织获得了支配地位。官僚精英的出现是不可避免的——这就是寡头统治铁律。

米歇尔斯认为随着组织规模的扩大，组织会变得越来越官僚化。政党总会争取更多的党员。如果政党获得成功并实现了扩张，就会扩大他们的层级。他们会招募全职领薪的行政官员和经验丰富的专业领导层。沟通渠道、信息以及知识会集中在组织的高层。由这种组织规模带来的官僚化运行方式导致大型组织无法实现高参与度，随之产生了一系列重要的影响。

一旦精英领导层和全职行政官员出现，领导者和被领导者就必然会分裂，尤其是在志愿者组织中。组织高层原本的角色是表达多数成员的观点和诉求。但是随着全职行政官员和精英领导层的诞生，组织高层和底层的隔阂会越来越大。在这种情况下，领导层不再代表组织成员的利益。因此，出现了这样一种情况：一家采用官僚化结构的组织只会为领导层的利益服务，而领导层关注的是官僚体制的延续。

领导层希望维护自己的领导地位，因为领导地位能够带来威望和影响力。领薪的行政官员只会关注自己的利益，因为发展良好的官僚体制能为他们带来更多的职业发展机会。这些因素共同构成了官僚保守主义。

自利和官僚保守主义造成了革命思想与热情的懈怠，而在米歇尔斯看来，革命思想与热情正是左派政治组织的必要特征。由于领导层脱离了多数组织成员，组织本身变成了目的，而不是实现诸如平等和民主等非组织目标的手段。基于组织的规模和官僚制属性，它必然服务于精英领导层的利益。

尽管米歇尔斯主要关注政党的内部民主问题，他还是从两个方面扩展了自己的观点。第一，他揭示了组织寡头化和社会寡头化的关系。组织的领导者会在社会和文化方面有别于被领导者；实际上，他们将会成为政治统治阶级的一员，通过控制组织来维护自己的地位。另外，随着国家部门的增长，不断扩张的中产阶级将会找到就业保障，中产阶级借此与政治精英结盟，成为权力的仆从（见本章后面内容中詹姆斯·伯纳姆对管理权力兴起的另一种看法）。

第二，米歇尔斯认为寡头统治铁律不仅适用于政治组织和志愿者组织，也适用于所有规模不断扩大的组织，因为官僚制和民主制之间存在内在固有的矛盾。与韦伯(本书第1章)的观点一致,米歇尔斯认为官僚制结构的发展是组织发展的必然结果。作为官僚制的基础,专业化和层级化的过程因它们对决策与沟通的影响而对民主制造成了破坏。

米歇尔斯认为,除了周期性的革命运动和魅力运动,还没有其他方式能够摆脱这种令人绝望的循环。不幸的是,(按照米歇尔斯的观点)这些运动也会快速地被制度化,并受制于寡头化的进程。

有一个问题在一百多年间引起了很多学者的关注,而米歇尔斯是第一个明确表述这一问题的人。这个问题就是:大型组织能否保持民主化运作,还是说,有害的官僚制必然会取代它?

参考文献

MICHELS, R., *Political Parties*, Dover Publications, 1959.

詹姆斯·伯纳姆

詹姆斯·伯纳姆(1905—1987)曾就读于普林斯顿大学和牛津大学贝利奥尔学院。1932—1954年,他任纽约大学哲学教授。1955年,他成为美国杂志《国家评论》(*National Review*)的编辑。他的著作中有许多是关于政治问题的。

自从伯纳姆在1940年将他最著名的著作命名为《管理革命》(*The Managerial Revolution*)以来,"管理革命"这个词就成为一个术语。正如他自己所指出的,他的观点并非特别有独创性,但它们确实是一种尝试,试图对某些在当时及以后的时间里令许多人感到好奇的想法进行逻辑上的阐述和论证。

伯纳姆的观点是,衰落的资本主义社会形态正在让位于一种管理型社会。实现这一让渡的管理革命并不是一场剧变,而是一段时间内的过渡,其方式与封建主义社会让位于资本主义社会的方式大致相同。随着第二次世界大战的爆发,一系列的症状预示着资本主义即将灭亡。资本主义国家无法应付大规模失业、长期的农业萧条以及公共和私人债务的迅速增加。它们有关个人主义、财产的"自然权利"和个人主动性的主要意识形态,已不再为广大人民所接受。

他研究了马克思主义政党在俄罗斯的发展。他观察到,工人阶级的相对规模和权力正在下降。在俄罗斯发生的事情,正如在全世界稳步发生的一样,是一场向管理型社会迈进的运动。在这样的社会里,管理者将占据主导地位,拥有权力和特权,对生产方式拥有控制权,在报酬分配上拥有优先权。简而言之,管理者将是统治阶级。这并不一定意味着政治职位会被管理者占据,就像资本主义时代不是所有政客都是资本家一样,但是,真正的权力将掌握在管理者手中。

为了确定谁是管理者,伯纳姆挑选了四组不同职能的人。第一组是股东,他们与公司的关系是完全被动的。第二组是金融家——他们是一群资本家,无论公司做什么,他们的兴趣都集中在公司的财务方面。第三组是行政主管,他们负责指导公司,关注它的利润和价格。第四组负责生产的技术过程,组织员工、材料和设备,开发对公司越来越不可或缺的专业技巧。这最后一组就是管理者。在股东、金融家、行政主管和管理者中,只有管理者对生产过程至关重要。俄罗斯的国有制和其他国家的国有企业扩张都证明了这一点。此外,即使私人所有者继续存在,他们也将越来越远离生产工具,将生产监督权授予其他人,并通过财务手段行使第二手、第三手或第四手的控制权。

伯纳姆谈到了管理者相较于银行家、业主、工人、农民和店主等群体的强大的自信。相较于其他群体常常表现出的怀疑和担忧,管理者拥有一种建立在自身地位优势基础上的自信。在管理型社会中,政治和经济领域并没有明显的区别。在国家委员会、地方委员会、政府办事处和行政机构中,管理者和官僚合二为一。规则、条例和法律越来越多地由这些相互关联的机构来颁布。有关法律制定的信息可以在它们的记录中找到,却在议会的年报中不见踪影。因此,在许多国家,最高统治权正逐渐从议会转移到行政机构。

在这样一个经济体中,管理者将通过占据关键的指导位置来行使权力。但是,他们的优先奖励较少体现在财富和产权方面,而更多体现为政治经济结构中的地位。

伯纳姆还看到了将会取代个人资本主义的管理型意识形态的轮廓。其重点将会在国家、人民和种族上,在计划上而不在自由上,在工作上而不在机会上,在职责和秩序上而不在自然权利上。

伯纳姆对社会总体趋势的分析以及他对未来趋势的预测引起了人们的兴趣,人们关心历史事件将在多大程度上支持他的预测。他在第二次世界大战开始时写作。此后发生的许多事情既可以说是支持也可以说是反对他的观点。几年后,威廉·H.怀特对组织的描述及其著作《组织人》(*The Organi-*

zation Man）与伯纳姆的预测相符。管理革命存在吗？

参考文献

BURNHAM,J., *The Managerial Revolution*, Peter Smith, 1941; Penguin, 1962.

威廉·H. 怀特

美国作家威廉·H. 怀特(1917—1999)是一名记者,也是研究其所生活的社会的学者。他曾经就职于《财富》杂志,并在该杂志和其他一些主流杂志上发表文章。

怀特关注美国社会的当代趋势,他的著作《组织人》生动地描绘了其中的一种趋势,但怀特认为这种趋势可能走得太远了。他指出,一个组织人时代即将到来,组织人不仅为组织工作,也属于组织。这些人是中产阶级的一员,在所有伟大的自我延续的机构中处于中等地位。他们当中很少有人能成为高层管理人员,但他们已经"接受了组织生活的誓言",并忠诚于此。

怀特认为,对于组织人而言,传统的新教伦理正逐渐变得脱离现实,以致无法提供一个可接受的信条。怀特把新教伦理概括为一种信仰体系,这一体系信奉节俭、勤奋和独立等美德,并且坚信财产的神圣性以及安全的削弱效应。它颂扬个体之间为财富和成功而进行的自由竞争。但对怀特来说,生活已经不再是这样了,即使它曾经可能是这样的。在他看来,"这条通往成功之虹的向上道路正好穿过会议室"。年轻一代的管理人员已经开始认识到自己是官僚主义者,但是他们无法直面这个词,而更愿意将自己表述为管理者。

这类人需要一种不同的信仰来为他们所做的事情赋予意义,而怀特发现,在美国社会中有一种正逐渐成形的思想体系可以满足这种需求。他称之为社会伦理。这种伦理将社会对个体的压力进行了道德合理化。它认为,个体本身是没有意义的,但是,通过将个体融入群体可以创造出一个整体,这一整体大于其各部分之和。人与社会之间不应该有冲突;任何发生的冲突都是误会,都可以通过改善人际关系来避免。

社会伦理有三大主要命题:**科学主义**、**归属感**和**凝聚力**。怀特所说的"科学主义"是指相信人文科学可以通过与物理科学一样的方式得到发展。只要有足够的时间和金钱,就可以发现那些促进良好的群体动力、个人对社会环境的适应以及其他期望的人类反应的实现条件。信奉科学主义的人(不要与社会科学家混为一谈)随后会产生他们为所有人所追求的那种归属感和凝聚力。他们认为,人类的终极需求是隶属于一个群体,并与这个群体的其他成员和谐相处。除了归属感,人们还需要凝聚力。他们不仅想要成为组织的一部分,而且想要融入进去,同其他人一起融入更小的团队——在会议桌旁、在研讨会上、在讨论组中、在项目团队中,等等。

怀特追溯了组织内员工的职业生涯,在社会伦理的引导下,他们将自己奉献给组织。这一影响已经延伸到大学课程中,当毕业生开始寻找他们的第一份工作时,他们已经背弃了新教伦理。他们追求平静而有序的生活,有一定的成就但不用太大,有一定的金钱但不用太多,有一定的进步但不用太远。组织试图为自己招募一些适合的人,这些人能够与他人融洽相处,没有任何令人不安的异常特征。组织越来越多地使用心理学家的工具:不仅有经过反复验证的能力和智力测试,还有旨在揭示人格特质的测试。怀特质疑了后一类测试的有效性,甚至写了一个题为"如何在人格测试中作弊"的附录:为了获得一个安全的人格测试分数,你应该试着像被期望的其他人那样去回答问题。

一旦被录用,对潜在经理的培训重点不是如何完成自己的工作,而是如何利用人际关系技巧来管理他人的工作。成功的受训者不是在与他人的竞争中成功的人,而是比他人更会充分合作的人。那么,在集体生活中个人主义的丧失又会有哪些影响呢?怀特说,当今的年轻人把大型组织的这一趋势变化看作是一种积极的福利。他们的理想是做全面发展的人,有时间与家人在一起并且培养自己的爱好,虽然工作出色但不会狂热或过分投入。在过去,过度工作可能是必要的,但现在,组织寻求的是完整的个体。这尤其是人事经理和商学院所持的意象。

怀特在科学和学术机构中也看到了同样的趋势。孤独的天才正在被有群体意识的研究团队取代。与单个作者完成的科学论文相比,由几个作者合作完成的科学论文的比重稳步上升。

虽然怀特反对过于信仰社会伦理，但他基于现实指出，社会伦理可能永远不会像所宣扬的那样被绝对地应用，不会像新教伦理那样。即便如此，社会伦理仍然可能会欺骗个体相信自己的利益正得到照顾，而此时组织实际上在追求自己的目标。在社会伦理的引导下，组织会压抑个体的想象，固守平庸的共识。人们可能变得善于与他人相处，却没有去问为什么他们应该这样相处；人们可能会努力适应，但却没有去问自己正在适应什么。怀特的观点是，组织人（不论男人还是女人）必须敢于反抗组织，接受他们自己和社会之间的冲突。

然而，对于组织中一些开始领先于同龄人的人来说，他们意识到自己已经做出了承诺：他们必须孤独前行以晋升到更高的职位，他们的家庭生活时间将被缩短，他们的伴侣对这种奋斗越来越不感兴趣。这些管理者发现自己每周工作50～60小时，把工作带回家，将周末花在会议上。他们没有时间做其他的事情。不仅如此，工作就是他们的自我表现，除此之外他们不想要其他任何东西。他们发现，一个正通往最高层的人并不可能面面俱到。他们差一点就能实现的追求舒适满足感的梦想已经破灭，他们谈论着单调乏味的工作、走马灯似的更迭和老鼠赛跑一样的激烈竞争，"这些词语体现的是缺乏实际的目标但仍然需要为此付出大量的行动"。

因此，所有管理者内心都面临旧的新教伦理和新的社会伦理之间的冲突。那些领先者之所以这样做是为了能够掌控自身的命运，但在组织中，他们必须被控制，而且必须看起来像是他们喜欢这种控制一样。即使想要占据主导地位，他们也必须赞同放任的管理。管理者可能会因善于团队合作而得到晋升，但现在硬币的另一面变得更为重要了——委员会会议室中的挫败感、社交带来的无聊感。这就是管理者患神经症的病因。

参考文献

WHYTE, W. H, *The Organization Man*, Simon & Schuster, 1956; Penguin, 1960.

肯尼思·E. 博尔丁

肯尼思·E. 博尔丁(Kenneth E. Boulding,1910—1993)出生于英国,在牛津大学完成了他的学业。他在苏格兰、加拿大和美国的大学担任过多种教职,并曾在密歇根大学担任经济学教授一职多年。虽然博尔丁出版了许多经济学著作,但其著作《组织革命》(The Organizational Revolution,1953)中的研究源于他作为一位著名的贵格派教徒对于组织与道德体系关系的个人兴趣。

博尔丁在著作中将这场"革命"视为过去一百年中最重要的事件之一。所有组织的数量、规模和权力都有了大幅度的增长。越来越多的活动领域已被组织起来,由此产生了企业、工会、雇主联合会、政党、农业集团和国家,所有这些都是高度组织化的。这场革命的发生一方面是由于人们习惯和需求的改变,另一方面是由于组织化的技能和技巧的改变。博尔丁认为后者更为重要。亨利·福特进行大规模的汽车生产不是因为人们需求的改变,而是因为对如何组织汽车生产有了新的认识。供应成了主导因素,而不是需求。

诸如此类的组织增长导致了大量道德问题。在西方社会,某些基本的价值观和假设是来自基督教。《摩西十诫》和《登山宝训》在很大程度上仍然是西方社会对行为进行道德分析的最终依据。他们把道德定义为一种人际关系,带有基督教的友谊和平等的理想色彩。正是在个人行为的层面上,这些原则的应用引起了组织中的道德问题。所有组织都会创建一个由组织成员组成的"内部群体"和一个由非成员组成的"外部群体"。在这种情况下,个人的道德困境在于,捍卫内部的友谊必然意味着打破更广泛的友谊。个人在道义上应该对谁忠诚?

随着组织变得更大、更强,用(组织)层级来调整人与人之间的关系和权力分配的压力会越来越大。但这种层级的存在直接与平等的道德观念相冲突,因为它往往会产生一个基于社会地位的高度分层的贵族式社会。政治民主是克服这种道德困境的一种尝试,使那些处于社会顶层的人依赖于人民的意志。

基督教的理想也就是博尔丁所说的"家庭主义"(familistic)。充满爱心和关怀的亲密关系是理想的人际关系。最主要的美德是爱,而最能获得爱之美德的地方是家庭。这样的理想不断与组织生活的必需因素发生冲突。经济组织内的关系是建立在契约基础上的,而契约只要求一种次要的美德,即正直。为了大型组织的存在,关系必须被削减到最低限度,其结果是失去了一些重要的东西。商人特殊的道德问题是平衡爱与组织运营必需因素之间的等式。"在商业世界,关系主要建立在信念和希望之上,而且,如果商业世界在温暖的慈善美德方面有所不足,那么它至少应该因另外两种美德而得到认可。"

然而,除了人际关系,组织的其他方面也会出现道德问题。每个组织的领导者应在多大程度上对整个社会感到负有责任?他们应该为整个社会而不是为自己的特殊利益而倡导某些政策吗?一个组织对社会的义务是什么?博尔丁认为,追求特殊利益的常用借口是,一方只是在反抗其他利益方的压力。其对社会的威胁在于这样一个事实:某些特殊利益可能变得强大到足以要求并且获得特权保护。

道德行为的核心是为大众利益而行动(action in the general interest)。问题在于,要确保以这种方式行事的组织能够生存,而那些不能满足社会需求和目的的组织会消失。但这必须在不使用强制手段的情况下实现,不然,这对追求基督教派理想是有害的。为大众利益而行动是一种难以达到的理想状态,这需要一种不断地将实际情况调整到理想状态的机制。

实现这一目标的机制是供求规律起作用的市场。竞争和专业化是市场经济的主发条,是把大众利益和特殊利益结合起来的首要动力。但是组织革命已经在市场经济上叠加了垄断和大规模的经济集团。因此,需要一个融入政治代表(political representation)原则加以治理的市场经济。这使得个人通过自己的行为对他人负责。作为一种调节机制,市场已经让位于代表制。只有通过社会民主的运作,才能使理想与现实无限接近。

参考文献

BOULDING, K. E., *The Organizational Revolution*, Harper, 1953.

约翰·肯尼思·加尔布雷思

约翰·肯尼思·加尔布雷思(1908—2006)出生于加拿大,但其一生中大部分时间在美国生活。他是一位经济学家,在哈佛大学度过了自己的学术生涯。他是约翰·肯尼迪的支持者,在肯尼迪执政期间担任美国驻印度大使。加尔布雷思长期以来坚信推广经济学思想的必要性,他的著作既以专业经济学家也以非专业人士为受众。

他所有著作的基本论点是:在过去一个世纪里,美国资本主义的性质已经发生改变,因此传统的经济学理论已不再适用。古典经济学理论基于这样一个命题:买卖双方的行为受市场调节,市场提供了竞争的刺激。价格竞争使任何个人或企业都无法获得经济权力。一方面,这种机制依赖于大量的生产某种商品或提供某种服务的生产者,并且他们中没有任何人能够在市场中处于支配地位;另一方面,它依赖于大量的买家,并且单个买家无法影响市场。然而,现代工业经济显然不是这种情况。相反,代表性的行业会经历一个过程,即从有许多公司竞争的初始阶段向仅有少数几家大公司——经济学家称之为"寡头垄断"——的阶段转变。

因此,现代经济学理论所面临的最重要的任务有两个:一是分析大公司在经济中的地位,二是发现已经替代市场的新的管制机构(如果存在)。如果竞争机制中力量的制衡不再适用,大公司是否就会拥有不受约束的权力?加尔布雷思在《美国资本主义》(*American Capitalism*)一书中指出现阶段仍然存在力量制衡的情况。正如人们普遍认同的那样,工业企业的集中催生了在经济和政治上都可能拥有巨大权力的大公司。但是,这个过程同时催生了有实力的买家和卖家。这正是我们在讨论所谓的寡头垄断的"罪恶"时容易被遗忘的一点。大型零售贸易连锁的发展就是这种力量制衡的一个例子,例如玛莎百货集团(Marks & Spencer)和合作社运动(the Cooperative Movement),从它们作为商品买家的重要性出发,它们能够抵消衬衫、连衣裙等产品的生产商或销售商的垄断力量。同样,在劳动力市场上,有工会的力量与雇主协会的力量相制衡。因此,现在的情况是巨头之间彼此对峙。国家对经济越来越多的干预在很大程度上是为了在经济中开发更多制衡力量的来源。在美国和英国发生的一个符合这一理论的现象是很多声势浩大的消费者协会的发展。

总之,由于现今的资本主义制度与50年前已然不同,以市场竞争为调节手段的方式已被取代。现今的制度有其自身的运行效率。大型的寡头垄断公司最能承担研究的费用。然而,加尔布雷思本人也指出,这种力量制衡的制度实际上只在需求有限时才有效,因为这种情况下买方相对于卖方有一定的回旋余地。在无限需求的情况下,权力的天平会明显地转向卖方即大公司。在著作《富裕社会》(*The Affluent Society*)和《新工业国》(*The New Industrial State*)中,加尔布雷思提出了由公司来控制市场的想法,在这种情况下无限的需求会被"制造"出来。

重申一下,这些思想的出发点是大型公司的兴起、所有权与控制权的分离以及由此形成的竞争性市场体系(见本章前面的伯纳姆部分)。由于越来越复杂的技术的使用,市场的控制对企业的健康发展也越来越重要。组织面临一系列技术上的当务之急(技术即系统性地将科学的或其他有条理的知识应用于实际工作之中)。加尔布雷思认为,技术的日益复杂化带来了六项当务之急,它们对一个组织与其他组织、与消费者以及与国家的关系都具有重要意义。

1. 从构思一个新产品到实际将其生产出来的时间跨度越来越大。汽车从最初设想到在市场上进行交付的时间即是一例。

2. 致力于生产的资本投入增加,并需要更多的投资。

3. 一旦投入了时间和金钱,就会有很多的不灵活性,退出就会变得非常困难。

4. 先进技术的使用需要特殊型人才,由此导致工程师、应用科学家等职业群体兴起以及技术资格重要性的提升(和伯纳姆的观点一样,加尔布雷思也认为这种"技术专家体系"将成为最重要的决策来源)。

5. 随着对专业人士的控制及协调的需求增加,组织变得更加复杂。

6. 所有这些当务之急共同产生了进行规划的需要。

因此,社会需要大公司(加尔布雷思称之为"工业系统",也是新工业国家的主要特征)用恰当的方式从新技术中获益。但是很明显,上文所述的当务之急会置组织于风险之中。像福特的 Edsel 汽车和罗尔斯-罗伊斯的航空发动机这样的著名案例总是在有益地提醒我们,一旦计划失败将会发生什么。只有大型商业组织才能找到必要的资金、雇用必要的技术人才来使用这些复杂的技术,但它仍然在技术使用以及处理所涉风险方面需要一定的帮助。

组织规划不仅意味着需要在企业内部确保正确的材料在正确的时间到达正确的地方,也意味着需要可靠的供应商(根据需要生产产品、部件等)以及买家在正确的时候出现。因此,引用加尔布雷思的话:"企业所认为的规划的大部分内容是最小化或消除市场的影响。"为了应对不确定性从而最小化组织所面临的风险,需要用规划来代替市场。控制市场可采用两种方法来实现:一是通过直接控制消费者,使他们在某种程度上依赖于企业;二是通过拥有单一客户,即一个有保障的市场。这两种选择都涉及增强国家干预,这也是当代资本主义性质发生变化的另一个例证。

对消费者的直接控制可以通过多种方式进行。最重要的方式之一是使用广告。广告既可以直接影响消费者对产品的需求,也可以创造消费者的心理依赖。在物质富裕的条件下,广告可以创造出无限的需求,此时企业控制着消费者的需求和愿望,而不是相反。更进一步的可能方式是通过规模优势控制市场,这是一种走向垄断的行动。而通过纵向一体化和采用合同的方式将买卖双方联系在一起以实现两者的存续,有助于实现这一点。国家是重要的,因为国家现在担负着调节经济需求水平、稳定工资及价格的责任。

对于那些使用特别先进且昂贵技术的组织,拥有单一客户、有保障市场变得尤其重要。特别是,当国家成为客户时,市场的概念开始完全消失。实际上,国家承担了投资成本,因此"私有"公司和国家之间的界限开始消失。

航空航天业就是这样一个典型的情况,其研究、开发和生产均由政府委托。像洛克希德公司(Lockheed)这样的组织有超过四分之三的产品是卖给政府的。

考虑到控制需求的需要以及在此过程中政府的角色,公司有成为国家行政机构一部分的趋势。需求管理成为一个巨大的、快速增长的产业,在这一产业中,公共部门由于在对工资-价格螺旋的控制、对个人和企业所得税的设置、对总需求的调节以及自身作为消费者这一角色等方面发挥的作用,而变得越来越重要。此外,国家还通过对教育的资助来负责提供企业所依赖的合格的人才资源(即技术结构)。

最终的结果将是,所有成熟的工业社会在组织设计及运用的规划机制方面变得越来越相似。对资本、复杂技术和精细组织的当务之急产生了对规划的需要,这促成了大企业的统治地位。而这些企业反过来又会依赖于国家。正如加尔布雷思所总结的那样:"考虑到(任何国家都有)发展现代工业的决心,很多事情总是不可避免的,也是千篇一律的。"

参考文献

GALBRAITH, J. K., *The Affluent Society*, Hamish Hamilton, 1958; Penguin, 1967.

GALBRAITH, J. K., *American Capitalism*, Houghton Mifflin, 1962; Penguin, 1963.

GALBRAITH, J. K., *The New Industrial State*, Houghton Mifflin, 1967; Penguin, 1969 (rev. edn, 1978).

GALBRAITH, J. K., *The Age of Uncertainty*, Andre Deutsch, 1977.

E. 弗里茨·舒马赫

E. 弗里茨·舒马赫(1911—1977)出生于德国,1930年进入英国牛津大学新学院学习经济,之后赴美国哥伦比亚大学深造。其职业生涯经历了从学术研究转向商业、农业和新闻业的转变。1946—1950年,他担任英国驻德国控制委员会(British Control Commission in Germany)的经济顾问;1950—1970年,他担任英国国家煤炭委员会(National Coal Board)的经济顾问。此外,他创立了中间技术开发集团有限公司(Intermediate Technology Development Group Ltd.)并担任董事长,其他社会职务包括土地联盟(the Soil Association,一个有机农业组织)主席以及斯科特·巴德公司(Scott-Bader Company)的董事。

在舒马赫看来,经济学家和实业家等群体所持的信念,即人类已经解决了生产问题,是一派胡言。这一问题只有通过工业国家疯狂地消耗资源才能得到解决。生产正耗尽我们星球上的自然资源,没有这些自然资源,生产无法自己延续下去。即使假定资源足以让所有人以当前工业化国家消耗能源的速度来使用,而且他们真的这样做了,世界上的热污染与核污染也将变得无法忍受。

我们必须开始演化出一种新的生活方式,其中的生产方式和消费方式都是为永久持续而设计,建立在生物健康农业和不滥用资源或人员的"非暴力技术"的基础之上。我们需要"拥有一张人类面孔的技术"。

西方经济学家提出的零碎观点太狭隘以至于不能看到这一点。他们只关注容易量化的产品而忽略了派生出它们的免费物品。一项活动即使破坏了环境也可以是经济的,与此同时,一项保护环境的竞争性活动会显得成本过高,因此变得不经济。

甚至工作本身也仅被视为劳作,是一种成本、一种无用之物、一项牺牲闲暇的活动。个人发挥他的大脑和双手的官能,与他人合作共事,在生产需要的商品和服务中找到意义,这被认为是一项不值得(甚至无用)的活动。几乎所有的生产都被大规模技术转变为一种手脑分离的不人道的乏味工作，尽管人类同时需要大脑与双手。

技术和使用技术的组织应当使我们星球的资源与人类的需要相匹配。它们必须具有适度的规模："人类是渺小的，因此，小即是美。追求巨型化就是自寻灭亡。"

从这种批评中，舒马赫倡导在第三世界国家采用中间技术和组织，并在工业化国家的组织中提倡"大中求小"。

中间技术应该代替"巨型技术"（technology of giantism）。规模越来越大的组织以越来越快的速度运行越来越大的生产设备，这样的趋势是进步的对立面。第三世界的贫穷是两百万个村庄的问题，而这种技术和组织完全不适合这些村庄。这导致了不协调和高成本的项目。非洲的一个纺织厂内满是代替人力的高度自动化的机器，尽管人们无所事事，尽管符合标准长度的纤维在当地不能生产而原材料只能依靠进口。同样，一个肥皂厂生产高档肥皂的过程十分敏感以致只能使用非常精细的原材料，这些原材料以高价被进口，而本地的原材料却以低价出口。这种差距的例子不胜枚举。

正如甘地所说："世界上的穷人不能靠大规模生产来帮助，而只能靠群众的生产。"因此，最好的现代知识应该被应用于设计技术，使其达到这样一个程度：它有利于分散的中等规模生产，这种生产在利用稀缺资源时是温和的、非暴力的，是为人类服务的而不是作为人类服务的对象。这种中间技术应该是人类有益的帮手，它应被用于制造国家所需的产品，而不是只有工业化世界的富裕人口才能使用的尖端产品。它应该使人力能够以一种适合自己的方式工作。他们的首要需求是能够带来报酬的工作，不管报酬有多少。他们只有从自己付出的时间和努力中获得了一点价值，才会有兴趣将其变得更有价值。

舒马赫认为应该采用适合当前目标的最小规模的技术和组织。他提出了四点建议：

1. 工作场所应该建在人们现在居住的地方，而不是在会迫使人们迁移的大都市。

2.这些工作场所应该足够便宜,不需要难以达到的资本积累和引入也可以大量建立。

3.生产方式应该足够简单,以尽量减少生产或组织中对高技能的需求。

4.生产所使用的原材料主要来自当地,生产出的产品可供当地使用。

这种中间技术或许可以用货币术语来比喻。假设一个典型的发展中国家的本土技术被称为"一英镑技术",而发达国家的技术被称为"一千英镑技术",那么中间技术就是"一百英镑技术"。

有人反对说,使用这种技术是在故意不让人们有机会去尽可能地提高生产力。不应该为了限制工人人均资本拥有量而故意压低生产力。人们不应该被阻止使用最先进的技术以尽快增加他们的财富。对此,舒马赫的反驳是,这忽略了真实的情况以及人们自身的能力与需求。假定尖端设备的效率在不合适的情况下能够达到这些设备被应用于工业化社会中的预期水平,这种想法是错误的。第三世界的工业区不仅欠缺技术和管理技能,而且由于假定的配套通信、交通、物流网络以及进口的原材料与部件实际上都不存在,这些工业区基本处于半闲置状态。

尽管第三世界的中间技术需要将人组织成小单元,但工业化世界的巨型组织也不能简单地被废除,因为一些商品只能被大规模地生产。为此,我们能对这些巨型组织做什么呢?根本任务就是在大中求小。

巨型组织规模之大源于私营行业不断地兼并与收购以及公共部门的国有化。在庞大的机器中,人们只能看到齿轮。卡夫卡的梦魇小说《城堡》描述了远程控制对一个人的毁灭性打击,他在系统中摸索事情的真相和人们的身份,但永远迷惑不解。没有人喜欢巨型组织,然而帕金森式的官僚机制仍在发展。

组织同时需要秩序带来的有序和创造性自由带来的无序。巨型组织被这两种需求来回拉扯,因此要经历分权和集权不断交替的阶段,因为它们会优先考虑其中一个,然后才考虑另一个。不幸的是,管理需求因倾向于集权和有序而牺牲了可以为创新创业创造空间的分权。或许组织需要的既不是集权也不是分权，而是二者并存。

这促使舒马赫为管理巨型组织制定了五条原则，这些原则的基本目标是将权力下放到相对自主的利润中心。

第一，**辅助性原则**（principle of subsidiarity），即附属职能原则。组织中的上级部门不应该做下级部门可以做的事。因此，一个巨型组织中应该包括多个半自主单元。从管理者角度来看，相较于清晰的单一庞大组织，这种结构会显得凌乱而无条理，但是，由于下级部门的忠诚，中枢实际上会获得权威和效果（另见本书第5章坦南鲍姆部分）。

第二，**维护原则**（principle of vindication）。除特殊情况外，子单元部门应该被保护免受指责并被支持：它应该被以最少的责任标准来评估，这样它就能清楚地知道自己的表现是否令人满意。在商业组织中，理想的状态是只有一个标准——盈利能力。众多标准意味着可以从这个或那个项目中挑出错误，这会扼杀主动性。

第三，**可识别原则**（principle of identification）。每个部门都不仅要有自己单独的收益和损失账户，还要有自己单独的资产负债表，这样才能清楚地识别其累计的损益。这样，它们自己的努力对其经济生存的影响就会变得显而易见。

第四，**激励原则**（principle of motivation）。该原则要求一种积极的工作方式。如果所有的努力都只是致力于通过自动化和计算机化来消除工作，那么工作就会开始被看作是需要摆脱的事情。它成为一种人们因没有找到其他达到目的的方法而需要忍受的贬值行为。人们仅仅为了报酬而工作。

第五，**中间公理原则**（principle of the middle axiom）。如果中枢想要把事情做好，就要遵循这一原则。因为如果中枢仅使用训导词，什么都不会发生；而如果它发布详细的指令，那么这些指令也可能是错误的，因为它们不是从密切接触实际工作的人之中产生的。我们需要的是介于两者之间的东西，即中间公理。之所以称之为公理，是因为它本身作为命令既能获得足够的共识，也能清晰地让其他人知道应该如何推进。

巨型组织的所有权形式加剧了其内部人员对组织的不可知性。在舒马赫看来，在小型组织中，私有制是"天然的、成果丰硕和公正的"。但是在中型组织中，私有制开始丧失其功能，其贡献开始消失。而巨型组织中，私有制"是为了让无用的所有者寄生于他人的劳动之上而被虚构出来的"。它"扭曲了企业内的所有关系"。

在舒马赫看来，国有化是一种对私有权利的消灭，这种消灭是负面的。他描述了另一种选择，其典型的例子是斯科特·巴德公司，他自己也与它有所关联。在这个高分子化学企业中，私有制被代之以联合所有制。所有的员工都是联合体的成员，他们作为集体共同拥有斯科特·巴德公司，但不享有个人所有权。

这种解决方法只适用于小型组织和中型组织。对于更大的组织，舒马赫提出了一些激进的建议，如倡导公开发行股本。他建议向公众发行股票而不是对利润征税。与他所提出的使用中间技术的行业具有地方性特点相一致，他建议这些股票由发行企业所在地的居民所持有。实现这一目标的方法之一是将股票授予由当地工会、当地职业协会和当地居民组成的社会委员会。

对舒马赫来说，小即是美，因为它是处于我们这个时代的组织实现人性化效率的途径。

参考文献

MCROBIE, G., *Small is Possible*, Harper & Row, 1981.

SCHUMACHER, E.F., *Small is Beautiful：A Study of Economics as if People Mattered*, Blond and Briggs, 1973.

术语索引

1. 组织的结构

权力(power),第 4 页

权威(authority),第 4 页

传统型(traditional),第 5 页

法理型(rational-legal),第 5 页

赝品型官僚制(mock bureaucracy),第 8 页

代表型官僚制(representative bureaucracy),第 9 页

惩罚中心型官僚制(punishment-centered bureaucracy),第 9 页

专业化(specialization),第 14 页

标准化(standardization),第 14 页

正式化(formalization),第 14 页

集中化(centralization),第 14 页

构型(configuration),第 14 页

工作流程官僚机构(workflow bureaucracies),第 16 页

人事官僚机构(personnel bureaucracies),第 16 页

完全官僚机构(full bureaucracies),第 16 页

战略选择(strategic choice),第 19 页

组织内权力的战略权变理论(strategic contingencies theory of intraorganizational power),第 22 页

  类型学(typologies),第 37 页

  组织生态学(population ecology theory),第 37 页

  战略(strategy),第 44 页

  结构(structure),第 44 页

  适应性响应(adaptive response),第 47 页

  创造性革新(creative innovation),第 47 页

  市场(markets),第 50 页

  层级制(hierarchies),第 50 页

  信息压缩(information impactedness),第 50 页

  人际关系(interpersonal)(角色),第 53 页

  挂名领袖(figureheads),第 53 页

  领导者(leaders),第 53 页

  联络员(liaison),第 53 页

  信息(informational)(角色),第 53 页

  监视(monitoring),第 53 页

  传播者(disseminator),第 53 页

  发言人(spokesperson),第 53 页

  决策(decisional)(角色),第 53 页

  企业家(entrepreneurs),第 54 页

  危机处理者(disturbance handler),第 54 页

  资源配置角色(resource allocation role),第 54 页

  谈判角色(negotiation role),第 54 页

  创业型组织(entrepreneurial organization),第 55 页

  机器型组织(machine organization),第 56 页

  专业型组织(professional organization),第 57 页

  多元化组织(diversified organization),第 57 页

中层（middle line），第 57 页

创新型组织（innovative organization），第 58 页

使命型组织（missionary organization），第 59 页

政治型组织（political organization），第 59 页

俱乐部文化（club culture），第 61 页

角色文化（role culture），第 61 页

任务文化（task culture），第 62 页

存在主义文化（existential culture），第 62 页

三叶草组织（shamrock organization），第 63 页

专业核心（professional core），第 63 页

契约边缘（contractual fringe），第 63 页

弹性劳动力（flexible labour force），第 64 页

联邦组织（federal organization），第 64 页

辅从原则（subsidiarity），第 64 页

颠倒的甜甜圈（inverted doughnut），第 65 页

多国公司（multinational companies），第 66 页

响应能力（responsiveness），第 66 页

全球公司（global companies），第 67 页

效率（efficiency），第 67 页

国际公司（international companies），第 67 页

学习的转移（transfer of learning），第 67 页

跨国组织（transnational organization），第 67 页

战略领导者（strategic leader），第 69 页

贡献者（contributor），第 69 页

实施者（implementer），第 69 页

财团（chaebol），第 74 页

2. 环境中的组织

机械式(mechanistic),第 78 页

有机式(organismic, organic),第 78 页

模糊人员体系(ambiguous figure system),第 79 页

机械丛林(mechanistic jungle),第 79 页

超个体系统(super-personal system),第 79 页

委员会系统(committee system),第 79 页

分化(differentiation),第 82 页

整合(integration),第 82 页

理性规范(norms of rationality),第 88 页

技术核心(technical core),第 88 页

缓冲(buffering),第 88 页

跨边界单元(boundary spanning units),第 89 页

集合型相互依赖关系(pooled interdependence),第 89 页

序列型相互依赖关系(sequential interdependence),第 89 页

互惠型相互依赖关系(reciprocal interdependence),第 89 页

计划(planning),第 90 页

调度(scheduling),第 90 页

标准化(standardization),第 90 页

长链条型技术(long-linked technology),第 90 页

中介型技术(mediating technology), 第 90 页

密集型技术(intensive technology), 第 90 页

内部准则(intrinsic criteria),第 91 页

外部准则(extrinsic criteria),第 91 页

决策策略(decision-making strategies),第 92 页

计算的(computational),第 92 页

主观判断(judgmental),第 93 页

妥协策略(compromise strategy),第 93 页

激发策略(inspirational strategy),第 93 页

资源依赖的视角(resource dependence perspective),第 94 页

相互依赖关系(interdependence),第 94 页

创业方面的问题(entrepreneurial problem),第 99 页

工程方面的问题(engineering problem),第 99 页

管理方面的问题(administrative problem),第 99 页

适应循环(adaptive cycle),第 99 页

适应战略(adaptation strategies),第 99 页

防御者(defenders),第 100 页

探索者(prospectors),第 101 页

分析者(analysers),第 102 页

反应者(reactors),第 103 页

组织的种群生态学(population ecology of organizations),第 105 页

生态位(niche),第 107 页

承载能力(carrying capacity),第 107 页

成立(founding),第 107 页

解散(disbanding),第 108 页

权力距离(power distance),第 110 页

不确定性规避(uncertainty avoidance),第 110 页

个人主义(individualism),第 110 页

阳刚(masculinity),第 110 页

儒家动力论(Confucian dynamism),第 114 页

长期导向与短期导向(long-term versus short-term orientation),第 114 页

共同目标设定管理(management by joint goal setting),第 115 页

离散型(fragmented),第 118 页

协作产业区型(coordinated industrial districts),第 118 页

分割型(compartmentalized),第 118 页

政府组织型(state organized),第 118 页

合作型(collaborative),第 119 页

高度协作型(highly coordinated),第 119 页

机会主义型(the opportunistic),第 119 页

工匠型(the artisanal),第 119 页

孤立主义层级型(the isolated hierarchy),第 120 页

合作主义层级型(the cooperative hierarchy),第 120 页

联合主义层级型(the allied hierarchy),第 120 页

制度特征(institutional features),第 121 页

3. 组织的功能

贡献行动(contribute action),第 126 页

目标(purpose),第 127 页

合作目标(cooperative purpose),第 127 页

沟通(communication),第 127 页

观察式感受(observational feeling),第 127 页

获取必要的服务(securing the essential services),第 129 页

制定组织目标(formulation of the purposes),第 129 页

执行系统(executive system),第 130 页

代表系统(representative system),第 131 页

立法系统(legislative system),第 131 页

经营工作(operational work),第 131 页

专家工作(specialist work),第 131 页

监管(regulation),第 134 页

现实判断(reality judgement),第 134 页

价值判断(value judgement),第 134 页

评估(appreciation),第 135 页

依赖(dependent),第 136 页

疏远(alienated),第 136 页

资源(resources),第 138 页

活动(activities),第 138 页

永续活动(perpetuation activities),第 139 页

工作流活动(workflow activities),第 139 页

控制活动(control activities),第 139 页

识别活动(identification activities),第 139 页

稳态活动(homeostatic activities),第 139 页

融合过程理论(fusion process theory),第 140 页

问题解决过程(problem-solving process),第 140 页

领导过程(leadership process),第 140 页

合法化过程(legitimization process),第 140 页

强制的权力(coercive power),第 143 页

利害关系的或功利主义的权力(remunerative or utilitarian power),第 143 页

规范的或认同的权力(normative or identitive power),第 143 页

疏离型参与(alienative involvement),第 144 页

算计型参与(calculative involvement),第 144 页

道德型参与(moral involvement),第 144 页

物化理论(reification),第 147 页

成员(members),第 148 页

超验的(transcendental),第 148 页

内生的(immanent),第 148 页

功能主义(functionalism),第 148 页

社会技术系统论(socio-technical system theory),第 148 页

组织心理学(organizational psychology),第 149 页

谱系学(genealogical),第 153 页

考古学(archaeological),第 153 页

帕金森定律(Parkinson's Law),第 156 页

鸡毛蒜皮定律(law of triviality),第 157 页

彼得原理(Peter Principle),第 160 页

彼得推论(Peter's Corollary),第 160 页

彼得高地(Peter's Plateau),第 160 页

晋升商数(promotion quotient),第 160 页

最终位置(final placement),第 161 页

最终位置综合征(final placement syndrome),第 161 页

4. 组织的管理

预测和计划(forecasting and planning),第 167 页

组织(organize),第 168 页

指挥(command),第 168 页

协调(coordination),第 168 页

控制(control),第 168 页

专业化原则(principle of specialization),第 172 页

权威原则(principle of authority),第 172 页

定义原则(principle of definition),第 172 页

对应原则(principle of correspondence),第 172 页

管理跨度(span of control),第 172 页

思想革命(mental revolution),第 175 页

职能管理(functional management),第 176 页

例外原则(exception principle),第 176 页

权力分享(power with),第 184 页

权力控制(power over),第 184 页

协同控制下的分权管理(coordinated decentralization),第 192 页

走动式管理(management by wandering around),第 195 页

后创业管理(post-entrepreneurial management),第 209 页

以身份建构为基础(grounded in identity construction),第 212 页

回溯性(retrospective),第 212 页

生成有意义的环境(enactive of sensible environments),第 212 页

社会性(social),第 212 页

不间断性(ongoing),第 212 页

关注并依靠提炼后的线索(focused on and by extracted cues),第 212 页

由合理性而非准确性所驱动(driven by plausibility rather than accuracy),第 212 页

松散耦合(loose coupling),第 214 页

内部(within),第 214 页

之间(between),第 214 页

5. 组织中的决策

渐进调试的科学(science of mudding through),第 218 页

情报活动(intelligence activity),第 219 页

设计活动(design activity),第 219 页

抉择活动(choice activity),第 219 页

经济人(economic man),第 219 页

管理人(administrative man),第 220 页

程序化(programmed),第 220 页

非程序化(non-programmed),第 220 页

有限理性(bounded rationality),第 222 页

有组织的无政府状态(organizd anarchies),第 223 页

冲突的准解决(quasi-resolution of conflict),第 224 页

不确定性规避(uncertainty avoidance),第 224 页

组织学习(organizational learning),第 225 页

垃圾桶模型(garbage-can model),第 225 页

理性演绎的理想型(rational deductive ideal),第 228 页

概要方法(synoptic approach),第 229 页

离散渐进主义策略(the strategy of disjointed incrementalism),第 230 页

连续的有限比较(successive limited comparison),第 230 页

专制(autocratic),第 234 页

咨询(consultative),第 234 页

群体(a group),第 234 页

权力游戏(power game),第 238 页

战略模型(strategic model),第 238 页

6. 组织中的人

乌合之众假说(rabble hypothesis),第 254 页

第四类系统总模型组织(System 4T),第 260 页

管理方格(managerial grid),第 262 页

理性-经济模型(the rational-economic model),第 268 页

社会模型(the social model),第 268 页

自我实现模型(the self-actualizing model),第 269 页

复杂性模型(the complex model),第 269 页

职业锚(career anchor),第 270 页

工作保健(job hygiene),第 274 页

工作丰富化(job enrichment),第 275 页

关系激励型领导者(relationship-motivated leaders),第 278 页

任务激励型领导者(task-motivated leaders),第278页

领导者-成员关系(leader-member relations),第279页

任务结构(task structure),第279页

领导者的职位权力(leader's position power),第279页

设计原则(design principle),第288页

部分冗余(redundancy of parts),第288页

功能冗余(redundancy of functions),第288页

多样性促进系统(variety-increasing system),第288页

薪酬体系个性化(individualization of compensation systems),第295页

7. 组织变革与学习

制度同构性(institutional isomorphism),第299页

强制性同构(coercive isomorphism),第300页

模仿性同构(mimetic isomorphism),第300页

质量圈(quality circles),第301页

规范性同构(normative isomorphism),第301页

环境评估(assessing the environment),第306页

领导变革(leading change),第307页

衔接战略层面的变革和运营层面的变革(linking of strategic and operational change),第307页

将人力资源视为资产和负债(human resources as both assets and liabilities),第308页

内在连贯性(coherence),第308页

学习型组织(learning organizations),第315页

自我超越(personal mastery),第316页

隐性心智模式(tacit mental models),第316页

建立一个共同的愿景(building of a shared vision),第316页

对团队学习的承诺(commitment to team learning),第317页

系统思考(systems thinking),第317页

即兴创作(improvisation),第320页

共同适应(coadaptation),第320页

心灵监狱(psychic prison),第327页

8. 社会中的组织

家庭主义(familistic),第342页

为大众利益而行动(action in the general interest),第342页

政治代表(political representation),第342页

巨型技术(technology of giantism),第348页

辅助性原则(principle of subsidiarity),第350页

维护原则(principle of vindication),第350页

可识别原则(principle of identification),第350页

激励原则(principle of motivation),第350页

中间公理原则(principle of the middle axiom),第350页

后　　记

最早接触到这本书的英文原版还是在我的博士阶段。当时我正在准备自己组织理论方向的博士论文，为了积累基础知识，我在导师莱克斯·唐纳森（Lex Donaldson）教授的推荐下将这本书作为参考资料，认真阅读了此书的相关章节。

而我再次接触到这本书的信息已是在我任教于中国人民大学之后。2018年的一天，北京师范大学赵向阳老师在一个学者微信群中留言询问是否有同行了解一本名为 *Great Writers on Organizations* 的英文著作。我与赵老师联系，告知了这本书的基本情况，还提及这本书与我的渊源，特别是该书第一作者德里克·皮尤是我的导师唐纳森教授的博士生导师。赵老师当时就鼓励我应该将这本书翻译出来，以便让更多的中国读者领略和学习到书中所蕴含的学术思想。

不过，当北京大学出版社徐冰老师和周莹老师联系我，询问我是否有兴趣翻译此书时，我还是很犹豫的。翻译著作需要大量时间和精力的投入，这意味着需要将不少个人的研究暂时搁置，同时，学术作品要做到翻译准确已不容易，要实现"信达雅"对我来说更是极具挑战，我不确定自己是否可以交出一份满意的译稿。思虑再三，我最后还是接下了这个任务。做出这样一个决定，主要的内在驱动因素还是我与这本书的渊源。另外一个考虑是，相对于其他领域，国内学术界在组织理论、组织研究方面的发展仍显不足，引入国际上已有的理论与思想对于发展中国的组织研究还是有所裨益的。

在真正开始翻译工作后,我深切感受到译好一本300多页的英语专业书确实不是一件易事。但幸运的是,这项工作得到了我在澳大利亚新南威尔士大学读博期间的同学们(关晓宇、郭永星、江鸿、翁翠芬、张龙、张昱城)的鼎力相助,以及众多学生的大力支持。当我向他们介绍这本书的背景并邀请他们加入翻译队伍时,几乎每个人都是毫不犹豫地欣然应允,并且很快认真完成了相应章节的翻译初稿。

在各章节的翻译初稿完成以后,我首先请我的两位学生张慧君和吴俊彦与我一起分工通读了初稿全文,修正了部分明显的错别字、理顺了语序。之后,我又利用两个暑假、一个寒假的时间,以间断性集中"作战"的方式,对翻译初稿进行了细致修订——将中文译稿对照英文原文,逐词逐句地进行核对,不断推敲。对于部分不好把握的内容,在查阅了相关资料并与主译者进行了多次讨论后,最终确定译文。

在将译稿提交至北京大学出版社之后,编辑周莹老师又对译稿提出了一系列修改意见。这些意见促使这本书的翻译更加准确、语言表述更为流畅。

在修订过程中,还有一个小插曲。当我邀请中国人民大学商学院王凤彬教授为这本译著写代序时,王老师告诉我,20世纪八九十年代国内曾翻译出版过一本由皮尤等学者所著的组织研究著作,并问我是否翻译的是同一本书。当时我心头一惊,因为此时我已基本完成对译稿的全文修订。我赶紧在学校图书馆查找了皮尤的书籍,终于找到了1986年由中国社会科学出版社出版的《组织管理学名家思想荟萃》一书,其英文原版为皮尤、希克森和欣宁所著的 *Writers on Organizations*(*The Second Edition*)。通过比对发现,我们新译的著作与此前的中文版在一些章节上确实存在重复,不过,由于我们所译的英文原版 *Great Writers on Organizations*(*The Third Omnibus Edition*)是一个更新的版本,因此,它包含了很多早先版本未曾囊括的学者(及其思想)。同时,由于我们在翻译和初步修订这一新版时并未意识到早先中文版的存在,所以,对于重复的章节,我们也是重新翻译。为了保障两个中文版本重复章节在语义上的总体一致性，我请刘心怡同学阅读比对了这些重复章节，标示了翻译内容有实质差异的语句，随后，我重点审核了这些内容，并作了一些必要的文字修改。

当我们完成翻译重新阅读本书时，我们认为它是具有鲜明特色的。首先是它在内容上的兼容并包。本书不仅包含了韦伯、法约尔、泰勒等组织管理学者耳熟能详的名家，还囊括了众多对组织研究作出重大贡献但可能并未为圈外人所熟知的学者。这些名家的思想并不完全一致，甚至在提出和发展过程中发生过激烈的学术争论，然而，本书都将它们收入其中，一一呈现给读者。本书的另一个特点是语言的平实与简练。很多学者的思想和理论原本是高度抽象的，但皮尤和希克森往往以三四页纸的篇幅就将一位学者的主要思想洞见浓缩提炼并解释清楚。可以说，他们对学术思想的介绍真正做到了深入浅出，实现了学术性与普及性的统一。

也正因为这些特点，相信本书会成为对组织研究感兴趣的读者的上佳入门读物，它可以让读者在较短的时间内窥探到组织研究的面貌，了解这个领域的主要学者及其思想。它不仅适用于组织研究的学者，还适合组织与管理领域的博士生、硕士生和高年级本科生，对相关实践工作者也将有所启发。读者可以通读全书，也可以直接进入感兴趣的章节。如果想要对某位学者的思想进行更全面深入的学习，也可以进一步阅读相应章节所列的参考书目。

在本书付梓之际，要感谢很多人。感恩各位合译者的辛勤付出，没有他们的投入就没有这本书的出版。感谢王凤彬老师对这本译著的支持并撰写代序。感谢周莹编辑的一路支持和专业工作，与周老师的多次交流，也让我从中学习到不少翻译方面的技巧。

限于译者的水平，此译本可能还存在一些不足或者疏漏，还望读者们不吝指正。

骆南峰
2024 年 9 月于北京